心理学
演义

心理学家都在
研究什么

朱广思 著

华东师范大学出版社
·上海·

图书在版编目(CIP)数据

心理学演义:心理学家都在研究什么/朱广思著.—上海:
华东师范大学出版社,2022
ISBN 978-7-5760-3149-2

Ⅰ.①心… Ⅱ.①朱… Ⅲ.①心理学-研究 Ⅳ.①B84

中国版本图书馆 CIP 数据核字(2022)第 152969 号

心理学演义:心理学家都在研究什么

著　　者　朱广思
责任编辑　王丹丹
责任校对　桑林凤　时东明
装帧设计　刘怡霖

出版发行　华东师范大学出版社
社　　址　上海市中山北路 3663 号　邮编 200062
网　　址　www.ecnupress.com.cn
电　　话　021-60821666　行政传真 021-62572105
客服电话　021-62865537　门市(邮购)电话 021-62869887
地　　址　上海市中山北路 3663 号华东师范大学校内先锋路口
网　　店　http://hdsdcbs.tmall.com

印 刷 者　上海锦佳印刷有限公司
开　　本　787 毫米×1092 毫米　1/16
印　　张　18.75
字　　数　277 千字
版　　次　2023 年 1 月第 1 版
印　　次　2023 年 1 月第 1 次
书　　号　ISBN 978-7-5760-3149-2
定　　价　58.00 元

出 版 人　王　焰

(如发现本版图书有印订质量问题,请寄回本社客服中心调换或电话 021-62865537 联系)

目　录

前言　这可能是你走进心理科学的第一本书　　　　　　　　　　　　1

第一部分　萌芽记　　　　　　　　　　　　　　　　　　　　　1

第1回　若问心理从何来　请君先看蝴蝶仙　　　　　　　　　　　2
第2回　巫医不分创神功　心中迷信遭暗示　　　　　　　　　　　8
第3回　真实催眠术　假冒魔法师　　　　　　　　　　　　　　　10
第4回　刑具大师治心病　手工开瓢挺上头　　　　　　　　　　　20
第5回　几千年前旧观点　至今活跃新时代　　　　　　　　　　　23

第二部分　诞生记　　　　　　　　　　　　　　　　　　　　　31

第6回　心理初遇物理学　实验繁琐莱比锡　　　　　　　　　　　32
第7回　叛逆神父提人文方向　布伦塔诺播心理种子　　　　　　　36
第8回　名中带冯看冯特　少年家贫志不贫　　　　　　　　　　　39
第9回　大学中幸遇大师　名声远多收名徒　　　　　　　　　　　41
第10回　捡漏发家科研团　史上最陋实验室　　　　　　　　　　　44
第11回　笔耕不辍惊天地　冯氏人肉打字机　　　　　　　　　　　47
第12回　双方暂时休战　二重心理诞生　　　　　　　　　　　　　52
第13回　二代掌门铁钦纳　只恨小生不姓冯　　　　　　　　　　　55
第14回　爱德独闯新大陆　美国创业披荆棘　　　　　　　　　　　58
第15回　铁老师烟雾会众徒　康奈尔首推女博士　　　　　　　　　60

第三部分　机能记　63

第16回	青年威廉频繁跳槽　牧师之子各处拜师	64
第17回	体弱不误踢馆　创业更能识人	68
第18回	两心理定义真心理　詹威廉鏖战冯威廉	71
第19回	詹姆斯畅销书怼人　新观点大范围励志	75
第20回	约翰结缘达尔文　杜威议取芝加哥	79
第21回	第一门派竟有俩　机能结构两开花	82
第22回	杜教授广收中国徒　华夏行震撼教育界	84
第23回	学位高手安吉尔　共同低调有卡尔	88
第24回	圈内第三詹姆斯　八个"第一"卡特尔	90
第25回	门墙初裂启上下　驯兽大师桑代克	95
第26回	机能圈内部集大成　吴伟士启发两大派	103

第四部分　精分记　107

第27回	犹太天才擅学外文　弗洛伊德初露头角	108
第28回	海滨剖鱼若厨师　生理学界初扬名	111
第29回	西蒙情书追玛莎　新医求学知安娜	114
第30回	精神分析立门派　第一势力始诞生	119
第31回	天生残缺阿德勒　背叛创立自卑说	123
第32回	荣格弑父终决裂　太子内定又取消	130
第33回	满门"叛徒"称新派　老人迎来第二峰	145
第34回	玛丽公主义助恩师　弗洛伊德暮年历险	150
第35回	新精分桃李满天下　克莱茵英国斗安娜	154

第 36 回　霍妮进军美利坚　传人文体多开花	157
第 37 回　拉康坚守法兰西　新秀再挺经典派	160

第五部分　行为记　165

第 38 回　巴甫洛夫研究反射　爱狗如命拒绝心理	166
第 39 回　不良少年制霸街头　文武双全驯服百兽	170
第 40 回　华生化人为机　全国坚强如铁	173
第 41 回　出高校成功经商　新思潮垮掉一代	176
第 42 回　驯白鼠斯金纳扬名　玩鸽子新行为诞生	180
第 43 回　强化论大杀四方　上电视怼天怼地	185
第 44 回　著书立说矫治行为　舌战黑粉榜上夺魁	188
第 45 回　班杜拉巧玩充气娃　行为派再遭大改革	192
第 46 回　行为派大战精分派　二掌门争执先后天	196

第六部分　完形记　201

第 47 回　施老师接手布神父　三剑客结义德意志	202
第 48 回　苟勒岛上逗猩猩　兄弟齐心旺完形	206
第 49 回　希特勒狂扫欧洲　格式塔辗转美国	210
第 50 回　托尔曼反复跳槽　新理论倾向折中	216
第 51 回　大怪才吸纳格式塔　小透明引发新门派	220

第七部分　人本记　225

第 52 回　婴儿缺爱　哈洛虐猴	226
第 53 回　移民区苦儿命多舛　马斯洛童年展奇才	231

第 54 回	遇佳人好运接连　倒霉鬼出手惊天	234
第 55 回	第三势力初开宗　第四势力立门户	240
第 56 回	小天才邻里多奇人　罗杰斯斗胆约海伦	244
第 57 回	夫唱妇随勇闯纽约　接触临床新创咨询	247
第 58 回	罗杰斯舌战斯金纳　两大派决斗光明顶	251
第 59 回	老教授人设崩塌　人本派无招取胜	254

第八部分　认知记 　　　　　　　　　　　　　　　　257

第 60 回	计算机模拟心理　司马贺跨界扬威	258
第 61 回	小神童博采众长　皮亚杰艺不压身	262
第 62 回	日内瓦康德再起　多概念重建认知	265
第 63 回	门墙破裂众学科合作　以武会友老中青会战	268
第 64 回	硝烟未熄　斗争继续	272

第九部分　拾遗记 　　　　　　　　　　　　　　　　275

第 65 回	苏联人就是这么特立独行——帅哥天团维列鲁	276
第 66 回	京剧大师转心理——斜杠老年郝德元的跨界人生	282

附录 1：世界心理学大事件　　　　　　　　　　　　288

附录 2：中国心理学大事件　　　　　　　　　　　　290

后记　历史是一张大网　　　　　　　　　　　　　　292

前言　这可能是你走进心理科学的第一本书

中国现代遗传科学奠基人谈家桢院士说:"20世纪前五十年是物理学化学时代,后五十年是生物学时代,21世纪是心理学时代。"此话曾经鼓励过无数想了解心理学的人,或许再也没有哪个学科,会像心理学这样让人"兴趣盎然",同时又让人"南辕北辙"地理解它了。

到2022年,我接触心理学已经整整十四年了。但直到现在,当有新朋友知道我学的是心理学专业的时候,大部分人都会主动上前和我说话,可通常会有三种反应:第一种,你是学心理学的啊,那我可要离你远点,我心里的东西都要被你猜到了。你能猜到我想的吧?第二种,我觉得我就有心理问题啊,你帮我看看呗。第三种,你们整天和精神病打交道,是不是也有精神病啊?

对于第一种,我内心会吐槽一句:"我怎么那么热爱工作,闲聊的时候都要练习一下业务。"那感觉就像碰见厨师就让人当场表演炒菜一样。如果对方确实是个讨厌的人,那正好可以远离。对于第二种,我会解释一下为什么不能够给朋友做咨询,如果他不把我当朋友,非要让我做咨询,那就另商量。至于第三种,则非常让人无语,如果我是精神病,你还不快跑,还敢当面指出我有病,那只能说明你比我更危险。我和我的同行们如今依旧经常面对这样的问题,或许这是最严重的职业误解,仅次于认为所有古代皇宫的工作人员都被做过变性手术。

在群众这么"感兴趣"的同时,心理学仿佛也已经变得界限模糊,灵修、星座、占卜、成功学、心灵鸡汤仿佛都变成了心理咨询师的必备技能。还有好多人考了心理咨询师的证件,但是从来没有真正用过,这让整个心理学界越来越混乱。因此,心理学恐怕是大家最熟悉又最陌生的学科了。其实心理学的概念很简单——研究心理现象及其影响下的精神功能和行为活动的科学,当然主要是人类的。研究的内容包括感觉、知觉、认知、记忆、睡眠、情绪、思维、人格、行为习惯、人际关系、社会关系等，还有很多通过动物实验来对比人类心理的，内容非常广泛。

大众喜欢那些所谓的"心理学"，因为那些东西简单而有趣，比如通过星座就知道一个人的性格特征，似乎还有点准。但真正的心理学并不是算命，而是靠严谨的实验、统计、测量和数据支持的，并且比娱乐化的心理学更加神奇。我在上学时发现，心理学最让人头疼且更神奇的地方是：哪怕是再小的一个问题，比如"耳朵是如何处理声音信号的"，都有好几种不同的解释，每个流派甚至每个心理学家，都有自己不同的看法，这让本来就比较混乱的心理学圈子，更是充满各种不见硝烟的争论。这也让心理学家们都显得个性鲜活，不像大部分科学家那样让人难以企及。

我希望通过这本书，大家可以真正了解到"心理学家们平时都在干什么"，他们并不是整天揣测周围人的内心，而是竭尽全力想把人类的心理现象，提炼成有科学性的知识点。本质上来说，物理学家寻找万物的规律，心理学家也是如此，只不过他们探索的世界，比现实宇宙更让人捉摸不定。

第一部分　萌芽记

在正式开始故事之前,先给大家出一个脑筋急转弯:心理学在大学里属于哪个学院名下的专业?大多数人都会说:是哲学吧?因为哲学和心理学看上去都是开导人的。但其实心理学通常是被分到教育学院名下的。再问一下:你觉得心理学是文科还是理科?大多数人都会认为是文科,但其实心理学是理科。

心理学如果有父母的话,父亲就是哲学,母亲就是生物学。父亲决定了它的家族出身,而母亲决定它什么时候出生。心理学这个孩子,在经历了一系列"叛逆行径"之后,终于自立门户。

第 1 回　若问心理从何来　请君先看蝴蝶仙

德国著名心理学家艾宾浩斯(Ebbinghaus, 1850—1909)曾这样概括地描述心理学的发展历程:"心理学有一个漫长的过去,但只有短暂的历史。"这句话虽然已经在所有心理学书籍中都被引用烂了,但我还是不得不拿出这句话,放到历史小说中大概就是,前九十九回都是如何发家兴兵打仗,最后一回终于建国了,全书完(因为时间线已经来到现在了)。

要追根溯源的话,我们就要先说说"心理"这两个字了,心理是脑的机能,并不是心脏的功能。那么汉语中"心理"俩字是怎么来的呢?中国古人大多认为,心脏是控制思维的主要器官,《礼记·大学疏》中说:"总包万虑谓之心。"《孟子》中说:"心之官则思,思则得之,不思则不得也。"

而脑算什么呢?很多古人认为它是心脏的附属品。隋朝医学家杨上善在其论文集《黄帝内经太素·厥头痛》中提到"头是心神所居"。宋代一位不愿意透露姓名的有可能叫刘温舒的老中医在其专著《素问遗篇·本病论》中说过:"心为君主之官,神明出焉,神失守位,即神游上丹田,在帝太一帝君*泥丸宫下。"这说明了心神对脑元神的支配,脑是心的下属单位,心气往上走于脑。有本年代不详却假托汉代的医书《颅囟经》认为脑子和各种癫狂病有关。到了明代,著名大咖李时珍在《黄帝内经》的基础上,更明确地作出了"脑为元神之府"的论断。

清朝康熙年间,有位南京的回族学者刘智写了一部《天方性理》,天方就是阿拉伯的别名。有趣的是,虽然这位刘先生是清真门下,但是对道教颇有研究。于是他在书中提到:"(胎儿气血)自心升脑,而知觉具,是为觉性,外之五宫(五官),内之五司(五脏),一切能力,皆所资之。"就这样肯定了人脑的功能。这些

---

* 指头顶。

古人的宝贵经验还不能完全被称为心理学，但是有一点认知非常重要，心理是和身体息息相关的，身心合一，这个知识点真的比西方先进了几千年。插句题外话，中国人以人为本，西方人以神为本，思维模式的不同导致了对待心理问题的处理方法的不同——西方人认为心理疾病单纯是因为外界的魔鬼干扰，怎么除魔咱们以后会提到。

到了乾隆嘉庆年间，有位从河北省来的倔强中医王清任，开始了在北京坐堂行医的生活。这位王老师爱好特殊又凶狠，爱看刑场杀人，尤其爱看千刀万剐，简直一次不落。原来他对人体的内部结构特别感兴趣，经过多次观察，他在《医林改错》中提到："灵性，记性，不在心，在脑。"这感觉就好像当年日本人首次知道天皇原来不是神仙而是人类一样，令人震惊。老王在1831年去世，差九年没赶上中国近代史，但是死后依旧圈粉无数。晚清时，来中国传教的英国西医德贞（Dudgeon），在看过《医林改错》后，称赞王清任为"近代中国解剖家"。梁启超也曾赞王清任是我国医学界的革命论者，所以说王老中医推进了中医的近代化，也不为过。

《医林改错》

说完了古代中国,咱们话分两头,再说说英语中的"Psychology"(心理学)一词是怎么来的。"Psychology"这个词,拆开看,词根是"Psycho",是精神病患者的意思,在英语里也是出镜率比较高的骂人的话。这么看来,这个词似乎是专门研究精神病患者的"精神病学",但实际上,精神病学另有"Psychiatria"一词。"Psychology"一词实际上是古希腊语"Psyche"(灵魂)的衍生词,表示一种研究灵魂的学科。在希腊神话中,有位公主叫赛琪(Psyche),颜值很高,外号"蝴蝶仙子",看谁都是丑男,总是找不到一个相配的对象。她的国王父亲就求来阿波罗的神谕,让她某天晚上到某个山顶等待,有一只带翅膀的大蛇会带她飞走。后来果然如此,公主被带到一座宫殿里,每天晚上都有个男人在黑暗中和她做不可描述的事情。但是这个男人有个奇怪的要求,就是公主不能看他的脸。

丘比特和赛琪的雕塑

熟悉希腊神话的朋友估计猜到了,长翅膀的神仙不多,他肯定不能是雷震子。对了,此神正是小爱神厄洛斯(罗马名字叫丘比特),奥林匹斯山之花、美神阿佛洛狄特(罗马名叫维纳斯)的儿子。至于为啥脾气这么特别,按照美剧《大力神的传奇旅行》来看,原因是"我不希望你因为我的颜值或身份而爱上我,我希望你爱上的是真正的我"。但也有可能是丘比特根本不知道自己长得到底好不好看,怕被嫌弃——因为在很多传说版本中他都是个瞎子,谁叫爱情是盲目的呢。

有一天,公主没忍住,趁着丘比特睡着,拿油灯一照,果然帅破天际,这样一比自己真是丑到不如人家脚后跟。根据古罗马作家阿普列乌斯(Apuleius)的说法,公主手一抖,还把灯油洒到丘比特脸上了,被热油烫醒了的丘比特顿时犯了起床气,翻身一跃飞出窗外,像疲劳驾驶的飞机一般消失在茫茫夜色中。公主为了追回帅丈夫,又经历了来自婆婆维纳斯的重重考验——原来这件事最初就是维纳斯要治一下她的嘚瑟,派儿子去惩罚她,谁知道儿子沦陷了。不过有惊无险,那些看似不可能完成的任务,都因为公主颜值高,有贵人相助而顺利完成了。最后,在希腊扛把子宙斯的调停和撮合下,公主和丘比特终于破镜重圆。所以,像赛琪公主那样追求他人本质的这么一个过程,后来就成了一门学科——Psychology(心理学)。可以说,心理学从一开始就和古希腊脱不开干系,后面大家还会看到更多对应的点,包括那只长翅膀的蛇,弗洛伊德都有作出解释。各位看官牢记话头,咱们后文再表。

那么问题来了,汉语里"心理"这俩字是怎么拼到一起的呢?1872年,一位笔名执权居士、真名可能叫朱逢甲的秀才,在《申报》上发表文章,首次提到了"心理"俩字。1889年,清政府已经非常重视翻译外国学术文献了,中国基督教圣公会的早期华人牧师颜永京翻译了美国牧师、心理学家约瑟·海文(Joseph Haven)的著作,当时他把英文中的"Psychology"翻译成"心灵学"。因此,颜牧师被视为第一个把西方心理学介绍到中国之人。

在颜永京翻译海文的作品之前,日本近代哲学之父西周(这个名字有些别扭的哲学家原名叫西周助,后来嫌太长给精简了,毕竟西周俩字日语音译"尼西阿马乃"也要五个音节)在1875年也翻译了

颜永京

海文的同一原著 Mental Philosophy，成为日本第一本心理学译书，书名译成《心理学》，这是汉字中首次出现"心理学"三个字。

这样一比较，颜老师提出的"心灵学"，怎么看都不像是一个科学的学科，反而像是玄学或鸡汤。因此，在之后的 1896 年维新派领头人康有为编《日本书目志》时，才是在中国首次出现汉译"心理学"的名称，并且一直沿用至今。

另外再八卦一句（这句话读者们之后还会在本书中看到无数遍），和颜永京同样当过翻译的美国传教士、北京大学首任校长（京师大学堂总教习）丁韪良，出于借心理学来传播宗教的目的，在 1898 年出版了《性学举隅》，这也是早期心理学的重要著作。丁韪良原名威廉·亚历山大·马丁，丁韪良是中文名，还有个表字叫冠西。

当时的中国，维新的风气正盛，可是维新派老大康有为的主要研究方向还是四书五经，而社会急需各种科学思想，清政府在被打脸多次之后也意识到这一点，于是北洋水师学堂有一位不太愿意教书的校长，在心理学史中登场，他就是著名翻译家、维新志士、和颜永京发音上是同姓的严复。严复的同期练习生，如萨镇冰、刘步蟾等人都当了舰长，而看严老师自己，"当不成舰长的我只好去教书了"——严老师亲口说自己当校长就是为了一份工作。不过当校长的时候比较闲，他看了很多书。看完康有为的书之后，他觉得孔家学说不够用，于是他的目光放到了西方科学上。经过反复筛选，1986 年他翻译完成了英国生物学家赫胥黎的《天演论》，宣传了"物竞天择，适者生存"的观点，还加了很多自己的观点。1897 年 12 月，这本书在天津出版的《国闻汇编》上连载，被清政府禁止后又出了单行本，后来产生了严复始料未及的巨大社会反响。严复最早的稿子是给梁启超看的，梁启超读后称之为"天演惊雷"，用一夜时间誊抄了一本给老师康有为看。康有为读了此译稿后，发出"眼中未见有此等人"的赞叹，带着习惯性的古文口音，称严复是"中国西学第一者也"。这些并不是跑偏，赫胥黎的这本书支持了达尔文的进化论，不仅在生物学中掀起了革命，也大大影响了其他学科，尤其是心理学。我们后面还会多次在心理学史当中提到达尔文。

再往后的 1908—1911 年，严复应晚清学部的聘请，整理了很多学科的名词对照表。可能是受到好队友康有为的书目的提醒,严复的翻译作品中便包括《心理学名词对照表》,这些心理学名词基本上都是由日本心理学界所创制,直接拿来用很方便。另外,严复翻译的赫胥黎的《天演论》,也为后来的新文化运动埋下伏笔,催生了中国心理学的诞生。

可惜这时候已经到了清朝末期,大家虽然终于知道了心理是脑的机能,但是知道得太晚了,也就很难改过来。当然,不止中国,很多国家都用"心"来表示感觉和思维,英语和汉语一样有伤"心"的说法,用的都是心脏的这个心。不过大家都用习惯了,就像鳄鱼、鱿鱼、章鱼、甲鱼明明都不是鱼,可是大家都要这么叫,要不然就不顺口,没办法。你如果非要叫"脑理",那看上去好像是生理学当中的,又无法自立门派了。其实生理学和心理学本来就难分家,具体是什么关系,咱们后文再说。

虽然名字叫错了,但是并不要紧,管用就行,就像鱿鱼虽然不是鱼,好吃就行。那么古代人怎么利用心理学呢?接下来的内容,就非常高能了。

第 2 回　巫医不分创神功　心中迷信遭暗示

提到中国古代的心理，主要分为心理理论和心理技术两方面。心理理论说白了就一句话："什么是人？"那些早期思想家，我们熟悉的老子、孔子、墨子、孟子、庄子、韩非子、杨朱、荀子等，都提出了自己的观点；汉朝时期，儒学大杀四方，从此纲常伦理成为主流思想；到了南北朝时期，佛教逐渐中国化，强调修心；道教随着唐朝政府的鼓励开始发扬光大，主张天人合一，道法自然；宋代又出现了程朱理学；明朝有了王阳明的心学……为了防止本书跑偏变得哲学化，咱们就不多说了，请出门右转自己翻冯友兰先生的《中国哲学史》去。现在，是时候展现真正的技术了。

上古时期，巫医是不分家的，人们有了病，不管是心理上还是生理上的，首先靠跳大神，学名叫祝由术，第一个字的发音是"咒语"的"咒"，不能读成"祝贺"的"祝"，念快了变成"猪油"可不行。《黄帝内经》中说祝由术是上古的医术，"祝"是对神祈祷的意思，"由"是病因的意思，也就是把自己的病告诉神仙，希望得到救治，放到现在就是请仙跳大神。1973年，在湖南长沙马王堆三号汉墓中，发现了一本无名的帛书，据推测应该是战国时期的，这本帛书是我国目前发现的最早的医书，上面记载了五十二个病方，其中就有"祝由"十三方。虽然祝由术到了宋元之后随着医学的发展而不断被边缘化，但是它直到比较靠后的时期仍然时不时被人提起，明代大医学家张介宾曾说"国朝医术十三科"，第十三个就是祝由术。

祝由术到底有没有用？根据古代的记载还是挺有用的。隋唐时期，太医当中还有祝禁博士的官职，博士手底下还有咒禁师两人、咒禁工八人、咒禁生十人。很难想象，中医院当中除了针灸科、推拿科、消化科等，还有个科室叫"跳大神科"。过去很多无法被理解的疾病统称为邪魅缠身，这时候就要博士先生带着手下的"研究生"们一起通过祝由术来把人给治好了。西汉刘向的《说苑》中记载,上古有位医生叫苗父,擅长祝由术,"诸扶而来者,舆而来者,皆平复如故"。不管是扶着来的,还是坐车来的,被他的祝由术一操作,原地满血复活,不知道的还以为遇见以色列来的上帝之子了。明朝有位医学家徐春甫因为此记载,把苗父视为"中医祝由科"的鼻祖。后来祝由术发展得越来越丰富,出现了"以图示意,以咒代药",不光要念咒语,还要画符,具体啥样,看过林正英的僵尸片的朋友们应该都清楚。

如果非要用现代科学来解释,祝由术其实就是催眠术。有些同学或许看过一些催眠术的表演:人在催眠状态下,既可以变得像钢板一样硬,肚子上站一个胖子都没事,也能像棉花一样软。这是怎么回事呢?其实,这些都是人体存在的潜能,只是平时疲惫的神经信号让人无法做出那样的效果。在潜意识中,人类的潜能被激发,疲惫信号被阻断,再加上催眠师的合理暗示(比如,放在你肚子上的东西很轻),人就能轻而易举地达到那种效果。很多硬气功表演,其实就是自我催眠:表演者在表演前要有一段时间的"入静",通过冥想来渐渐进入潜意识,同时暗示自己要面对的东西是很软的,这样就可以表演头顶开砖、身躯抗打等节目了——没错,少林的金钟罩铁布衫理论上就是自我催眠,印度和东南亚的赤脚走火炭也是。

第 3 回　真实催眠术　假冒魔法师

祝由术名义上是借助神力，但是到了近现代逐渐披上了科学的外衣，我们发现它的神奇力量实际上来源于人体潜能，而不是什么外界的神秘存在。

人体潜能到底是个什么玩意呢？18 世纪奥地利医生弗朗兹·安东·麦斯麦(Franz Anton Mesmer，1734—1815)提出了一个非常玄乎的概念。虽然牛顿已经在 1727 年驾鹤西去，但是江湖上仍然流传着牛顿的传说，万有引力定律深入人心。既然所有的东西都有引力，那么天空当中的星体也应对人类有引力；既然日月(以月为主)之磁力，能影响地球上的潮汐变化，想必行星的磁力自然也会影响人体功能，毕竟人体内有一大半是液体嘛！这个逻辑没毛病吧！那么有些人之所以精神错乱，"乃是体内磁力失常所致"。于是，在麦斯麦先生的学位论文中，他提出了动物磁力说(Animal Magnetism)来解释此种影响人体的超自然力量。只要掌握了"动物磁力"，就掌握了包括人类在内的所有动物的心理能量，就像名字同样是 M 开头的麦格尼托(翻译过来叫万磁王)那样，可以通过控制血液中的铁离子，来干扰他人的思维。

麦斯麦为什么会提出这样的观点，看他的履历就知道了。麦先生早年在德国巴伐利亚州的迪林根耶稣大学修习哲学——看名字就知道这是一所教会大学了，1752 年转修神学，1753 年又转学医学，之后获哲学博士学位。1759 年麦斯麦赴维也纳学法学，后转学医学，可以说是个文理两开花的人才。1766 年 5 月麦斯麦以题为"行星对人体之影响"的论文获维也纳大学医学博士学位。这放到现在根本不能想象，但是当时确实是一种进步思维，至少人心不全是受魔鬼之类的灵异生物干扰了。后来麦斯麦在音乐之都维也纳开了医馆，还娶了一位奥地利帝国部队军官的富有的遗孀安娜为妻，妥妥的迎娶白富美走上人生巅峰的节奏。

1774 年，他老婆的朋友 28 岁的女病人奥斯特林来找麦斯麦看病，这位可怜的女士受歇斯底里症的折磨，并伴有痉挛、呕吐、间歇性的失明、麻痹，且时常出现幻觉，发病时还会发生排尿困难和剧烈的牙痛，各种症状加起来有 15 种，维也纳当时的医生没有一个能搞定的。麦斯麦对她一通观察，发现她犯病有周期性，既然是周期，那就可能和行星的运行有关，既然和行星有关，那就和引力有关，既然和引力有关，那就和磁场有关，这脑洞放到现在也是个逻辑鬼才。他又想起有个英国医生提过磁铁能对付这类病，于是他给女病人喝下溶有铁质的液体，估计就是类似于现在含铁量高的运动功能饮料之类，并在她的身上和四肢上绑上磁石来引导。他先用舌灿莲花的话术和轻轻抚摸诱导病患进入意识恍惚状态，然后用磁铁棒在其前后摆动，用以导正病患体内紊乱的磁力，使她的血液和神经活动恢复正常。这场景是不是很熟悉，和拿着桃木剑跳大神是不是很相似？万万没想到，在几个小时的治疗后，麦斯麦真的把她多年的症状治愈了，奥斯特林好像吃了金坷垃一样身体倍儿棒。

那时候病人一旦好了，都会赶快向天祷告，感谢上帝。但是麦斯麦不敢苟同这是上帝的功劳，于是他提出了一个新的名词：动物磁性，也有翻译成"动物磁力""动物磁气"的。经过更多的观察和思考后，他提出了一个新观点：人类有许多疾病是因为动物磁性的失调，如果能用各种方法导引这股磁性，就可以治疗好许多疾病。这和中国古代的气功其实差不多，换汤不换药，如果他早点接触几个少林和尚估计不至于这么费劲。

后来麦斯麦越来越火，他的这种疗法被称为麦斯麦术（Mesmerism），也被翻译成"通磁术"。越来越多的病人找上门来。要知道，大部分来找心理医生的都是女性，到现在也是一样，美女都跑你那边了，同行不嫉妒你嫉妒谁？你就算不收钱都不行。再想到麦斯麦引导患者进入半睡眠状态的招牌动作"麦斯麦抚摸"（别笑，学术界真的叫这个），其他医生简直被气到哭泣，像诸葛亮一样高呼"我从未见过如此厚颜无耻之人"。

更严重的事情还在后面，当时维也纳有一位很有名的神父叫麦克斯米伦·海尔，他可以借用神力为信徒治病。大致的过程是在昏暗的教堂里，海尔神父身穿黑袍，口中念念有词，缓缓踱到患者面前，他突然用闪亮的十字架触碰患者的前额并说："现在，你将会死去，你的呼吸将会减慢，你的心跳也将会减慢；等一下我为你驱除魔鬼之后,你会复活,变得健康。"患者照做之后,紧接着,神父开始作法,然后告诉患者:"现在,我已经用神力将附在你身上的魔鬼赶走了,你醒来后将恢复健康。"然后患者就腰也不酸了背也不疼了,一口气上五层楼不费劲,随治随走不耽误上班。麦斯麦先生的治疗效果几乎和海尔神父的一样,但是他证明了治愈者并不是靠上帝的力量,这一下子就相当于往油锅里扔了一大把盐,放到教会占绝对主权的中世纪,这足够将其烧死再救活再烧死一百遍的。

压倒骆驼的最后一根稻草,是一名维也纳的 18 岁贵族女青年。她从小患有神经性失明,后来只能干一些盲人的工作,但她竟然做到了维也纳女皇玛丽娅·特蕾莎的钢琴教师。值得一提的是,这个盲女也叫玛丽娅·特蕾莎,这放在中国古代绝对是犯忌讳的,但是欧洲人的名字叫来叫去也就那么几个,你随便几个字母拼个名字大家也不认可,重名反而让这两人关系非常亲密。

麦斯麦受邀治疗盲女之后,她的视力有所好转。这下她的家族不乐意了,治好了眼睛,之前的那份女皇给的残疾人补贴就没了,也不知道是反应慢还是怎么地,当年请人家来治病干啥呢?为了不让麦斯麦继续看病,女孩的父母就说了他一些坏话,无非是这人老不正经,在我们 18 岁的漂亮女儿身上来个游身八卦掌啥的。于是墙倒众人推,破鼓众人捶,教会和其他医生都说他是骗子。接下来女皇下令开始调查,可能反对者们的智商比较让人着急,调查持续了三年,最后得出结论:麦斯麦是维也纳的危险分子,必须在两天内离开维也纳。1778 年,维也纳医学会开除了麦斯麦的会籍,从此麦斯麦暂时进入单蹦儿状态。

不过牛人到哪里都有饭吃,离开维也纳之后,麦斯麦凭借自己的实力,在法国巴黎落了脚。有道是金子在哪里都掩盖不住光辉,很快他又圈了一波粉丝,甚至包括音乐大师沃尔夫冈·阿玛多伊斯·莫扎特。当时麦斯麦成了一个在舞台上表演麦斯麦术的大明星,用的道具很简单,但是效果很神奇。比如,他在一个大桶中装满铁砂、玻璃粉和水,在桶中央树立一根铁柱,将许多铁丝缠绕在铁柱上,用铁丝的另一头接触患者。现在上过物理课的人都知道,这可以让铁柱子带上一些磁性。治疗的时候,他身穿黑袍,带着让人感觉很神圣的背景音乐出现,拿着铁棒与患者接触,目的在于"疏通磁流";同时嘴里念念有词,仿佛是什么神秘咒语,患者则进入昏睡状态。重复多次后,麦斯麦唤醒患者,许多疾病就痊愈了。除了将十字架换成铁棒,其他基本和海尔神父的差不多。现代催眠师已经意识到"你要这铁棒有何用",拿木棍甚至手指头都可以达到这效果。

麦斯麦还发明了一个更复杂的道具,叫"Banquet",就是一个橡木箱子,里面装有化学物品和许多铁器,他说自己已经给这个箱子"通磁"了。众人围着坐一圈,放此箱子的房间半明半暗,四面有镜,还伴随着柔和的背景音乐,一幅玄幻的景象。麦斯麦穿得像个魔术师一样,让这一连串的人瞬间睡着了,还治好了很多人。经历过的人都说这真是"大力出奇迹",但是也有很多人说他请了一堆托儿,和某些现在的太极大师一样。有些报纸上的漫画说他和他的粉丝们简直是一群小狗。

麦斯麦的表演

其实,当时正好是欧洲教会的力量日薄西山的时候,欧洲人接触了东方和美洲等地之后,各种神秘的巫术正好让大家津津乐道,于是麦斯麦继续坐实了"树大招风"四个字。当了明星的他显然忘了,法国也有教会,也有医生。麦斯麦的技术,说是科学又显得神乎其神,说是神秘力量又不符合教会的教义。于是麦斯麦遭到了双方的合力碾压,甚至被告到了法国国王路易十六那里,这估计是少有的一次科学界和神学界的通力合作。

路易十六国王对此很重视,当时成立了一个九人调查委员会,主席是本杰明·富兰克林。这个名字是不是很熟悉?没错,他就是参与起草《独立宣言》的美利坚开国元勋。此时老爷子已经七十多岁了,正好在法国拉赞助,希望获得欧洲人民对北美独立战争(当时北美属英国殖民地)的支援。英国本来在欧洲人缘就比较次,法国和英国又是几百年的老冤家,富兰克林又是著名的发明家、作家、科学家、思想家、政治家,因此法兰西人民举国欢迎。有著名雕塑家专门为他塑像，还有财政大臣送上"从天空中抓住闪电，从暴君处夺下权杖"的赞美，法国科学院的科学家们就更不用说了，现代化学之父安托万-洛朗·拉瓦锡都和他关系不错。法国国王路易十六也是富兰克林的粉丝，他将自己的一幅肖像画赠送给富兰克林以表彰他在外交上的杰出成就。但是美国当时毕竟是一群土包子，法国人还没信心能完全打败英国。所以富兰克林为了等国王签约，就在法国待了好长时间，直到美国取得萨拉托加大捷。1778年，富兰克林才代表美国，正式和法国签订了《美法同盟条约》。富兰克林一个玩电的，去调查麦斯麦一个玩磁的，正好对口。另外化学家拉瓦锡也在这九人当中，让这次的调查有了电学化学双保险。

麦斯麦毕竟是江湖人，九位硬派科学家的调查结果是，麦斯麦治愈病人基本上是靠想象，因此他被吊销行医执照，被迫离开巴黎，移居到法国巴黎的卫星城凡尔赛。但是没过几年，法国大革命爆发了，麦斯麦为了躲避战乱又不得不离开。顺便说一句，当年让他丢了行医执照的调查员之一拉瓦锡，在此次大革命中被砍了脑袋。麦斯麦没受到路易十六的赏识，或许是因祸得福。

既在江湖中，便是薄命人。此后，麦斯麦辗转英国、奥地利、德国、意大利，最后在瑞士定居，事业上没太大起色，但是把各国的语言练出来了一些。在这个战火波及不到的永久中立国里，他过着简朴的生活，时不时给贫苦大众看看病。但是麦斯麦还没放弃他的法国梦，毕竟真是个高智商人士，从他能掌握这么多种外语就可以看出来。在1798—1802年的一段时期里，他曾回到巴黎，但好景不长，没立住脚跟，不久便回到了瑞士。1814年退休之后他又去了德国，直至第二年在穷困中病逝，享年八十一岁，正好成了个九九之数。这正是：

神医咸名扬，磁术闯四方。

力盖维也纳，气惊路易王。

穷游列国遍，教会迫害忙，

魂归九九岁，含恨归天堂。

从此,麦斯麦的"动物磁力说"彻底被淹没在了时间的夹缝中——才怪!麦斯麦虽然死了,但是人家有徒儿,徒儿还有徒儿,无穷匮也。麦斯麦有个侯爵学生,叫必斯奎(Puysegur),他在麦斯麦死后依旧相信他。麦斯麦做了很多实验,还以梦游(Somnambulism)命名他所发现的梦游状态,今天我们依然在用这个词并用它表示深度催眠状态。既然麦斯麦术确实有这么多奇妙能力,宗教界人士也坐不住了,本来大家都是搞神秘学的,往大了说都算哲学,相煎何太急呀!于是在1815年左右,巴黎的一位修道院长何塞·卡斯托迪·德·法里亚(Jose Castodi de Faria)竟然成了以科学名义研究催眠的第一位实验者。他发现在违反个人意愿的情况下,对方不会进入恍惚状态。这也是至今催眠仍然在用的一条基本原理。何塞还发明了固定-凝视法,也就是用眼睛让人进入催眠状态,这种方法至今依然存在,甚至在央视的节目《挑战不可能》中,来自英国的克里斯蒂娜·列侬,能通过她的宠物狗"公主"的眼神让人进入催眠状态。其实这个原理不复杂,很多动物被天敌盯住,也会陷入类似的僵直状态。

在科学界,麦斯麦还有一位粉丝,就是英国伦敦大学医学院的教授约翰·埃利奥特森(John Elliotson,1791—1868)。约在1837年,埃利奥特森在实验中发现,当患者在麦斯麦术的引导下进行外科手术时,没有表现出痛苦,这简直和东方的某些神功一样。他还发现麦斯麦术对某些精神症状(如歇斯底里症)的治疗很管用。既然这么好,那还犹豫啥?他开始在各种地方用麦斯麦术,不管是手术还是精神病,他都进行了大量科学的实践,这是其他所有麦斯麦术的先行者们从未做过的。埃利奥特森用1834例成功的手术,奠定了催眠术的基石,相当于咏春门里严咏春的师父五枚师太,他虽然不是一代宗师,但是后来带出来了一代宗师。

但是埃利奥特森的基本概念还是磁力,他曾向一家有名望的杂志编辑证明,倘若把一枚磁化的硬币置于患者身上,患者就会感觉良好。这显然不太科学,于是他所在的医学院院长认为,医学院的声誉比科学探索更为重要,科学界早就批斗过的伪科学,你就不要再痴迷于它了。埃利奥特森当然不同意,于是1838年医学院的会议上通过一项议案,禁止在学院或医院内实施麦斯麦术。埃利奥特森也是个坚持梦想的人,他原本是该医院的创建者之一,竟然为了麦斯麦术冲冠一怒,辞去医学院和医院这两个单位的职务。同年,他还因此辞去伦敦皇家医学暨外科手术协会主席一职,真是砸锅卖铁地支持麦斯麦术。随后的1841年,一位来自曼彻斯特的著名医生詹姆斯·布雷德(James Braid,1795—1860)也对麦斯麦术产生了兴趣,但是他认为,麦斯麦术的效果不能归因于磁力,那个东西的影响力微乎其微,咱们还是要归于生理原因,也就是眼睑神经的麻痹——没错,布雷德正是一名眼科医生。长时间注视某物,便可使眼睑的上举肌麻痹,从而引起不自然的睡眠,而麦斯麦术的昏睡则被他重新定义为神经性昏睡(Neuro-Hyponoloty),同年他出版了一本书——《神经催眠术》,在此书中他正式把心理暗示技术定名为"催眠"。顺便说一句,欧洲人也像中国人一样相信骨相学,他还试图把麦斯麦术与颅相学联系起来,让人以为他的手具有磁力,当把手放在患者头盖骨的某一特定部位时,会在该部位下的脑区产生功能。当然,后来颅相学也被证明是迷信,脑壳啥形状和智商并没有关系。著名生物学家乔治·居维叶的徒弟、法国生理学家马利-吉恩-皮埃尔·弗卢龙(Marie-Jean-Pierre Flourens,1794—1867)就是最著名的反对者之一,他发现,切除大脑的一部分,其他部分也能代替原来的某些工作,所以他认为大脑是整体协调运作的。顺便说一句,这位还通过切除鸽子的小脑,发现小脑和运动平衡有关。

另一位和他同名不同姓的英国医生詹姆斯·埃斯代尔(James Esdaile,1808—1859)此时去印度做医生了,1845年4月4日,他在印度用麦斯麦术给一名印度患者进行无痛手术,这让他大喜过望。自此以后,他把麦斯麦术用作麻醉剂。他写了一封信给英国医学委员会报喜,但医学委员会早就认为麦斯麦术是江湖把戏,上个詹姆斯我们都没搭理,这个自然也置之不理。埃斯代尔也是个倔强男孩,毕竟年轻人就是血气方刚,他又收集了一百多个病例,附在一纸报告书后,越过医学委员会直递英国驻印度政府。

当时,驻扎在印度的英国政府要比在英国本土的医学委员会开明,毕竟出国后见识比较宽,他们在接到报告书后委派了一个专门委员会查询此事。这个委员会显然比路易十六的委员会慎重得多，调查结论是鼓励他继续研究。政府甚至于1846年在加尔各答创设一所专门用麦斯麦术做治疗的小型医院，反正是给印度人看病，又不会在大不列颠帝国本土引起矛盾，就干脆敞开了试，让埃斯代尔继续其研究工作。1849年，在伦敦也出现了麦斯麦术医院。

两个詹姆斯遥相呼应，给了布雷德一剂强心针，他倾尽全力研究催眠术，后来又提出暗示为催眠术的要素，是一种对神经活动的影响。催眠的方法与事实渐为医学界与心理学界所采纳。从此麦斯麦术消失，取而代之的是"布雷德术"，也就是催眠了。

接下来催眠术的发展就相对顺风顺水了许多，还出现了很多大师。催眠术可以说是"古代气功"放到现代的一种应用，而且有了越来越多的科学支持，也就变得越来越管用。在1889年的时候，当时中国还是大清光绪十五年，美国的催眠师艾伯特·莫尔（Albert Moll）就开始以催眠来提高运动员的肌肉爆发力，从而达到提升成绩的目的了。到了1955年，霍廷格（Hottinger）发现，催眠可以增加被试人员的背部力量与腿部力量，鲁什（Roush）则发现催眠可以增加握力、曲肘力及悬垂耐久力。但是要注意的是，单纯地进入催眠状态，并没有提高运动水平的作用，必须在催眠过程中加以积极的心理暗示（如激励），才能达到预期的效果，也就是祝由术当中说的心诚则灵。相关实验表明，接受过积极的催眠暗示之后，人体的耗氧量、血乳酸浓度及呼吸水平均会发生变化，从而使其耐久力明显地提高。但是，运动不是单纯的有力气就行，首先还要有技术，如果有人想光靠催眠就提高运动成绩，那是做不到的。就好像某年世界杯，某个东亚足球队，说自己有意志力，就能打败德国队，最后还是输得哭惨。其次你也不能做得太出格，人体就算再牛，也有极限。当年义和团的师兄弟们练就神功，说自己刀枪不入，袁世凯拿出洋枪来一试验，当场凉凉。

值得一提的是，曾经排挤过麦斯麦的法国，不顾两次让他饮恨巴黎的黑历史，自愿当了"真香定律"的实践者。巴黎一家妇女疯人院的医生让-马丁·沙可（Jean-Martin Charcot，1825—1893）成立了"巴黎学派"，他和他的同事们以医院里的患者作为被试，他们发现，癔症（音译"歇斯底里"）患者在被催眠后，会经历嗜眠症、僵直、梦游症三个阶段，与癔症犯病时的样子相似。所以脑袋一拍得出结论，催眠状态是一种神经症，简单地说，就是比精神病程度轻微一些的一种病，还不像精神病人那样不知自己是谁。

这个结论不管是当时还是现在，肯定有人告你歧视。不知道是不是东北人都有股不服输的劲儿，法国东北被称为"洛林之魂"的南锡市就有人不服了。精神病专家希波莱特·伯恩海姆（Hippolyte Bernheim，1840—1919）和昂布鲁瓦兹-奥古斯特·李万保（Ambroise-Auguste Liébeault，1823—1904）都是布雷德的拥趸，他们成立了南锡学派，和巴黎学派分庭抗礼。南锡学派认为催眠术和有没有神经症无关，侧重从心理学方面去研究，最终让这一派的支持者越来越多。李万保这个名字非常中国化，法国人还成为了现代催眠术之父。这个学派有多牛呢？举个例子：两位掌门人教出来一名徒弟叫爱弥儿·柯尔（Emile Coue，1857—1926），此人是"安慰剂效应"的发现者，还提出了柯尔氏自我暗示疗法，用催眠术加蒸馏水治好了很多人的病，人称"自我暗示之父"。电影《国王的演讲》里头的艾伯特王子，也就是后来的乔治六世，也是他的患者之一。当然，法国的天主教会依旧反对他，不过后来2011年法国经济危机的时候，柯尔的疗法又被人提起来。柯尔有一名粉丝，比他还大一岁，这名粉丝先后在巴黎学派和南锡学派进修过，此人名唤西格蒙德·弗洛伊德，日后他将在心理学的江湖中掀起一阵最大的风浪。

关于催眠术的话题，写一本书也写不完，咱们的主题还是心理学的那些事，在此不能跑偏。最后留个小彩蛋：1931年美国有一部现象级的电影《斯文加利》（*Svengali*），塑造了一个神奇的催眠师的形象，可以控制女性的行为，从此以后大众对催眠术的误解根深蒂固，认为催眠术简直是法力无边，几乎所有电影都会把催眠术吹得神乎其神。

刚才我们说过，催眠术能让身体变得好一些，所以中国古书中记载，祝由术能让虚弱的人重新站起来走路，就不难理解了。至于说祝由术练到一定程度能飞天遁地，隐身穿墙，那就纯属超能力了，你信不信都可以，反正现在社会上自称有超能力的人最后都被拆穿为魔术师。笔者觉得，放眼全世界，不管是催眠术还是祝由术还都是挺可爱的一种古代心理疗法,不打针,不吃药,就是在那儿跟你唠,最多坑你俩钱,也不至于让你的身体变得更糟糕。顶多自己成功忽悠自己,铁头功没练好,不小心拿砖头给自己开个瓢。可是下一个话题就没法让你更轻松了,恐怕笔者很难像刚才那样一口气说出一段单押的"Freestyle"。

第 4 回　刑具大师治心病　手工开瓢挺上头

我们都知道，手术是起源于欧洲医学的。中国古代虽然有华佗给人做手术，但是现在的外科大夫都不敢一个人给你做手术，华佗拿把斧头就要给你切开脑，还准备把你当第一例开颅手术的幸运儿，你如果是曹操你乐意？

中国古代讲究"人体发肤，受之父母，不可毁伤"，剃头纹身都被当成不正经的存在，就更别说做手术了。可是亚洲之外的许多地方，比如欧洲、南美洲、大洋洲等区域，考古学家都找到过许多被钻了洞的头盖骨，而且头盖骨的主人在钻洞后还活了很长时间，其历史最早可以追溯到公元前。有个公元前50年在秘鲁出土的男性头骨上有七个洞，那时候秘鲁还是石器时代，只能用石头片来慢慢刮，这可比身上同样有七个洞的北斗神拳健次郎痛苦多了。1974年之后在中国的陕西、山东、广东等地也相继发现五千年前钻孔的头骨，具体是不是为了治病，尚不明确。

这种头骨钻孔的技术又称为环切术，名字听上去就不健康。可是那时候还没有麻醉药，人的头皮又是特别怕疼的，要做到钻孔，那要多难受啊？难道这是一种酷刑吗？从后来的资料中我们可以看出，古代的欧洲人很早就意识到心理疾病是和大脑有关的，所以就把手术这种生猛的技能用在心理治疗上头了。到了中世纪，欧洲的医生认为那些精神不正常的人，是因为脑子里有魔鬼，要让魔鬼出去，就要开个天窗。欧洲历史上留下过各式各样的给头骨开洞的钻头，简直比现代的螺丝刀花样还多。低端一些的用手拿着给人打孔，高端一些的会弄一个理发椅子一样的器材，手脚可以固定，头部有个摇把儿，轻轻松松给脑壳开窟窿，你说这不是刑具是什么？据说被钻孔的人确实病好了。在此处只能引用小品《大忽悠》中的一句话——"你踩你也麻！"再有精神病的人也知道疼，钻个孔就不敢闹了。

没想到这种血乎刺啦的整人技术，到了现代还有人愿意尝试。当时67岁的英国牛津郡女贵族阿曼达·菲尔丁伯和她61岁的丈夫——"威姆斯和马奇伯爵"詹姆斯向媒体透露在年轻的时候,为了让大脑"吸收更多的氧气"(大脑又不是肺,吸收氧气干啥),他们用牙医的电钻亲手在自己脑袋上开了个洞。在阿曼达的影响下,某些贵族为了"拓宽智慧",也接受了钻洞术,然后觉得自己果然变聪明了——不知道是不是脑袋漏气变傻了,还是颅压降低确实有助于血流加速。

即便不用钻头开脑洞,欧洲人也还有其他脑洞打开的方式,理论基础都要上升到神学。作为欧洲文明源头的古希腊人认为,"行为异常由众神控制,对神的违抗会导致精神疾病"。想想希腊众神的所作所为,不是勾引良家妇女就是撮合人类打架,不违抗神好像也好不到哪里去。

到了中世纪,天主教会控制了一切,所有的心理疾病,都叫魔鬼附体。驱逐魔鬼除了用上述说的脑袋钻洞,还有其他的方式,但主要是靠神职人员驱魔。最轻度的是用圣水、烧香的灰烬、圣物或者吟诵圣经来驱赶恶灵,这个在今天欧美的很多地方还有。如果还不管用,那就不客气了,神职人员会通过言语和肢体上的侮辱,甚至通过禁食、鞭打、噪声禁止睡眠、扔进开水或者冷水、火烧、灌酒、浇秽物等极端方式来驱魔。试图使精神病人的肉体变得肮脏和痛苦,好使凶恶的魔鬼逃脱。反正就是一句话,你和你体内的魔鬼,必须走一个,就看谁忍得住了。

更惨的是,很多精神病人此时被当作撒旦附体,由于罪恶而被上帝处罚,甚至一些激进的观点认为这些人是异教徒或者女巫,自己愿意跟魔鬼勾结,背叛了上帝和同胞们。他们还不是简单的叛徒,还会造成暴风雨、洪水、旱灾、瘟疫、阳痿或者猝死,简直比X战警都牛。所以对待这些人,就要给他造成一些永久的残疾,比如割舌头、扭断或切断肢体,最严重的甚至直接砍头或者绞死,简直比切手指的日本黑社会还黑。

那时候最常见的两种精神病是歇斯底里性舞蹈症(又称为圣维特斯舞蹈症)和变狼狂。没错,后者在月圆之夜会变成科幻片里的那种狼人,那时候教会认为狼人是真实存在的,你说为啥要给人赶尽杀绝,如果放到现在,请过来拍电影多好。其实变狼狂的患者倒是不会长出长毛利爪,就是喜欢啃东西,现在看来就是一种妄想症。当然,人们越害怕,就越听话,在教会的刻意引导之下,人们对能变成狼的人产生了前所未有的恐惧。因为"神对罪恶是零容忍的",本着"宁可错杀一千也不放过一个"的原则,除了这类妄想症的患者,还有成千上万的人被迫承认自己的罪行,被施以了火刑——因为当时的人们仅仅通过外貌来判别是否是狼人,这直接使得当时许多骨骼惊奇的人或者对阳光极为敏感的白化病患者都跟着倒霉。那年头简直是只要教会看你不顺眼,管你是不是浓眉大眼一看就是正面角色,就给你扣一顶这样的帽子。

被魔鬼附身的中世纪插图

中世纪的火刑

当然,咱不搞地域黑,东方人也会自毁身体,只是目的和效果不太一样。印度教泰米尔人的大宝森节就是一个传承了两千年的例子,为了庆祝战神的生日,至今其信徒依然会用钢针穿透舌头和腮帮子等处,不但不疼,连血都不流。经过现代心理学家的脑电波研究,这是群体催眠的一个绝佳案例。这如果放到欧洲,又会被当成巫术弄死了。

第 5 回　几千年前旧观点　至今活跃新时代

如果你是个现代的麻醉师，看到有人用古代的蒙汗药来给要手术的病人麻醉，你肯定不赞同——蒙汗药的原材料洋金花可是有毒的植物，弄不好会死人的！这陈旧玩意儿可千万不能用。同理，部队也不会放着现代步枪不用，给战士们发放火绳枪。可是放到心理学里面，过去的很多旧东西还真是一直到现在都有影响力。之前吐槽了太多古人要不得的地方，好像古人一个个都是智硬青年似的，其实古人也有很多理性思维，接下来我们说说古代心理学到现在还能用的部分。

要说人类文明的开始，就要提到古埃及了，那时候人们对一种精神疾病"子宫脱位症"有了一定的认识，认为病因是女性患者的子宫离开原来的位置并在体内流动，跑到喉咙就说不出话来，这是人类开始注意到心理疾病有生理原因的开端。但是由于时代限制，治疗方法大多还是以简单粗暴为主，包括吃泻药、致吐、熏产道、放血和切除子宫等。公元前 430 年，古希腊的史学家希罗多德（约公元前 480 年—公元前 425 年）就记载道："由于性刺激或压抑过度，子宫在体内胡乱游走，导致妇女出现疯癫，要想彻底根治只能摘除子宫。"不过摘除子宫实在太血腥了，到了古希腊伯里克利时期，那时候还是奴隶制民主政治作主流思想，被称为"西方现代医学之父"的希波克拉底（Hippocrates，约公元前 460—公元前 370）发明了用按摩治疗这种病的方法。由于后来欧洲的气氛非常压抑，女性患这种病的特别多，直到 19 世纪医生依旧采取这种方法，因为按摩之后癔症确实能得到缓解。当时英国正好是依旧比较压抑的维多利亚时期，这种治疗手段非常受女性欢迎。至今这种病直译过来依旧叫"子宫脱位症"，音译名歇斯底里症，中文名癔症或分离性障碍，在精神类疾病中的出镜率非常高。现在人们知道这种常见于青年女性的精神病是脑机能异常所致，当然，男性也会得这种病。

公元前 430 年，雅典爆发大瘟疫，就连统治者伯里克利也染病身亡。希波克拉底发现铁匠是全城唯一没感染上瘟疫的人群，所以提出了生火来对抗瘟疫的方式。当时希腊流行的观点是，疾病是神赐予的惩罚，可此时的希波克拉底发现疾病是可以人为控制的。

既然可以人为控制，那么掌握人体的运行原理，就可以把病治好，因此他提出来一个大胆的想法：人的体液包括血液（Blood）、粘液（Phlegm）、黄胆汁（Yellow Bile）和黑胆汁（Black Bile）四种，这四种体液在人体内按照不同比例混合，就出现不同的气质类型（气质和性格不一样，是天生的，无所谓好坏）。这四种气质类型就被称为多血质、粘液质、胆汁质和抑郁质。简而言之，每一种体液都是由寒、热、湿、干四种性能中的两种性能混合而成：血液又热又湿，因此多血质的人温润，乐观开朗，喜爱交际，三分钟自来熟，好似春天一般；粘液具有寒湿的性能，粘液质的人冷酷无情，冷静爱思考，淡定地解决一切问题，好似冬天一般；黄胆汁是像热干面一样又热又干的体液，黄胆汁多的人热而燥，脾气冲动，能动手就别瞎吵吵，如夏季一般；抑郁质的人最受歧视，又冷又干，因此抑郁质的人如同林黛玉一般，内心敏感、脆弱、内向、悲观，但是适合慎重周密的思考。

希波克拉底还认识到，环境压力和社会压力对心理有很大影响，这点和生理疾病是一样的。所以心理疾病可以治疗，但是心理障碍不能归于自然原因，病根是内在的生理问题，更具体一点就是，某种体液过多或过少，让脑部病变，然后引发心理疾病。想要变得像以前一样精神在线，就要改变体内的体液。例如，通过安静的生活、多吃蔬菜、禁欲、运动、独居甚至适度的放血，来减轻分泌过多的黑胆汁而导致的抑郁症状（放血疗法一直持续到 19 世纪，好多人一不小心放多了，身体就凉了，直接送去办葬礼）。古罗马的医生、解剖学家、哲学家克劳迪亚斯·盖伦（Claudius Galenus,

希波克拉底

129—199,不是德玛西亚那个)非常推崇希波克拉底的理论,他认识到了某种心理问题是有环境诱因的,还提出了类似现在的合理情绪疗法的心理治疗技术。后来人们称盖伦为"仅次于希波克拉底的第二名医学家"。

当然,你的脾气和体内那四种体液的多少并没有直接关系,只是体内的激素和神经活动会直接影响你的心理。后来的苏联生理学家伊万·彼德罗维奇·巴甫洛夫(Ivan Petrovtch Pavlov,1849—1936)发现,四种气质类型对应着四种不同的神经活动模式,即高级神经活动类型说——神经活动强度大、平衡性高且灵活度高的称为活泼型,对应多血质;强度大且不平衡的叫兴奋型,对应胆汁质;强度大、平衡性高且不灵活的,叫安静型,对应粘液质;最后神经活动强度弱的是抑制型,对应的就是抑郁质了。所以至今依然有人用体液说来指代气质类型,这还是没毛病的。

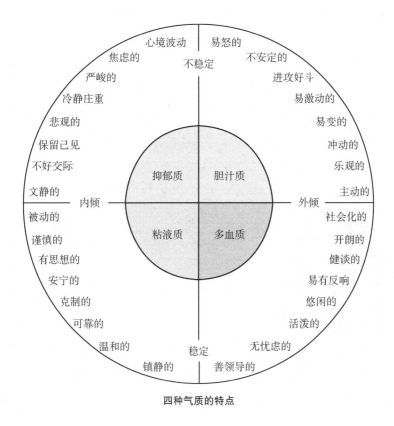

四种气质的特点

不过，心理学最大的特点就是没有统一的观点，你要是用 ABCD、甲乙丙丁、红黄蓝白来表示人类的气质或者性格，也没毛病。例如，美国心理学家欧内斯特·托普斯(Ernest C. Tupes)和雷蒙德·克里斯托(Raymond E. Christal)分析出人格有五个因素，1981 年，美国心理学家戈尔德伯格(Goldberg)给这五个因素起了个绰号叫"大五"(Big Five)，这就是大五人格论；1920 年，俄国神秘学研究者葛吉夫(G. I. Guardjieff)首次将九型人格学说传入西方，后来被美国医生戴维·丹尼尔斯(David Daniels)发扬光大。除了大五人格和九型人格，还有数不清的人格理论，光列举这些就足够出一本书了，咱们的故事线还是要往回收一收。

希波克拉底提出的体液概念，虽然依旧不符合现代科学，但是放到古希腊，显然比神神鬼鬼的理论要靠谱很多，于是希波克拉底迅速圈粉，他和他的粉丝团发明出了"自然主义"医学。按照这个学派的观点，精神疾病并不是鬼神的干扰导致的，而是和其他疾病一样，也是自然原因引起的。希波克拉底还提出一个划时代的观点，他认为心理疾病是大脑的疾病，同时遗传因子（他认为是一种颗粒）、环境和情绪情感都会损伤精神与肉体，并且把所有的精神障碍划分为通用的三大类，即躁狂症、抑郁症和谵妄症。现在大家知道，为什么这个公元前的人会被追封为"现代医学之父"了吧。对于精神病人的治疗，希波克拉底也提出了非常人道主义的研究方式，为古希腊文明的黄金时期增添了一抹亮色。

希波克拉底的学说影响了很多伟大的思想家，如柏拉图、亚里士多德等，后来又被罗马人继承。即便到了中世纪，在教会统治的黑暗时期，也薪火相传。此时阿拉伯地区也对医学很感冒，甚至在欧洲以外的地方保留了希腊医学研究的种子。

新旧千年交接的时代，阿拉伯出了位牛人，他同时是哲学家、逻辑学家、医学家、天文学家、地理学家、政治家、诗人、动物学家和音乐家，他就是伊本·西那(ibn Sinā, 980—1037)，全名阿布·阿里·侯赛因·本·阿卜杜拉·本·哈桑·本·阿

阿维森纳

里·本·西那,由于这个名字嘴里没点儿功力实在说不出来,因此西方人大多称呼他的拉丁语名——阿维森纳(Avicenna)。他被称为"伊斯兰世界的最伟大学者""世界医学之父",着实是一位 Bug 级别的人物。他不仅在《治疗论》里融合了古希腊哲学和伊斯兰教义,还在《医典》中首次按照人体部位分科,其中脑科和神经科都与心理治疗有关。另外,他还将医学分为理论医学和实用医学两种,后者又进一步被划分为治疗医学和预防医学两种。所谓预防医学就是俗话说的养生,伊本·西那认为身心健康是一体的,保持健康心态和良好睡眠有助于身体健康,这一条现在的心理治疗依旧在用。最后八卦三件这位文化名人的轶事:第一,他认为鼠疫、肺结核、麻疹、天花等病是由肉眼看不见的病原体引发的,在没有显微镜的年代就提出了微生物的概念;第二,他在医学上真的特别全能,不但精通前面咱们说的部分,还会多种医药的炮制方法,最不可思议的是他竟然还会中医的把脉,对切脉列举了 48 种脉象;第三件事情有点令人悲哀,这位大师斜杠得太多,甚至当过宰相,不到 60 岁就累死了。

中世纪时期虽说对心理的整体研究倒退了很多,但是文艺复兴时期又迎来了科学的曙光。瑞士化学家(其实就是当时的炼金术士)菲利普斯·奥列斯·帕拉萨尔斯(Philippus Aureolus Paracelsus,1493—1541)提出,躁狂症不是受鬼神影响的,而是疾病的一种形式。有些疾病存在于某些外部载体上,可以入侵人体,放到现在就是细菌、真菌和病毒了。他还提出"身体磁力现象",后来被我们熟悉的麦斯麦发扬光大。

当然了,不论是炼金术还是反对鬼神的影响,这都是教会很忌讳的。虽然教会此时的权力不如中世纪的时候大,但是一直到近代之前教会还是瘦死的骆驼比马大,于是这位先生被教会迫害了一辈子。

稍晚些的英国作家雷金纳德·斯科特(Reginald Scot,1538?—1599)在1584 年撰写了《巫术的发现》(*The Discoverie of Witchcraft*),书中提到精神障碍同恶魔或精灵无关,教会惩罚的所谓女巫,只不过是患心理疾病的不幸妇女而已。这在当时绝对是让教会打脸的事情,冒天下之大不韪。没过几年,苏格兰国王詹姆斯六世当上了英格兰国王,然后自封大不列颠王,改名詹姆斯一世

（这种改名的操作请读者自行理解），斯科特的好日子也走到头了。

詹姆斯一世是个爱看书的人，甚至有可能是当时欧洲读书最多的人，他主持翻译了英文版《圣经》，还是心系宗教的改革家，斯科特的理论在他看来绝对是歪理邪说。因此，詹姆斯一世后来宣布封杀他，并下令烧毁他的书。此后虽然这些理性的小火花不足以扭转整个局势，但是足以使宗教的影响一点点降低，为后来的发展打下了基础。

终于，在中世纪的尾声，德国博学家、法学家、数学家、启蒙哲学心理学家克里斯蒂安·沃尔夫（Christian Wolff，1679—1754）总结了亚里士多德、伊本·西那等人的观点，写出了《关于人类理智能力的理性思想》《关于上帝、世界及人的灵魂的理性思想》等，提出了"官能心理学"的概念。他认为人的心灵具有各种官能，心灵利用其不同官能从事不同的活动。沃尔夫继承了亚里士多德的分类观点，把人的心理官能分为两大类：认识官能分为感觉、想象、记忆、注意、悟性和理性；动求官能则包括愉快与不愉快的感情以及意志作用。除此之外，他是第一个用母语写哲学文章的德国人，开创了自己的哲学体系，成为康德之前的第一代德国思想领袖，为后来心理学在德国的出现打下了基础。值得一提的是，这位还是莱比锡大学的博士——后来心理学这门学科就正式诞生在莱比锡大学，不得不说这是一个有趣的巧合。

在文艺复兴早期的比利时，已经出现了相当于今天心理健康社区服务站的区域，至今心理疾病患者还被欢迎寄住于此，可以与其他居民互动直到康复。可是像这种私人家庭、社区住宅和小型医院的模式，毕竟容不下多少病人。大家压力也都挺大，精神病人越来越多，就算护理机构本来想提供一个温暖的家，也力不从心。

看到这一情况的教会此时也没闲着，其实早在1377年，修道院就开始接收精神病患者了，只不过主要是用来动刑的。1547年，热衷于宗教改革的英国国王亨利八世正式将圣玛丽伯利恒（St. Mary of Bethlehem）女修道院改为专业疯人院，成为英国皇室的一个"慈善机构"，然后当年亨利八世就驾崩了。从此，在欧洲和美洲的其他地区也开始纷纷建立疯人院。那时候圣玛丽伯利恒疯人院成为市民们消闲娱乐的地方,花两便士就可以进去参观,逗弄精神病人,花钱不多,找乐不少。其他地区的疯人院也几乎都是这种模式,门票费就作为疯人院的日常开销来源。1676年,因参观者众多,圣玛丽伯利恒疯人院不得不扩大重建。每逢周日、圣诞节、复活节等节假日,简直人满为患,相当于当今的网红圣地。当时的精神病患者们都像动物一样被绳索或铁链拴在屋子里,经常遭受打骂,活得还不如犯人,很多人就在这里被折磨致死。此时,法国有位医生菲利普·皮内尔(Philippe Pinel,1745—1826)就看不过去了。

皮内尔先生早年学习过逻辑学、哲学、神学,1770年转而学医,又是一个医学、神学两门抱的人才。1778年来到巴黎之后,本来皮内尔做了个寂寂无名的编辑,后来1792年在国会朋友的推荐下,被任命为巴黎比塞特医院(又名巴黎男子疯人医院)的院长。当时在这个医院里关押着大约4000个男人,主要是罪犯、梅毒病人和约200名精神错乱者。当了院长之后,皮内尔对巴黎的精神病院把病人当动物展览的行为一票否决,然后做了一件如菲利普剃刀一样斩断当时规则的事情:他把精神病人看作需要治疗的人,亲手解开了他们的绳索。当时法国刚刚大革命,政局也很不稳定,如果皮内尔的做法没起到好效果,那么很有可能被当成政治阴谋砍头,步拉瓦锡的后尘。

皮内尔

皮内尔经过再三考虑,挑选了一些病症比较轻的、他相信能够对自己的行为负责的精神病人,对他们进行心理治疗的实验,没想到这一赌,竟然取得了戏剧性的成功。还有一些病人,特别是具有攻击性的病人,虽然还得继续监禁控制,但也尽可能给以人道的对待,好吃好喝的绝对不能侮辱人家的肉体和精神。心理史学界一般认为,这是心理卫生运动历史的起点。这种人道主义让当时欧洲的当权者都惊呆了,使得皮内尔被后人称为"现代精神医学之父"。皮内尔将自己的观点推广到法国各地，英国的威廉·图克（William Tuke，1732—1822）也受到影响，在海峡的另一端建立了类似的人道主义精神病机构。

后来，皮内尔在其作品《论精神错乱》中，解析了许多病例，还提出了延续古希腊自然主义的解释，把异常的行为与大脑的某种可能的机能障碍相联系。这些观点一直延续至今。顺便说一句，如今的圣玛丽伯利恒疯人院早就不卖票了，这里已改为贝特莱姆皇家医院，是欧洲现存的最古老的精神病医院。

中国古代也有一些对现代心理学的贡献，先秦的时候楚共王就做过类似的事情，只不过广大中原地区觉得这是巫术，不可取。最晚到南北朝时期，中国大部分地区就有"抓周"（又名"试儿"）的习俗，被很多教材称为最早的心理学测试。北齐颜之推的《颜氏家训》中就记载："江南风俗，儿生一期（满一周岁），为制新衣，盥浴装饰，男则用弓、矢、纸、笔，女则用刀、尺、针、缕，并加饮食之物及珍宝服玩，置之儿前，观其发意所取，以验贪廉愚智。"也就是用各种东西来测量孩子的偏好，来推测其将来适合做什么工作。由于时代限制，女婴只能做针线活，区别就是擅长裁剪还是缝纫。不过按照今天的测试标准来看，这个活动还称不上严谨的测试，因为一岁的孩子大脑发育程度实在太低，而且这也没有办法反复测量，随机性实在太高，所以图个开心就好。《红楼梦》中贾宝玉也曾经抓过周，也不知道是哪个不开眼的把女性用品也放在了孩子手边，贾宝玉最终"不取纸墨笔砚，单抓脂粉钗环"。冷子兴听说后一锤定音地说："将来色鬼无疑了！"放到现在也不一定是，没准能当化妆师或者女装大佬。

故事讲到这里，心理学的爸爸从神秘主义哲学起家，跌跌撞撞到了19世纪，从玄妙到精密，从空想到科研，终于越来越靠近心理学的妈妈——生理学。于是，在生理学发展的推进下，一门接近自然科学和社会科学的边缘学科——心理学，就快诞生了。

第二部分　诞生记

德国存在主义哲学家兼精神病学家卡尔·西奥多·雅斯贝尔斯（Karl Theodor Jaspers，1883—1969）在1949年出版的《历史的起源与目标》中提出一个很著名的命题——历史有"轴心时代"。这个和二战时期的轴心国并没有关系，而是指在人类历史的某一段时间，文明会出现像寒武纪那样的大爆发。1871年才完成统一的德国，此时就迎来了属于它的文明"井喷"：哲学、音乐、文学、科学等方面都在逐渐走向欧洲乃至世界的前列。

德国位于中欧地区，天气寒冷，森林密布，环境和中国东北那嘎达差不多，德国的主体民族日耳曼人在古代也一直是游牧民族。但和社交天花板的东北老铁不同，德国人普遍沉默、严肃、爱宅在家里。在这种大环境之下，心理学悄悄在学术的夹缝中探出新芽。

第 6 回　心理初遇物理学　实验繁琐莱比锡

在心理学正式诞生之前，我们已经介绍了柯尔等心理学家，就像周朝建立之前还有周文王姬昌，晋朝建立之前还有晋宣帝司马懿那样。不过更奇葩的是，在心理学的第一个学派建立之前，就先出现了两个研究方向，分别是费希纳的内容心理学和布伦塔诺的意动心理学。

19世纪末期，欧洲流传这么一句话：英国人占领海洋，法国人占领陆地，德国人占领天空。因为德国当时的哲学家特别多，所以第一代心理学大师无一例外都是德国人。古斯塔夫·西奥多·费希纳（Gustav Theodor Fechner，1801—1887）就是德国莱比锡大学的一位知名校友，他十六岁的时候本来进入该大学学生理医学，后来转向了数学和物理学。1834 年，费希纳成为了一名物理学教授，长期研究太阳光让他的视力严重受损，在养病期间患上了神经性抑郁，于是他又开始研究哲学。1836 年，费希纳成为研究濒死体验的先驱，出版了《死后生活手册》。他认为人类的意识是很有局限的，每次只能提取脑海里的一段记忆，就像提着一只探灯，而死后则会豁然光明，这成为他研究心理学的开端。

德国是盛产哲学家的地方，在这段自学的过程中，费希纳了解到了哲学家伊曼努尔·康德（Immanuel Kant，1724—1804）的一个观点："心理学决不可能成为科学，因为它不可能通过实验测量心理过程。"横跨了生理学和物理学的费希纳有点不信邪，便使出浑身解数查资料想测量方法。于是他这一辈子都奉献给了身心关系研究。

正所谓踏破铁鞋无觅处，得来全不费工夫。1844 年费希纳进入莱比锡大学任教，开始思考一个问题：我们如何能在直接而又可以报告出来的观察之下看到灵魂？直到 1850 年，费希纳阅读了早在此任教 20 年的表哥——生理学教授恩斯特·海因里希·韦伯（Ernst Heinrich Weber，1795—1878）的作品，发现韦伯早就用物理方式来研究心理问题了。

韦伯最主要的研究内容是皮肤。1834年,他在自己的作品《触觉论》中,详细阐述了皮肤的压觉、触觉、温觉、冷觉、位置觉以及肌觉、痛觉、关节觉等,还提出了关于最小可觉差的韦伯定律,用公式来表示就是△Φ/Φ=C。其中Φ是原始刺激量,△Φ为可感觉的最小变化量,学名叫做差别阈限,C为小于1的常数,也有的公式用K代替,大名韦伯常数。举个例子来说,两个100克的物体放在手上,其中一个加重一两克,人体是感觉不出差异的。当变化量达到10克的时候,人就可以感觉出差别,放到公式里就是变化量比上原始量(10/100),得出常数是0.1。韦伯还提出了最小可觉差的概念,测量方法也很简单,用圆规的两个尖端接触皮肤,刚开始人感觉不出是两个点,然后逐渐增加圆规两个尖端之间的距离,直到人可以感觉出来,这个距离就是"最小可觉差"。不同部位皮肤的"最小可觉差"值不同。

因为这些研究,韦伯成为了生理心理学研究的先驱。值得一提的是,E·H·韦伯还有一个哥哥E·韦伯,也是生理学家,他发现刺激神经肌肉反射系统的某一部分,会让另一部分的活性降低,而且大脑皮质没有受损后的动物比切掉大脑的动物反应慢,所以提出了大脑皮质有抑制功能的概念,启发了俄国谢切诺夫的客观心理学和美国的行为主义学派,可谓草蛇灰线,绵延千里。

按照韦伯的观点,差别阈限越大,人的神经就越大条;韦伯常数越大,神经就越不敏锐。但是费希纳眉头一皱,觉得事情并没有那么简单:韦伯公式的函数图像是一条直线,可是人类的心理机能不该这么简单。如果韦伯是对的,例如重量的韦伯常数是0.03,那么不论是托着一个竹签还是一根竹竿,只要重量变化超过了3%,你就可以感觉到。但这显然有些不符合人们的常识,正所谓虱子多了不嫌咬,费希纳也发现,拿轻的物体,有重量变化就很敏锐;物体重的时候,就不那么敏锐了。

于是,费希纳经过一系列复杂的试验和计

费希纳

算，用了均差法、极限法、常定刺激法等非常专业的数学方法来尝试证明刺激和感觉的关系。由于方法很复杂，在这里就解释一下什么叫均差法。例如，先拿一把固定长度的尺子，再让被试者拿一把可以伸缩的卷尺，两把尺子都没有刻度，让被试调节卷尺的长度，直到被试调节到觉得两把尺子一样长为止。当然人类的观察还是有误差的，这个误差就是"可感觉到的最小差值"，多次对比后的绝对值平均数，就叫均差。我们在这里说一个被试的一次实验就这么费事，可见费希纳当年要测定那么多种感觉，找那么多被试，重复做那么多次，这个过程有多难。

最终，费希纳发现刺激和感觉之间是对数关系，随后提出了韦伯-费希纳公式，又叫心理学对数公式：$S = K \cdot \lg R$，其中 S 是感觉强度，R 是刺激强度，K 是常数。这个公式说明感觉和刺激量的关系是对数函数，即当刺激强度以几何级数增加时，感觉的强度以算术级数增加。举个例子，人类的感觉没有想象中那么准确，刺激强度是 10 的时候，感觉评分是 1，刺激强度是 100 的时候，感觉评分是 2，刺激强度是 1000 的时候，感觉评分才是 3，刺激越大，感觉评分上升得越慢——究其根本原因，笔者认为这有可能是机体的一种自我保护。

费希纳的这个公式的适用范围非常广，可以用来测量人的一切感觉，包括视觉、听觉、肤觉（含痛、痒、触、温度）、味觉、嗅觉、电击觉等，我们也可以借此想象到费希纳当时做了多少实验。到了 20 世纪五六十年代，随着通信科学和信息科学的发展，人们又在费希纳的经典心理物理法的基础上，创造了新的心理物理方法——信号检测论。同时美国心理学家斯坦利·史密斯·斯蒂文斯（Stanley Smith Stevens, 1906—1973）补充了费希纳的理论，提出了心理物理的幂函数定律，开创了新心理物理学。当然这是后话了。

可能是由于费希纳的试验实在是太耗时间了，他的《心理物理学纲要》直到 1860 年才出版，顿时引发了学界的轰动。这本书启发了两位当时的晚辈，一位叫威廉·冯特，是科学心理学的开创者；一位叫赫尔曼·艾宾浩斯，现代联想主义心理学的奠基人，至今我们背课文都要用到艾宾浩斯遗忘曲线。可以说这本书是点燃心理学燎原大火的打火石。

心理物理学诞生之后，费希纳在接下来的日子里把这个学科里的技能用到了极致。1871年他用数学方式测量美感，创立了实验美学；1876年出版《美学导论》，提出了十三条审美心理规律，因此他又被称为"近代美学之父"。费希纳的实验美学在中国或许很少有人知道，但在西方非常流行，审美实验一直延续到今天。

第7回 叛逆神父提人文方向 布伦塔诺播心理种子

费希纳用物理方法测量心理学的内容，在当时的学界引起了巨大的轰动，但同样是德国人的弗朗兹·克莱门斯·布伦塔诺（Franz Clemens Brentano，1838—1917）却不同意费希纳的"研究心理学的内容"。布伦塔诺在1874年出版了《从经验的观点看心理学》，提出研究"意识的动作"才是王道。从此费希纳一派被称为"内容心理学"，布伦塔诺一派则称为"意动心理学"。能给对手的组织起个名字，这种操作也是没谁了。一句话概括就是：费希纳一派是实验主义，提倡理科生一样的研究；而布伦塔诺是经验主义，提倡文科生一样的研究。但站在费希纳这边看，我派韦伯提出公式的时候，你小子还没出生呢，比我传人冯特还要小几岁，就敢和我叫板，真是啧啧啧。

布伦塔诺可不这么想，他出生于莱茵河畔的富商家庭，从小体音美样样精通，是个没吃过瘪的小神童，他家里还出了不少作家。布伦塔诺17岁时就接受神父教育，后来在杜宾根大学学习哲学，但他注定是个心理学家，1867年就写了一部《亚里士多德的心理学》。

布伦塔诺

1864年布伦塔诺取得哲学博士学位，并于同年在巴伐利亚州的符兹堡被任命为神父。1870年他在符兹堡大学任教，教授他非常擅长的亚里士多德的哲学。但是我们看布伦塔诺的照片会发现，此人卷曲凌乱的胡须中，透露出一股艺术家的气息，这注定了他这一生不走寻常路。

本来一切都顺风顺水，可是1869年布伦塔诺神父作了个大死，发文章反对天主教会提出的"教皇无误论"。教会也没理他，在两年后的梵蒂冈第一次会议中，当时的教皇皮乌斯九世（Puis Ⅸ）正式宣布"教皇无误论"为天主教教义。有些愤青的布伦塔诺神父愤然辞去教职,改信了新教,同时也放弃了在德国当教授的机会。

虽然和教会闹掰了,但是本职的哲学还要接着研究,不同于费希纳,布伦塔诺还是非常赞同康德的观点的。在随后的日子里,布伦塔诺离开了德国,转战奥地利,1874年出版了著名的《从经验的观点看心理学》,直接走到了费希纳、冯特等人的对立面。布伦塔诺说:"只有经验才是我的老师。"由于同年他开始在维也纳大学任教收徒,所以意动心理学派又被称为"奥地利学派"。布伦塔诺给心理学画了个范围,研究三类心理现象:第一类叫表象,我看见、我听见、我想象,都是当下的;第二类叫判断,如承认、否认、回忆,都是过去的;第三类叫情绪,如希望、想要、请求,都是指向未来的。

还有个小插曲,1882年布伦塔诺发现自己已经变成了一个四十多岁的老光棍,于是开始和一个女天主教徒谈对象了。当时奥地利规定不能和曾任神父的人结婚,布伦塔诺便暂时辞职脱离组织,在没人管的情况下结了婚,然后又回到维也纳大学教书,继续教了13年。这人加上这数字,对于学校里的神职人员简直是双重打击,估计在学校里碰到布伦塔诺都会心里犯腻歪。

神父出身的布伦塔诺认为心理学是研究灵魂的学科,灵魂就是心理现象。心理学的研究对象不是感觉、判断等的内容,而是感觉、判断等的活动。至于研究方法,主要靠内省,也就是自我观察,所以实验室有没有无所谓,有实验室咱也不反对——正是这一观点,让布伦塔诺和心理科学的诞生失之交臂。

仿佛一切都那么突然,1879年,德国不仅诞生了爱因斯坦,还在莱比锡大学由冯特建立了第一个心理学实验室,从此心理学作为一门科学正式诞生,冯特成为心理学一代掌门人。冯特主张通过自我观察的"内省法"来研究心理学,也主张心理学是一门经验学科,这两点都是和布伦塔诺一样的。但是冯特毕竟是费希纳的传人,对心理学的基本研究范围和方式与布伦塔诺还是不一样的——他要用实验的方法做关于物理现象的经验研究,而布伦塔诺则是纯"脑补"。但是布伦塔诺自己还是青皮萝卜心里美,他对心理学的实践性应用还挺乐观。他认为可以通过语言、动作来研究心理活动,且不仅能研究正常成年人,还能研究动物、孩子和心理异常者。后来的符兹堡学派深受这一观点的影响。布伦塔诺甚至预言:"心理学是人类进步的基本条件,是一种把握未来的科学,其他任何一门理论学科都做不到这一点。"

但是,布伦塔诺实在是太"爱"心理学了,他把世界分为了心理现象和物理现象。什么叫心理现象?说白了就是内存,没有任何物理现象能表现出其性质——潜台词就是"心理物理法"纯粹胡扯,搞心理学就好好研究人的内部直觉,玩啥测量法,要啥自行车?那些测量法是在严格控制的条件下完成的,局限于各种细节,放到现实中有啥应用性?

冯特可不管这么多,他稳步发展实验室,徒弟越收越多,开始自立山门。这意味着,布伦塔诺还没来得及正式和费希纳开撕,就要正式面对费希纳的传人了。那感觉就像欧阳锋追着丐帮骂了三天,好不容易逮着机会正要和洪七公大战三百合,洪七公突然说:"且慢,我让我徒弟郭靖和你比。"然后蹲到一边吃叫花鸡去了。虽然欧阳布伦塔诺的实际年龄甚至比郭冯特还要小几岁,但是老子连教皇都敢撕,还管你这个?当然,此时的费希纳并不能安心吃鸡,因为眼病已经让他几乎失明,实验是做不了了,只能又继续研究哲学。

此后,布伦塔诺当然没有正式参战,他也走培养下一代的路线,在维也纳大学收的徒弟中也是牛人辈出,包括现象心理学创始人埃德蒙德·胡塞尔、奥地利实验心理学创始人亚历克修斯·迈农、格式塔心理学先驱克里斯蒂安·冯·厄棱费尔、人智学(Anthroposophy)创始人鲁道夫·斯坦纳……当然,还有一位不可忽视的西格蒙德·弗洛伊德。后人提起布伦塔诺,都会说他是一名伟大的心理学理论家,也是应用心理学的先驱,但是没有实验的支持,终究有点无力。

以上,未开始已结束的"心理学第零次战争"暂时画上句号,接下来第一次战争将要拉开序幕。

第 8 回　名中带冯看冯特　少年家贫志不贫

我们在看德意志著名人物的名字时，经常会看到带个"冯"字。例如，铁血宰相奥托·冯·俾斯麦（Otto von Bismark），著名作家兼自然学家约翰·沃尔夫冈·冯·歌德（Johann Wolfgang von Goethe）。原来，在中世纪，德国贵族为了将他们与大众阶层区别开来，通常会在他们的姓名中加上介词"冯"（von），表示从哪里来，贵族一般以领地为姓，奥托·冯·俾斯麦直译过来就是来自俾斯麦地区"的"奥托，放到东方就是沙暴"之"我爱罗。所以在德国看到名字带"冯"的十有八九是贵族子弟，相当于大清的八旗贵胄。但是我们本章的主角恰恰是个例外——现在咱们就仔细扒一下心理学祖师爷威廉·冯特。

威廉·冯特（Wilhelm Wundt，1832—1920）于1832年出生在德国巴登地区曼海姆北郊的一个不起眼的小村中，多不起眼呢？一句话，没有中文译名。虽然不是贵族，但也是当地挺有地位的望族，冯特的父亲马克西米利安·冯特是村里受人尊敬的牧师，且家族成员们也都非常优秀，有历史学家、神学家、经济学家，还有两位海登堡大学的校长；冯特母亲的家族也是书香门第，出过科学家、医生和政府官员，妥妥的别人家的孩子。冯特在家排行老四，按理说这基因应该是天资聪慧，才华惊人，可是他小时候却挺怕生，胆小害羞，喜欢自己宅在家里。

由于家庭条件优渥，冯特在8岁到12岁期间，接受的是私塾式教育。他的父亲让自己的助手，也是一名年轻牧师来给他当家教老师。可能是一直没接触过外人，上中学的时候，小冯特参与集体的学校学习时，就有些不适应，学习成绩一直下滑，按照这样，上大学几乎是没戏了。有道是恶狗专咬病鸭子，刚上中学的他就突然失去了父亲，家中一下子就陷入经济危机了。

不过，冯特还有位舅舅是杜宾根大学的教授，帮助冯特作为医学预科班的学生进入杜宾根大学学习，一年后他转入海德堡大学。冯特也很给家人争气，用三年的时间完成了四年的医学课程，他以最优异的成绩毕业，并且在国家医学入职考试中名列第一。冯特有多拼呢？举个例子，1853年冯特发表的第一篇论文《谈尿液中的氯化钠》，也就是尿中的食盐含量，就是他牺牲自己身体写出来的。这个问题看似很简单，可是要在吃饭时严格控制食盐的含量，这可没几个人能做到。冯特亲自当试验品，连续几天控制饮食，然后自己测自己的尿液，最后弄得自己代谢都紊乱了。

在别名"偷心之城"的海德堡，冯特第一次接触了心理学实验，当时为了完成医学学位论文，他在医院研究歇斯底里症病人触觉的敏感性。他觉得这非常值得研究，在海德堡大学期间，他还参与了化学、药物等实验研究。由于当时心理学实在是太小众，他便经常在自己身上进行实验，研究神经系统和心理活动之间的关系。

大学毕业之后，冯特在海德堡大学担任生理学系无底薪讲师，开设的第一门课程是实验生理学。但是当时他只有25岁，没啥声望，只有4个学生选修了这门课程，这让冯特的生活很贫困。但是冯特能拼，只要干不死，就往死里干，然后就把自己给累进医院了，甚至有一段时间一直处在濒临死亡的状态。之后，他到瑞士的阿尔卑斯山进行疗养。如果海德堡大学的领导们知道冯特以后会在另一个大学功成名就，他们绝对不会让自己和"心理学发源地"这个头衔失之交臂。

第9回　大学中幸遇大师　名声远多收名徒

疗养的日子固然很轻松，但钱还是要挣。1858年，德国著名数学家、物理学家、生理学家和哲学家赫尔曼·冯·赫尔姆霍兹(Hermann von Helmholtz)来到海德堡大学，并且办了一个生理学研究所，冯特被任命为他的助手。冯特当然特别高兴，在他看来，赫尔姆霍兹和约翰内斯·彼得·缪勒(Johannes Peter Müller)、埃米尔·杜波依斯-雷蒙德(Emil Du Bois-Reymond)是德国最伟大的三位生理学家。缪勒是赫尔姆霍兹的师父，主要研究神经反射。然而不幸的是，就在冯特入职研究所的那年，缪勒因为躁郁症自杀了。雷蒙德其实非常有名，他就是我们所有的生物课本里那位做青蛙腿电击实验的科学家，人称"实验电生理学之父"。而赫尔姆霍兹本人，主要研究视觉原理，这让他成为后世心理学教材上不可或缺的人物。赫尔姆霍茨认为，心理学是可以用生理学解释的，而生物可以看成是复杂的机器，生理学的所有现象都是可以用物理学解释的。因此，科学的终极任务就是"用力学解释一切"，冯特完全继承了这一观念。

在研究所里，尚未结婚的冯特把全部热情投入到了事业里，先后开设"感官生理学原理""人类学"等课程，并且在教学的同时，出版了《对感官知觉理论的贡献》(1862年)。他在这本书中探讨了感官机能，发展了知觉理论，率先提出了"实验心理学"的名称。不知道是不是故意和他对着干，布伦塔诺也在当年写出了《亚里士多德的心理学》，亚里士多德是哲学家，他那个年代也没有严格的实验概念，这让两人注定走上不同的学术分支。

由于当时人们普遍还比较迷信，冯特也不能完全做唯物论者。一年后，冯特的两卷本共1000页的《关于人类和动物灵魂的演讲录》出版。德国动物学家和哲学家恩斯特·海克尔(Ernst Haeckel, 1834—1919)对此书的第一版非常支持，认为冯特是唯物主义的先锋。从此以后，冯特就和写书结缘，终生笔耕不辍。值得一提的是，1867年发生了一个小插曲——冯特和赫尔姆霍兹接收了一名美国来的留学生，在他们门下学习生理学、医学和心理学。冯特此时肯定想不到，这个名字和他一样叫威廉的小伙子，今后会变成他后半生不可忽视的一个人。

在几年的疯狂工作中，冯特的研究范围越来越靠近心理学。但是这份研究所的工作毕竟是研究生理学，这让他感到了不满。既然现在基本可以够吃饭了，那就要再度追一下梦想。1864年冯特辞去了研究所的工作，失去了固定收入。虽然还在大学任教，但是他的职位没有薪水，只能依靠之前出书的版税维持自己的生活。

他从研究所辞职后，便在家里建立了一个小型实验室，走起了民科路线。可是想要真正搞科研，还是需要高校支持。1871年，赫尔姆霍兹离开海德堡大学，冯特原本想要接替他的职位，可惜未能如愿，有人猜测说他们因为某些原因闹掰了。

冯特

在1873—1874年这两年冯特的功劳不小，不仅完成了自己的终身大事，和未婚妻索菲·毛结了婚，还开始写作《生理心理学原理》并顺利出版。这是近代心理学史上第一部重要的著作，该书由于其丰富的科学内容，在之后的37年中印行了6版，甚至远在大洋彼岸的美国都有这本书的粉丝。有个叫斯坦利·霍尔（Stanley Hall，1884—1924）的美国麻省小伙子，读了冯特的《生理心理学原理》之后，就对这个学科非常感兴趣。1874年，冯特引起了布伦塔诺的注意，那本《从经验的观点看心理学》就是一次隔空对撕。

在这部书的绪论里，冯特提出了自己的基本理论：身体现象包括生理和心理两大类，而心理学就是用生理学的方法来研究心理现象。在这部书中，他开始总结心理实验的成果，研究感觉、情感、意志、知觉和思维，最终将心理学从哲学中独立出来，发展成一门系统的科学。虽然这部著作让他得到了苏黎世大学的哲学教授席位，但是冯特依旧心系莱比锡大学。1875年，不知道是不是冥冥中有沃尔夫前辈保佑，他再次来到莱比锡大学，担任哲学教授。这时候，有个研修天文学、物理学和数学的理科生埃德蒙德·胡塞尔经常来蹭课，但是他还是觉得康德的哲学更让他信服。胡塞尔后来考博士考到了维也纳大学，投到了布伦塔诺的门下，还成为了布伦塔诺的得意门徒施通普夫的助手。在此不得不感慨欧洲的学术风气真是十分开放。

第 10 回　捡漏发家科研团　史上最陋实验室

1876年莱比锡大学给冯特提供了一间小仓库，冯特就把它弄成了简易实验室。与此同时，他在莱比锡大学开始讲述"生理心理学"。在上课过程中，冯特进行了心理学相关的演示和实验。冯特带来了越来越多的演示器材和实验设备，如速示器、计时器、电刺激器、钟摆、定时器和感觉映射装置等。冯特研究心理学主要用内省法，但是传统的内省法有许多不足，因为在自我观察中，观察者和观察物容易混淆在一起。于是，冯特将实验法和内省法结合起来，在实验控制的条件下，观察自我的心理过程，以消除主观带来的影响。在被试自我观察做报告之外，冯特利用各种客观实验技术记录被试的反应。

在大西洋的对岸，由于受了冯特的影响，斯坦利·霍尔在1878年完成了一篇有关空间肌肉知觉的论文，成为了美国第一个心理学博士。至于授予他这个头衔的导师是谁，咱们先按下不表。同一年霍尔便跑到德国拜师，成为了冯特第一位正式的美国弟子。此时他还是一个老老实实的学生，冯特布置的实验他都努力完成，甚至规规矩矩地充当实验室的被试。只可惜，这些训练并没有影响他未来的研究方向。像霍尔这样愿意投入冯特门下的弟子越来越多。于是在1879年，莱比锡大学让冯特捡了个漏，给他分配了一个小房间，是孔维克特楼里的一个贫困生食堂。1944年被选为美国心理学会主席的G·墨菲这样评价这件事："在冯特创立他的实验室之前，心理学像个流浪儿，一会儿敲敲生理学的门，一会儿敲敲伦理学的门，一会儿敲敲认识论的门。1879年，它才成为一门实验科学，有了一个名字和安身之处。"所以，冯特当之无愧地成为心理学之父。

就像圣人出生在马厩里一样，在这特别艰苦的环境中，冯特创建了世界上第一个心理学实验室，从此心理学这个学科正式成立。冯特告诉大家："我们不能把身体生活的过程与意识过程分开，正如我们不能把感官知觉所引起的外部

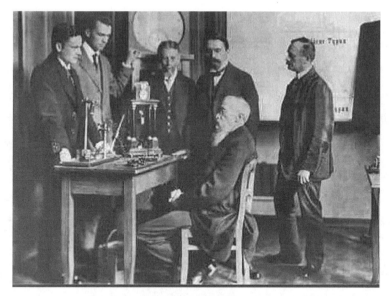

冯特(坐者)在实验室

经验与我们的内部经验分开。长期以来,心理学的研究都是像布伦塔诺那样用哲学的方法;而生理学因其研究的特性,却能够应用准确的实验方法。生理学所用的对于生命过程的实验的改变,往往直接或间接地使意识过程同时起变化。所以,生理学就其本质而论,显然能够在方法上帮助心理学。生理心理学可以在改进实验方法方面得到生理学的帮助,利用费希纳的方法来研究心理;在这个范围内,可以称之为实验心理学。"可惜仅仅才一年,他的第一个美国徒弟霍尔便回到了美国,霍尔对冯特的那些实验已经不太感兴趣了,他后来专心研究人类心理发展,并做了三件大事:第一是 1892 年创立美国心理学会(American Psychological Association,简称 APA);第二是提出很多心理发展理论,成为"美国儿童心理学之父";第三是邀请一个欧洲犹太人来美国,引发了一场"如瘟疫一般"的心理学战争。

早期师生们都不知道什么是心理学,所以门槛特别低,学生们可以去心理学实验室观察实验演示,也可以参与简单的实验。冯特的学生,如奥斯瓦尔德·屈尔佩、爱德华·铁钦纳、雨果·闵斯特伯格和来自美国的詹姆斯·卡特尔等都在那里从事自己的研究。这几名学生都是将来心理学界的大咖，日后都会在我们的故事中有很重要的戏份。

为了给自己的实验室宣传，1881年冯特创办了《哲学研究》杂志，当然内容其实主要是实验生理学，几年后他把名字改成了《心理学研究》。

此时冯特在莱比锡大学的同事并没有将心理学看作一门科学，甚至觉得他带着学生进行自我观察会导致他们精神错乱。直到1883年，这个实验室还没被官方认可，属于"野鸡没名，草鞋没号"。尽管如此，冯特的实验室规模还是不断扩大，从原本孔维克特楼三楼的一个小房间，拓展到8至10个房间。冯特看到大学官方目录中还是没有他的实验室，一气之下对校领导说再不给名分就要跳槽，学校这次只好低头了。

冯特此时的学生也遍布全世界了，根据美国哲学家萨哈基恩的统计，在冯特的门人中，有德国和奥地利共136名，美国人14名，东欧人13名，英国人10名，波兰人6名，俄罗斯人3名，丹麦人2名，法国人2名，等等。其中丹麦的朗格、勒曼，俄国的别赫切列夫，日本的松本亦太郎，中国的蔡元培等，在回国后纷纷在本国创立心理学实验室，开展实验心理学研究，使各国纷纷走上心理学研究的道路。

到1900年，美国有43个心理学实验室，其中12个是由冯特的博士或非博士学生创立的。所以这世界上大部分的心理学家往上追根溯源，都能认冯特当祖师爷，哪怕是某些不同意他观点的学派。可以说，在心理学独立发展的前50年，几乎所有重要的专家学者都是出自冯特门下。

冯特本人在莱比锡大学的地位也越来越高，甚至在1889—1890年还当了两年莱比锡大学校长。在1896年，一家德国重要报纸称冯特为"欧洲大陆的心理学教皇"。到了1897年，实验室已经迁到一个专门为心理学研究设计的建筑中。令人扼腕的是，在1943年的二战期间，冯特的实验室在英美对德国的轰炸中被摧毁。

现在实验室有了，徒弟也收了一大堆，可是冯特本人却几乎没有进行过什么研究——因为他的兴趣在理论，不在实验。既然对理论这么感兴趣，那就不能光存在脑子里，一定要写下来！

第 11 回　笔耕不辍惊天地　冯氏人肉打字机

如果要选出一个最能写作的心理学家,那么冯特就算不排第一,也能是头几名。根据他女儿的统计,他的著作内容涉及心理学、生理学、物理学、哲学、逻辑学、伦理学、语言学、人类文化学等诸多领域。因为羡慕学生卡特尔拥有打字机,他也买了一台,结果他写作的速度比之前快了两倍以上。冯特在写作方面绝对把思维广度拓展到了极致,它就心理学几乎每一个可以想象得到的领域写作,包括按照他自己的实验方法无法通过检验的许多话题,比如灵魂因果关系、催眠术和通灵术。

后来根据冯特的徒孙、美国心理史学家艾德温·波林(Edwin Boring, 1886—1968)统计,他写作的全部书目有 491 条,总共出版 53 735 页,所以冯特整个职业生涯的平均发表速度为每天 2.2 页。如果每分钟读 50 个字,昼夜不停地读,则需要足足 0.68 年才能完成。冯特的一位美国读者约翰·华生估算了一下,普通读者如果一天阅读 60 页,将要花费两年半的时间才能把冯特所有的作品通读一遍。而且冯特本来并不是身强力壮,他在后半生得了右眼斜视,读写都很困难,这点和同样得了眼疾的费希纳"一脉相承"。写到这里,笔者特别想在桌子上放一张祖师爷的照片,好在每当夜间疲倦正想偷懒时,仰面在灯光中瞥见他留着络腮胡的面貌,似乎正要说出抑扬顿挫的话来,便使我忽又良心发现,并且增加勇气了,于是泡上一杯茶,再继续写文字。

斯坦利·霍尔把冯特描述成"一个不知疲倦的工作者"。冯特的徒孙、屈尔佩的徒弟、德国心理学家韦特海默说:"除了工作,冯特对其他东西几乎不感兴趣。在他的整个自传里,他提到妻子和家庭的内容只占了区区一段。他对心理学太投入了,以至于在重病乃至濒临死亡时他还在分析自己的心理体验。"平时冯特从来不外出旅行,也不爱参加公众活动,只不过经常在家招待学生们和助手。冯特一直生活规律,上午写作,下午去实验室或上课,虽然平时话不多,一旦上课却滔滔不绝,化身心理学活辞典。这些特点后来被二代掌门人铁钦纳几乎完全继承了,只不过铁钦纳的聚会还有个特殊的保留节目。

虽然这时候冯特作为掌门人的学派还没有一个正式的名字,但是已经出现了将心理学内容分为不同元素来研究的端倪。例如,受到赫尔巴特的心理学思想、洛克以来的联想心理学思想和约翰·穆勒的心理化学思想的影响,冯特认为:一切心理现象都是由心理元素构成的,心理元素就像是化学变化中的原子,是不可继续拆分的简单心理过程。每个元素包含感觉和感情两方面。感觉是客观的,感情是主观的。比如吃巧克力感到甜是客观的,感到开心是主观的。在冯特之前,学界认为愉快—不愉快是一组基本感情。1896年冯特提出了情感三度说,这个观点认为,感情是伴随感觉而产生的一种心理体验,感情可以从愉快—不愉快、紧张—松弛和兴奋—沉静三个维度进行描述。每个维度上都有两个极端,三个维度可以绘制一个三维坐标系,并且相交于零点,这个点叫作"冷酷无情点"。

冯特的这个体系,猛一看没啥毛病,但是仔细想想,好像太抬举感情的作用了。因为人类除了感情,还有理智、信念等更复杂的心理因素。面对这些质疑,冯特当然见招拆招:"偏生理的那些部分,如感觉、情绪之类的,叫实验心理学;偏精神的部分,叫文化心理学。"这些都是心理学,至于怎么组合在一起,冯特就先不管了。但是冯特提出了一个思路——既然高级的意志不好研究,我们就先把它拉到和我们的实验同一水平,然后用同样的方法打败它。他提出意志是由情感支配的,把高级的心理元素还原成低级的,就可以研究啦!

这话一出来可不得了,哲学界首先坐不住了,以布伦塔诺为首的哲学出身人拍案而起:"意志受感情支配?你的意思是人类的意志不自由吗?反对自由意志,这可是思想上的大错误。你这是简单的还原论啊!你以为心理是简单的化学反应呢。"不过冯特的还原论到现在依旧有影响力,只不过是升级成为了"分子神经生物学还原论",一听就高大上对不对?这个理论认为所谓的自我意志,都是大脑在工作中产生的错觉,要不然为啥很多时候手会比想法快呢?现代的生理心理学通过神经活动甚至分子生物学解释心理,最终还原到用物理化学来解释心理。当然,这时候研究的内容还算不算心理,那就不好说了。

冯特的美国粉丝约翰·华生在自由意志的争论中也站在冯特的观点一边,他后来也自立门户了。华生的传人中有个打败过弗洛伊德的"瘦子"(他的真名真的叫Skinner,就是"瘦子"),就认为人的行为完全可以由"刺激—反应"这一流程来解释,那么生物就是复杂的机器,自由意志当然不存在。这个观点的坏处是好像对人类有些残忍,好处是为后来的神经科学发展助了力。这是后话,咱们暂且不提。

冯特还认为,心理元素可以通过联想和统觉合成心理复合体。联想是简单、被动而机械的,统觉是有主动性和创造性的,简而言之就是"总统全局的一种知觉",只不过这个不是实验研究的内容。但是,心理学界并没有乐高积木这么简单,如果所有人都听冯特的话,那么心理学就会演变成一种力学决定论。在冯特开宗立派之后,很多反对者如雨后春笋一般出现。冯特此时已经不管那么多了,反正下一本书冯特还会修改自己的分类方法,甚至换另一个话题研究。所以现代的心理学教材里讲述冯特理论的东西并不多。

在他人生最后的二十年中,冯特撰写了厚达十卷的《民族心理学》。虽然名字叫民族心理学,但其实是一部关于语言、艺术、神话、宗教、风俗、法律、道德等内容的社会心理学,主要研究一些原始民族。这和个体心理学的研究方法就不一样了,个体心理学可以用实验研究法,而民族心理学多用观察法。通过历史而不是实验研究一个民族的文化,这样才能排除原始神秘主义倾向,揭示该民族的心理气质。此时的冯特,已经不太关注心理元素的拼接了。不过之前的理论依旧有用,冯特以之前提到的冯氏情绪理论为立足点,主张宗教观念和宗教行为的心理根源,是人类面对死亡和疾病而产生的恐惧情绪。由于可以联系到他的个体实验数据上,他的宗教起源观有了一定的科学依据。通俗点说,人为什么会相信宗教,是因为被宗教家给吓住了。因为死亡和疾病总是人们的心头怕,于是原始人不约而同产生了这样的观念:人死了以后,生命一方面以某种神秘的方式继续存在于人体之中,变成有法力的僵尸;另一方面又无影无踪地盘旋在尸体的附近,变成看不见的幽灵。肉体灵魂观和魔鬼观就这样产生了。

由于灵魂是可以与身体分离的,就可以附体到他人身上,以致命的方式去伤害他人。一些巫师就发明了巫术,人类的宗教进入第一阶段——魔鬼和巫术崇拜时期。人类在形成比较稳定的部落之后,对死亡的恐惧开始减少,静下心来思考之后,觉得动植物也有灵魂,一些与人类有着密切关系的动物和植物物化成为一种标志,这就是部落图腾。图腾所代表的生物被人类认为有特殊能力,即便是杀死它们,也要进行宗教仪式。这便是第二阶段——图腾崇拜时期。接下来人们开始更深入地了解自然,认为风雨雷电、山川大地、江河湖海都由拟人化的功能不同的神掌管,这就是第三阶段,诸神崇拜时期。最后一神教出现,宗教变成了非功能性的信仰,这便是最后一个阶段——世界宗教时期。冯特从观念、情绪、行为这三个方面入手,对整个宗教进化发展的过程进行了非常细致的描述,不过这种简单的单线程发展也遭到了很多批评。毕竟世界这么大,民族这么多,这样一刀切难免有些偏颇。冯特的莱比锡大学校友、宗教学奠基人弗雷德里赫·麦克斯·缪勒就批评冯特说:"从一个源泉导出宗教,如同从一条河流导出海洋。"冯特毕竟不是宗教历史专业的,他尝试用心理发展的规律来解释复杂的社会发展规律,当然有些捉襟见肘。力挺达尔文进化论的海克尔也认为,冯特后来的第二版《关于人类灵魂和动物灵魂的演讲录》显得有些唯心,简直就是一个翻版的康德。至于为什么冯特晚年的观点显得有些混乱,海克尔认为那是他大脑退化了。

  1920年8月31日,刚刚完成十卷的《民族心理学》,冯特的生命也走到了尽头,享年88岁。同年11月,其弟子铁钦纳在纪念他的文章中写道:"冯特的去世,让我们的学术世界里少了一位重要的人物,一位伟大的科学家、知名的哲学家、高产的作家,以及一位有杰出影响的人。心理学这个与他的名字紧紧联系在一起的领域,因为他的诞生和长寿而幸运……如果要用一句话总结冯特的重要性的话,那就是,他是第一位在思想史上从心理学角度批判科学和哲学问题的人。冯特是一个天生的哲学家。即使他的前人中也有同样气质的人,但是却没有他这样的机会。他努力地踏进心理学的大门,虽然一直没有摆脱过去哲学体系和早期达尔文时代过于刻板的生物学的影响,但是他一直在进步,最后一版的《生理心理学原理》比第一版就好得多……冯特是唯一的,且以后也难看到可与其比肩者。"

冯特的故事就讲到这里,这正是:

名虽带冯家无贵,著述等身不辞累。
心理江湖开山祖,独创乾坤第一位。

第12回 双方暂时休战 二重心理诞生

前文书我们说到,布伦塔诺之前一直追着冯特一派打,很多研究者甚至认为冯特的内容心理学是促成布伦塔诺的意动心理学的直接动力。在两派正式硬杠之前,还有个小插曲。

虽然布伦塔诺带着一众门人对手撕冯特跃跃欲试,但毕竟自己是人文取向,对方是实验取向,就好像神功碰上高科技,想打也使不上力,所以他暂时只能当个老老实实的喷子,打打嘴炮。而且冯特改实验容易,布伦塔诺改理论可就难了。所以布伦塔诺的《从经验的观点看心理学》从1874年初版到1911年才修订一次,而且两个版本大同小异。相比之下,活体打字机冯特的《生理心理学原理》则从1874年初版到1911年先后修订了六次,且各版都有较多的增改,以至于该书的最后一版长达2353页。不客气地说,两人见面即使不动嘴,冯特拿书也能把布伦塔诺砸晕咯。

更让布伦塔诺难以接受的是,冯特的内部观察法和他的"内部知觉"翻译成英文是一个词,大有被冯特吞并的危险。在此布伦塔诺解释道:"内部知觉是体验和反省,但不是通过实验报告,我尊重冯特的实验结果,但是不同意他对结果的解释,改变不是乱编,你们这样是要给全国人民谢罪的!"所以冯特越来越受关注,布伦塔诺越来越受冷落。归根到底,布伦塔诺对心理的研究太浅,没有进一步说明它们的本质及其相互关系,也没有揭示它们形成的规律。

不过布伦塔诺晚年也和费希纳一样得了眼疾,导致他失明,亲自上战场也打不动了。为了给老师扳回一局,布伦塔诺的学生、音响心理学创始人卡尔·施通普夫(Carl Stumpf,1848—1936)将直接经验分门别类,每类属于不同学科的对象。其中视觉等感觉和映象是心理内容,属于现象学;知觉、理解、欲望和意志等心理功能属于心理学,这等于单方面把冯特一门都从心理学里开除了。但是他也指出内容和功能,同时独立存在不可分开,心理学不能完全排除内容,但它的主要范围是研究功能。从此,意动心理学又称为机能心理学。这个名字以后将会在美国得到某位盟友的支持,并收获大批信徒。

到了20世纪初,布伦塔诺和施通普夫共同的学生胡塞尔又提出现象心理学,他通过收集"真实经验"并加以分析,总结出普遍规律,以此支持意动心理学。与此同时,达尔文的表弟、优生学专家弗朗西斯·高尔顿在研究个别差异时,发现许多人、甚至是艺术家也丧失了视觉,如果按照冯特的元素主义来分析,根本行不通,还要靠布伦塔诺来解释。智商测试发明人、法国人比奈在为女儿做思维实验时,也发现难以用感觉来解释无意象思维。从此,这种出自哲学唯心论的意动心理学(或机能心理学)又一次点燃了信息网,成为当时欧洲的一股子强有力的心理学思潮。后来的格式塔心理学、弗洛伊德的精神分析都受其影响。

之前我们提到的冯特的学生奥斯瓦尔德·屈尔佩(Oswald Külpe,1862—1915),原本跟着冯特研究内容心理学,毕业后在德国维尔兹堡大学和他的学生进行思维的实验研究时,也发现人类确实存在无意象的思维,但是他又不好意思直接反对恩师冯特。所以他决定折中一下,提出心理功能和心理内容都研究的二重心理学理论,充当这场战争的维和人员。屈尔佩的观点成功化解了这场还没开打的战争,叛逆

胡塞尔

神父和门人们也消停了很多。毕竟真打起来,布伦塔诺没有科研成果,只能动嘴喷,实在是有点不公平。而且,布伦塔诺此时也后院起火了,得意门徒胡塞尔和他在心理学见解上闹掰了。

原来胡塞尔研究了不少逻辑学,还受到美国某位机能心理学盟友的影响,他认为布伦塔诺只有感觉和经验,没有科学论证,而且"布伦塔诺本人性格也过于自信"。尽管胡塞尔一再对外宣称这不影响私交,但两人还是渐渐变得不那么亲密了。胡塞尔当时在江湖上也有很高的地位,甚至可以说是20世纪初期

最有影响的哲学家，后来的海德格尔、萨特、梅洛-庞蒂、德里达等人的学说，都是从他这里衍生出来的。尽管他说自己研究的是"描述心理学""本质心理学"和"理性心理学"，但由于他本人还是反冯派，因此冯氏门人送了他诨名——"心理学之敌"，等于是直接把他从圈子里开除了。

由于此时心理学在整个江湖上的基本画风是：费希纳和冯特的内容派与布伦塔诺的意动派正要剑拔弩张，屈尔佩的二重派在中间一边做和事佬一边吃瓜打酱油。接下来的两次战争，这三方的传人虽然在理论上升了级，但依旧大体上保持着这种形势：第一次便是冯特亲传弟子铁钦纳建立的构造主义心理学派对战与布伦塔诺同样站队经验主义的美国盟友；第二次是布伦塔诺的学生弗洛伊德和冯特的粉丝华生对拼，完形派偶尔对冯派放一两枪，跑个龙套。这样的对撕足足持续了半个世纪。

在接下来的日子里，各大门派将会产生一场又一场腥风血雨的斗争，至于那些民间闲散的给人看心病的人，门派中人看他们就像是少林武当弟子看路边摆摊打把势的，达摩祖师看赵本山演的村口医生赵大宝，都不算一路人，就先不和你们费事了。

第 13 回　二代掌门铁钦纳　只恨小生不姓冯

爱德华·铁钦纳（Edward Titchener，1867—1927），圈内人称"老铁"，从小就是个学霸。中学时期他在马莱文学院读书，有一次学校请美国诗人、批评家詹姆士·拉塞尔·洛威尔（James Russell Lowell，1819—1891）做校表彰会的颁奖嘉宾，铁钦纳上台了一次又一次，以幽默著称的洛威尔对他说："我不想再一次看见你了。"

铁钦纳

1885 年，铁钦纳顺利考入牛津大学，本来铁钦纳主要研习古典文学和哲学，但大四那年他选学生理学，读到了冯特的《生理心理学原理》，一下子欣喜若狂，还凭借自己的学习能力将它从德文翻译成了英文。1890 年，他到德国莱比锡大学跟随冯特学习生理学和心理学，成为冯特的第一个英国学生。

如果说冯特在心理学界的地位相当于相声界的祖师"穷不怕"的话，那铁钦纳的地位就相当于"贫有本"或者"富有根"了（巧的是心理学和相声的出现时间也基本是一致的）。虽然只和冯特先生学习了两年，但是他却义无反顾地成了冯特的"脑残粉"。他总是尽力模仿冯特老师的贵族风格、讲课模式等。铁钦纳回忆起冯特的讲课方式是这样的："咔嗒咔嗒地沿着走廊慢慢笨拙地走向讲台……食指从他的额前掠过，重新整理他的粉笔……胳膊和手在不停地上下指着和挥舞着……"后来这机械舞一样的走路和手舞足蹈都被铁老师学过去了。铁钦纳甚至把自己打扮成冯特的样子，留了英国人少有的大胡子——想想看，德云社弟子都把发型留成桃心形状是啥样子。两人从某些角度看确实有点像，以致于笔者上学时用的某版教材的脸盲症编者把两人的照片都弄混了。可以说，如果举办一个"Cosplay"冯特的比赛，铁钦纳第二，没人敢拿第一。

铁钦纳的工作除了研究心理学，还有很大一部分时间用来做翻译，他积极投身于翻译冯特作品的事业中，把德语翻译成英语。可万万没想到，老师笔耕不辍，当他完成冯特的《生理心理学原理》第三版的翻译时，冯特已经出版了第四版；当铁钦纳又翻译了第四版时，冯特已经出版了第五版。不知道和老师比速度的铁钦纳同学此刻心中作何感想。其实总结冯特的观点本来就是一个万年坑，这点铁老师可能到死都没发现，后来铁老师的徒弟波林说了句公道话："冯师爷的系统是一种分类方案，你不能够通过实验证明或者反驳。它不是一种可检测的庞大自然理论，而是有秩序的教育计划，其中有许多不能够用在莱比锡大学实验室里使用的方法进行探索。总结冯特系统更大的一个障碍在于，他不断地修改它，并增添一些新东西。因此，冯氏心理学不是一件东西，而是许多东西。"你想译完它，你跟得上冯老师飞速的残影吗？

不过，如果你认为铁钦纳真的完全只是冯特的影子和喉舌，那你就错了。早在刚开始跟冯特学习的时候，铁钦纳就认为，内省法可以用来研究更高级的心理现象，光研究感知觉实在是太亏了！高级心理过程，如思维、想象等，也可以试试嘛！冯老师研究低级的心理活动，过程还比较简单，咱们要研究高级的，就要严格控制实验条件，要求实验者经过专门的训练，但是这样就要投入更多的人力，一个人单枪匹马暂时是做不到了。所以说为啥高手基本都是大学教授，为啥民间难以出真正的科研大师，因为缺乏人力物力。看到这里的读者们中如果有校长，欢迎向笔者伸出橄榄枝。

1892年，铁钦纳在冯特这里获得了博士学位，本来想回国干一番事业，可是英国的大学里并没有与心理学相关的职位。此时另一件东方的大事影响了他的人生——由于帝国主义列强开始合作瓜分中国，八个国家空前团结起来，也加强了各个方面的交流合作，于是身在德国的英国人铁钦纳，受聘到美国康奈尔大学任助理教授，并创建了康奈尔大学心理学实验室，同时开始辅导学生。现在有了资金来源，又有了一群徒弟，那还等啥？铁钦纳正好想做一些新研究，在学生的选题上，他便行使了"绝对权威"，把自己好奇的课题分给学生，以这种方式，他建立了自己的构造主义体系。注意，是"自己的"体系，此时他已经不满足于仅仅宣传冯老师的观点了。冯老师不是分类狂人嘛，那咱们就来个分类狂魔！例如，冯老师认为心理元素包括感觉和感情，铁钦纳则认为有感觉、意象和感情三种大的元素，感觉构成知觉，意象构成观念，感情构成情绪。后来，铁钦纳按照冯特拆分心理元素的思路，又像做解剖一样把心理元素分出来几十万种。在心理元素的属性方面，铁钦纳在冯特主张的性质和强度两种属性外，又增加了持久性、清晰性和广延性。但是在感情维度上，冯特曾经提出过"感情三度说"，认为感情需要从"愉快—不愉快""紧张—松弛"和"兴奋—沉静"三个维度进行描述；铁钦纳则不增反减，认为感情只有愉快和不愉快两个类别。

很多人都觉得冯特建立心理学实验室的1879年，就意味着"心理学"这个门派的诞生。但其实不然，这个门派一直就叫"实验心理学"，并没有正式的名字。唯一比较公认的称呼"内容心理学"还是老对手布伦塔诺送的，这可绝对不能忍，可是咱们这一派叫啥呢？直到1898年，看到布伦塔诺的一位美国盟友已经给自己门派起好名字了，铁老师才正式提出"构造心理学"的名称，也有翻译成"结构主义心理学""元素主义心理学"的。那感觉就像三国时期的孙权，看到曹丕死了，刘禅都即位了，才想起来自己称帝。出于对老师的尊敬，铁钦纳追封冯特为一代掌门人，自己甘居二代。

铁钦纳认为，人的心理可以分析为各种元素（感觉、意象、感情等），这些元素在时间和空间上混合（或联想）成为知觉、观念、感觉、情感、情绪等心理过程。同理，徒弟们的研究内容也构造起了铁老师的体系。后来，为了展示自己很厉害，傲娇的老铁把自己的体系称作"唯一的名副其实的科学心理学"。站在其他想研究心理学又不想拜在他门下的人的角度来看，这已经是赤裸裸的挑衅了，你让布伦塔诺的美国盟友怎么忍呢？

第14回　爱德独闯新大陆　美国创业披荆棘

1911年,在摧垮大清国的武昌起义的同年,爱德华·铁钦纳出任美国康奈尔大学教授,并进一步把冯特的心理学理论传播到美国,他那德国人一样一板一眼的教育方式很快引起了大家的注意。虽然他和冯特相比,已经提出了很多自己的新理论,如冯特只倾向用"内省"研究心理,而铁钦纳认为其他实验也是必需的,可是他对内省法的强调却比冯特还要极端。这导致铁钦纳的构造主义比其他流派,包括后来出现的行为主义、完形主义的研究范围和方法限定得更严格。

既然做出了"表面上是冯特的脑残粉,同时却又修改老师的理论"这种矛盾的事情,那么再出现第二件矛盾的事情也就不奇怪了。根据他的学生回忆,铁钦纳其实在生活中非常和蔼,只要学生尊重他,他从不吝惜自己的帮助。铁钦纳的私生活比冯老师丰富很多,由于精通音乐,他曾经担任康奈尔大学代理音乐教授,还每周在家里举办小型音乐会。除此之外,他还喜欢收集钱币,喜欢学习各种语言,除了掌握英语、俄语等现代语言,他还学习了古汉语和阿拉伯语这样冷僻而困难的语言,要是放到现在估计也是个玩配音的达人,可以说是小日子相当滋润了。你说,同样都是从欧洲到美国闯荡的人,乘坐泰坦尼克号的画家杰克·道森咋就这么惨呢?

作为一个拥有德国品质的教授,铁钦纳被人认为是严肃、权威的代名词,简直像个军官。那些资历较浅的教员被要求听他全部的讲课,像听牧师布道一样,他们从一扇门鱼贯而入,而铁钦纳教授则从另一扇门进入,直接走向讲台。铁钦纳甚至还会监督学生的生活,这让不少学生对其又爱又恨,却也无可奈何。铁钦纳不但对学生硬派,甚至对校领导也不折腰。有一次康奈尔大学的校长邀请他去宴会,铁钦纳一口回绝:"你咋不亲自来请我呢?"校长只好说自己日理万机实在没空。铁钦纳说:"你派你的车夫送邀请函来也行啊!"于是校长只好妥协,铁钦纳才应邀赴宴。

你以为铁钦纳最多和学校领导硬碰硬？那就太天真了。他还敢硬怼美国心理学会。之前我们说过美国心理学是铁钦纳的同门师兄弟霍尔建立的,其实铁钦纳也是联合创始人之一,但是他从来没有参加过学会的会议。因为铁钦纳对入会的标准把控很严,他觉得谁品行不端,有剽窃嫌疑,就让学会开除谁,学会并没有妥协;更严重的是,学会的基调好像对应用心理学"太友善"——我们的恩师冯特好不容易让实验心理学独立了,霍尔这人却貌似有当"汉奸"的潜质,和与布伦塔诺一个阵营的机能主义者"眉来眼去",这简直是对革命的背叛,不能忍,坚决不能忍。铁钦纳觉得心理学应该是"纯科学",主张只研究心理过程或内容,反对研究心理的意义和功用,因为那些东西容易混淆心理活动的"纯洁度"。那应用心理学算啥呢？"那顶多叫心理技术,怎么会是心理学,怎么配姓心理学？就像歌手和音乐家、铁匠和金属化学家,能是一回事儿嘛！"于是铁钦纳自己建立了一个实验心理学家学会,学会成员都由自己亲自挑选,这是个名副其实的"铁家班"。

不过目前表面上这一切都看似还很平和,但是不论是一个人还是一门学科,只要进入一个新环境,总会遭受到很多反对,你看叶问到香港教拳也是一样。铁钦纳在美国圈粉,为心理学在美国展开第一次战争悄然拉开帷幕。因为有一位1875年就开始搞心理学实验室的詹姆斯教授早就像007一样盯着他了。由于本章是铁钦纳当男一号,所以这些咱们暂且不表。

第 15 回　铁老师烟雾会众徒　康奈尔首推女博士

铁钦纳有一个著名的八卦,他喜欢抽雪茄,并且说过一句名言:"一个男人若是学不会抽烟,是不会成为心理学家的!"虽然这句话没什么逻辑性,但是他的很多学生都开始学习抽烟,至少是当着他的面抽烟。有个姓波林("Boring"翻译过来是"厌烦")的学生此时内心应该是最"厌烦"的,因为他不会抽烟,但是又迫于铁老师的强大气场,不敢不抽,于是"大家点烟一起抽,波林抽完悄悄吐"成为铁钦纳每年生日聚会的保留节目。这个"厌烦"同学就是我们之前提到的心理学史专家艾德温·波林。

有一次铁钦纳叼着雪茄和他的一名博士谈话,一阵滔滔不绝后,烟已经短得不行了,可是那位博士又没敢打断威严的铁钦纳。直到铁钦纳的络腮胡子着火了,博士才不得不提醒他。本次抽烟的结果是,铁钦纳的胡须和衬衣都毁于一旦,这真和纪晓岚当年抽烟烫坏靴子有得一拼。

铁钦纳还立下过另外一个著名的"Flag"——他声称自己不支持女性学心理学,他在小组讨论会上总是和一群男性吞云吐雾,就像如来佛在西天讲经,场面直逼某些城市的雾霾。有些女学生想参加会议,可是马上被喝令离开。

不过矛盾的是(又是一个矛盾),铁钦纳是典型的刀子嘴豆腐心,他其实只是认为女性太纯洁不能吸烟——就像主席说的"不吃辣椒不革命"一样,老铁认为"不抽烟怎么能研究心理学",因此"女性不适合研究心理学"。你细品,铁老师还有些"保护女士"的骑士精神。有位女心理学家克莉丝汀·拉德-富兰克林(Christine Ladd-Franklin)就不服气了。这位女士也是个学霸,兼任逻辑学家、数学家、物理学家和天文学家,提出过色觉理论。她想在大学当老师,可是处处遭到性别歧视。有一次她想请铁钦纳在开会的时候读她的论文,被铁老师拒绝了。克莉丝汀写信对铁钦纳抗议:"都什么年代了,您还这么守旧地排斥女性,我真是惊呆了!"铁钦纳只好假装没看见。幸亏这位女士没把铁钦纳坚持心理学"纯洁度"的观点拿出来——你不是说心理学要纯洁吗？为啥纯洁的人不能研究心理学？否则打脸就打得更清脆了。

可是真香定律永远那么管用，现实是老铁也不管那些偷听会议的女学生，甚至收了几个女学生做徒弟。在铁钦纳所授予的56个博士学位中，有三分之一是给予女性的。有一次，在学院院长反对的情况下，他还是坚持聘任了一位女性做教授。他的第一位博士生，也是心理学界第一位女博士——玛格丽特·弗洛伊·沃什伯恩（Margaret Floy Washburn）。沃什伯恩还被评选为20世纪最伟大的一百名心理学家之一。顺便说一句，那位因为铁老师胡须烧到而感叹"画面太美我不敢看"的博士，也是一名女性。因此大家就开始给老铁安了一个段子，为啥培养沃什伯恩呢？因为她的姓是Washburn——翻译过来就是"洗掉烧伤"啊！当然，以铁钦纳的脾气，肯定没人敢当着他的面这么讲。

插句题外话，沃什伯恩女士果然没给师父丢人，1921年当选为美国心理学会主席，1931年当选为美国国家科学院院士。她提过一个几乎地球人都知道的著名理论——早在1907年，她就和伊丽莎白·塞弗伦斯（Elizabeth Severance）在美国心理学杂志上发表的文章里指出："如果对一个单词注视得太久，它将变得奇怪而陌生。这种对单词外貌熟悉感的丧失，有时会让这个单词看起来像是属于别的语言，有的时候这个单词变成仅仅是字母的堆积，甚至在极端的情况下，

玛格丽特·弗洛伊·
沃什伯恩

连字母都变成纸上一堆毫无意义的符号。"用大白话说，就是：一个字看得久了就不认识了。她们进一步分析说，产生这种现象的原因是"注意力转移"，当人对一个单词盯了一会儿之后，不由自主地就仅仅注意单词的某一部分，从而丧失了单词的整体感，这个单词也就逐渐变得越来越支离破碎。这种现象在1962年被语言学家里昂·雅克布维茨（Leon Jakobovits）命名为"Semantic Satiation"（语义饱和，又称"Semantic Saturation"）。当然，我们之前也说过，在心理学的江湖中，任何一个小问题都会引发学界的互撕，半个多世纪后，这个问题又被挖

出来了。现代认知神经心理学认为，出现这一现象是因为大脑在接受持续相同的刺激后，产生了神经疲倦。具体的咱们就不多说了，版面有限就只能给沃什伯恩女士一段话，再继续支线剧情的话就要跑题了。

铁钦纳这辈子写了很多教科书，包括被称为最渊博的英语心理学著作的《实验心理学：实验手册》(1901—1905)。在书中，铁钦纳继承了冯特的心身平行论观点，认为神经过程和心理过程是两种平行的、互相对应的活动，谁也不干扰谁。铁老师举了个例子，露水的产生是因为空气的温度变化，但是露水绝不等于温度；心理也是神经活动触发的，但是心理绝不等于神经活动。后来这个观点不用外人来攻击，自己这边的友军就把它推翻了。铁钦纳还认为，一切学科都是在研究经验，心理和物理没有本质差别，只不过对经验的处理方式不一样。"冯老师说心理学研究的是直接经验和间接经验，不敢苟同，研究间接经验那叫物理学，研究直接经验才叫心理学。"就好比研究声、光现象是物理学，研究人类对声、光的反映，才是心理学。

铁钦纳真是一个自相矛盾的人，或许，严肃的德国范儿和绅士的英国范儿，在铁钦纳的心中此消彼长，就像一张太极图在不停旋转，构成了他看似矛盾的"双面"人生。在他逝世后的第二年，他的同事和学生正式组织了"实验心理学家学会"，这个学会至今一直独立于美国心理学会。不过这时候，此学会终于让女性加入了。有道是：

嘴边烟不停，只恨不姓冯。

称霸新大陆，老铁没毛病。

既然一个圈子有两个学会，就像漫画界同时有DC和漫威，那么战争也就在所难免了，我们将在下一部分具体述说。

第三部分 机能记

　　心理学和相声最相似的有两部分：一是都为人类的快乐而作出努力；二是非常讲究师承关系，内斗也非常严重。心理学界的第一大宗师冯特估计想不到，将来要由一名自己教出来的学生来对抗自己。这名学生通过大范围摇人创立了属于自己的团体，而且比冯特老师的学派人数更多，影响更广。

　　该学生所在的美国，此时赶上了第二次工业革命的末班车，在 19 世纪末 20 世纪初，美国的工业产值一跃成为世界第一。在天时地利的加持下，后起之秀美国悄悄成为世界上最不差钱的国家，而心理学也随着经济快车的发展飞快前进……

第16回　青年威廉频繁跳槽　牧师之子各处拜师

在之前的故事中，我们挖了不少坑——冯特在生理研究所收的学生威廉是谁？给霍尔在美国颁发心理学博士学位的是谁？布伦塔诺派的美国盟友是谁？盯上铁钦纳的詹姆斯教授又是谁？本回咱们一句话把坑填了，他们都是同一个人——美国心理学之父威廉·詹姆斯（William James，1842—1910）。

不能像中国这样随便俩字就能拼成名字，英语国家能用于名字的词就那么几百个，所以威廉·詹姆斯这个名字在英语国家可谓遍地都是，差不多相当于中国的张伟、王刚、赵明之类，你在街头吼一嗓子就有好几个回头的。威廉这个名字在早期是贵族专用的，所以翻译成"富贵"或者"大伟"更贴切一点。虽说名字非常大众化，不过叫这个名字的名人还真不多，之前百度百科提到这个名字只有俩解释，一个是本文要说的心理学家，一个是郭德纲在相声里给于谦的父亲起的英文名，现在第二个恶搞的解释已经被删了。

本篇主角威廉·詹姆斯出生在美国纽约的一个富裕家庭，爷爷是爱尔兰移民，因投资开发伊利运河而成富豪。父亲老亨利·詹姆斯是个爱搞科研的牧师，因为反对新教，所以没加入任何宗教组织，可谓是不走寻常路的典范。詹姆斯从小跟着父母辗转英国、法国、瑞士和德国，不但学习了当地的语言，还开阔了眼界。美国作为一个新兴的国家，搞科技还不错，但要论起传统文化还是和欧洲比不了。詹姆斯到欧洲之后就被那里的文艺气息吸引了，那感觉就像是广东相声演员来到北京一样。于是，十七岁要考大学的时候，詹姆斯毅然决定当一个画家！但是他爸爸老詹姆斯可不同意，艺术家这种整天被甲方爸爸压迫的人，怎么能当呢？当时小詹姆斯正在日内瓦科学研究院学习科学，可不能白瞎了，所以父亲"建议"他还是乖乖学科学或者哲学吧，要么有手头的技术，要么有嘴上的技术。于是詹姆斯只好被迫凑凑合合上了哈佛大学。这个故事告诉我们学霸就是学霸，下回遇到撒贝宁同志，我就给他讲这个故事。

本来詹姆斯学的是化学,可是他觉得这些元素周期表和化学式实在是让人头秃,当年换专业也容易,于是他跳到了生理学专业。后来老詹姆斯出了些事情,家里没那么有钱了,詹姆斯为了将来给家里支持,又转到了哈佛医学院。当医生虽然将来会很挣钱,可是赚钱能让詹姆斯快乐吗?答案是不能,毕竟人还是要有理想。此时的哈佛大学有一位牛人——瑞士生物学家路易斯·阿加西斯(Louis Agassiz)。

这位阿加西斯的来头可不小,他是著名生物学家乔治·居维叶的徒弟。他此次受普鲁士国王腓特烈·威廉四世资助来到美国。1846年他在费城参观了人类学家塞缪尔·乔治·莫顿收藏的几百个印第安人的头骨之后非常兴奋,在家书中写道:"就凭这些收藏,我的美国之行也值得了。"他决定要通过头骨研究人类的智力。后来德国也闹革命,阿加西斯有家难回,干脆留在哈佛大学当教授,还加入了美国国籍。

既然要研究,阿加西斯和莫顿就要收集大量的人类头骨标本,力求涵盖各民族。威廉·詹姆斯在他手下学习,还跟着他去了巴西的亚马逊河流域。按照这个路子,威廉有可能会成为心理学界的达尔文,可是威廉发现,自己不喜欢收集标本。这工作看着挺容易,实际上是脑袋挂在裤腰带上的荒野求生。詹姆斯又没有贝爷的身体素质,还染上了天花,于是他冲出亚马逊,又回到了哈佛医学院。幸亏詹姆斯转了行,因为阿加西斯后来根据脑容量等指标研究,

威廉·詹姆斯

认为白人最聪明,黑人最笨,他和我们之前提到的高尔顿都成为种族主义者的代言人。莫顿的实验室更是成为全美最大的头骨收藏馆,被称为美国的骷髅地,就是耶稣被钉死在十字架的那个地方。他的同事们为了收集头骨简直连盗墓贼都当,有没有"杀人越头"就不好说了。由于宣传白人至上主义,甚至反对教会,认为黑人不是亚当的后代,所以后来大部分人都不太愿意再相信他们这一套。

詹姆斯回到了哈佛医学院之后，依旧不改折腾的本色。1866年他因为身体原因再次中断学习，1867年又去德国留学，在赫尔姆霍茨、冯特等人的指导下，学习医学、生理学和心理学。之前我们说过，冯特一门的心理学实验是个力气活，詹姆斯第三次因为身体不好而没能坚持实验，于是只好又回到哈佛。不过他在德国的这段时间，干累了就会阅读欧美文学作为消遣，这为他后来的文艺气质埋下了根源。

1869年，27岁的詹姆斯终于博士毕业，虽然是一个医学博士，但是詹姆斯身体不太好，终身没有当医生，也就是说詹姆斯是个没当过Doctor的Doctor（这段话如果翻译成英语能把老外转晕，只能靠大小写区分）。毕业之后能干嘛呢？詹姆斯的身体实在有些弱，经常腰疼，视力欠佳，消化不良，有个阶段还经常有一阵阵的自杀冲动，甚至晚年还得了慢性心脏病，这种半死不活的人生让他感到命运总是"恐吓着你做人没趣味"。于是，再加上受到德国决定论哲学的影响，他认为自己陷入了悲催的宿命之中，甚至得了抑郁症。

后来，詹姆斯偶然读到了康德信徒、法国哲学家查尔斯·雷诺维叶的关于自由意志的文章，于是像哪吒一样一拍桌子——"我命由我不由天！"他开始相信，人类的意志是自由的。他在1872年写给雷诺维叶的信中说："感谢您让我体会到了精神生命的再生。"后来研究积极心理学的专家们几乎都认詹姆斯作祖师爷，他在《生活值得过吗？》中写道："我最后还有一个忠告，不要怕生活，相信生活是值得一过的，而你们的信念将改变现实。"现在网上热翻天的流行语：消除恐惧最好的办法就是面对恐惧，坚持就是胜利，加油奥利给！人家詹姆斯老爷子一百多年前就说过。从这件事我们也可以看出，目前心理学圈子的战争主题，追根溯源就是要不要反康德。估计康德怎么也想不到，他死后会有另一个学科中的一群人为了他厮杀多年。

1872年，满血复活的詹姆斯开始进入哈佛大学任教。感兴趣的朋友可以翻回去数数这是第几次回到哈佛了，学霸就是学霸，哈佛大学就像是自家开的随意出入，不过这也是他最后一次进入哈佛了。这次得病让他知道了别信广告，要看疗效，于是他形成了实用主义的观念。虽然冯特所谓的主流心理圈反对康德,但是康德不但治了我的病,还救了我的命,你们说不算心理学那可不管用。

詹姆斯本来在哈佛教授解剖学和生理学。1875年他开设了美国第一门心理学课程——"生理学和心理学的关系",并于同年建立了一个供讲课演示用的心理学实验室,比冯特的还早四年。但为啥大家一致认为冯特是第一个呢?不是因为冯特算詹姆斯的老师,而是因为詹姆斯的实验室只是配合教学用的,相当于现在的多媒体教室,没有进行过严谨的心理学术研究。接下来的1878年,詹姆斯的功劳不小,第一是结了婚,第二是和出版社签了合同,要出版一本《心理学原理》。当时和出版社交涉的时候,詹姆斯像当年的唐僧在李世民面前一样立了个"Flag"——最多两年,肯定完成任务。那个出版社估计想不到,接下来他们要面临长达十年的催稿之路。

第17回　体弱不误踢馆　创业更能识人

接下来几年,詹姆斯在哈佛大学稳步升职。1880年,38岁的詹姆斯在哈佛大学任哲学副教授,5年后升为教授,于1889年改为心理学教授。这时候的詹姆斯正是人生得意时,房子票子妻子孩子都有了,感觉人生已经达到了巅峰,一口气上5楼也不费劲儿了。然而上5楼就能让詹姆斯觉得实现梦想了吗?答案是不能!于是詹姆斯瞄上了纽约州的第一高山——阿第伦达克山。快50岁的詹姆斯教授挑战了自己一把,花了13个钟头登山,然后就觉得胸口发闷,原来是心肌受损了。从此詹姆斯基本处于持续掉血的状态,工作重点又放到了哲学上。

既然在纵向上有些吃瘪,那么就在横向上长途跋涉一下吧。1889年,詹姆斯跨过大西洋,来到了欧洲,参加巴黎的首届国际心理学大会,这可是被称为"心理学的奥林匹克大会"。在这次大会上,詹姆斯遇到了一个非常像是海盗白胡子爱德华的人,顿时有了邀请他上自己的船的念头。此人就是我们之前说过但是迟迟没有戏份的雨果·闵斯特伯格(Hugo Munsterberg,1863—1916)。

闵斯特伯格

闵斯特伯格是德国东部的犹太人,父亲是木材商人,母亲是个女艺术家,标准的书香门第富二代,他对写作、大提琴、考古、希腊语和阿拉伯语都有研究。1882年他考入日内瓦大学学习法语和文学。毕竟咱名字叫雨果,照这样下去,以后法语文学界就有两个雨果了!但是没想到和冯特差不多,20岁时他父母双双去世,闵斯特伯格自然是万分悲痛,但是并没有影响学业。只不过他和詹姆斯一样有些不持久,才过了半年,就转学到了莱比锡大学。在听了冯特的讲座后,立即像小智选皮卡丘一样决定就是你了,以后我要成为心理学大师!

在冯老师的实验室做了几年实验之后,闵斯特伯格的博士方向又转为医学。1887年毕业之后,他在弗赖堡大学先后担任讲师和助理教授,先后主讲医学和哲学。那时候心理学刚刚起步,大众还不太认可,但他出于研究需要,在业余时间私下讲授心理学,并发挥了自己犹太人家大业大的属性,出资在住所建造了一座心理学实验室,进行时间、知觉、注意力、学习记忆等方面的研究,吸引了许多国外的学生,雨果也逐渐有了一些名气。

在这次心理学大会上,詹姆斯和闵斯特伯格可以说是相见恨晚,虽然他也是冯特门徒,但是詹姆斯从他身上看到了自己的影子——那就是实用主义,所以两人都有心动的感觉。詹姆斯邀请闵斯特伯格和自己一起去新世界创业,大有一同找到"One Piece"(海贼王的宝物)的壮志。可是闵斯特伯格在欧洲有自己的实验室,背井离乡实在是动力不足。詹姆斯不死心,跟闵斯特伯格磨了3年。于是在1892年,闵斯特伯格终于应邀来到了哈佛大学,担任了3年的实验心理学客座教授,期满后他又继续回弗赖堡大学任教。眼看闵斯特伯格有重回师门的可能性,詹姆斯发出第三阶段的邀请,于是两年后,闵斯特伯格重返哈佛大学,担任心理学教授,从此以后便扎根美国。闵斯特伯格在这里受到了空前的欢迎,还接管了詹姆斯的实验室,被詹姆斯当作自己的内定继承人,甚至在次年的1898年,他还当选美国心理学会的主席。之前咱们说过美国心理学会是1892年由霍尔建立的,它的一代目主席就是霍尔。接下来几年中几乎一年换一任,1893年是乔治·拉德,1894年是我们的威廉·詹姆斯,1895年是威廉·詹姆斯的盟友、机能主义代表人物詹姆斯·麦基恩·卡特尔,1896年是乔治·富乐顿,1897年是詹姆斯·马克·鲍德温(鲍德温后来出了丑闻,远走巴黎,他的很多前期资料被删除了),再接下来就是闵斯特伯格了。很多人说他是第一个没出生在美国的美国心理学会主席,其实不然,前五位虽然都是美国人,但是五代目富乐顿出生在印度旁遮普邦,只不过此君过于小透明,所以常常让人忽略了。因此,第一个当上美国心理学会主席的外国人还是闵斯特伯格。闵斯特伯格也只当了一年主席,1899年就被"教育学大宗师"杜威接任了。

闵斯特伯格被挖墙脚过来之后，果然没让詹姆斯失望，1908年，他又当选美国哲学学会主席。1910年，他被哈佛大学作为交换教授派往柏林，并在柏林参与建立"美国-德国协会"，把詹姆斯一派的思想又带回了欧洲。后来他继续坚持实用主义思想，成了"应用心理学之父"（不过这个名头有争议，还有说法是沃尔特·迪尔·斯科特或勒温），研究涉及诸多方向，包含：司法心理学，提出血压测谎仪器的概念，后来被兼任《神奇女侠》编剧的心理学家马斯顿教授发明出来了；1912年，出版了《心理学与经济生活》，开创了工业心理学的研究方向；1916年出版《电影：一次心理学研究》，被誉为电影理论史上第一部有分量的力作；1916年还出版文集《明天》，预测英美德三国的未来，又涉及社会心理学。《美国科学家》期刊曾经评价心理学名人，闵斯特伯格仅次于詹姆斯排名第二。

然而，和法国那位同名作家不同，这位雨果丝毫不同情女性，他认为女人不应该工作，就应该在家做家务；不应该读研，更不能当老师，因为不能给男学生提供好榜样；也不能当陪审团，因为女人不理性——虽然社会上很多人都反对他，但是也撼动不了他的学术地位。马斯顿的《神奇女侠》漫画中有位"神经博士"，因为矮小丑陋，总是被女人拒绝，导致其对神奇女侠有变态想法，成为出场率很高的反派，他的原型就是雨果。面对这些指责，雨果并不在意。可一战爆发后，闵斯特伯格遭到政治层面的致命非议。他希望美德两国要亲善，不出意外地遭到舆论指责：有人说他是德国间谍，有人说他是德国军官，有人说他女儿养的鸽子偷偷传信，有人说他应该被立即处决。就这样，雨果家从门庭若市变成门可罗雀，他的精神也像他的人缘一样崩塌了。

第18回 两心理定义真心理 詹威廉鏖战冯威廉

尽管詹姆斯曾经在冯特的手下学习过，但是他并不赞同冯特的很多观点，两人成了"相爱相杀"的典范。詹姆斯发现，冯氏心理学就像是一本单词书，你跟着他学就像很多学英语的人拼命背单词，到最后还是不会说英语。"单词可以拆成词根，词根可以拆成字母，但是不管怎么拆，它都是死的东西。"而布伦塔诺显然更对他的胃口，布伦塔诺的心理学就像是一本充满完整句子的书，比如《实用英语100句》，每个句子里头都有主谓宾，所以单词是没意义的，句子才有意义。但是现在学英语我们都知道了，句子要背，单词也要背。可惜的是，虽然布伦塔诺在心理学史上第一次提出了系统论概念来对抗冯特的还原论，想用研究"整个句子"的方式对抗冯特的"拆分成单词来学习"，可是背单词毕竟很容易，布伦塔诺在欧洲并不受欢迎，反而在美国异军突起，占领了新大陆。当然布伦塔诺的传人在欧洲也有翻盘的机会，后来德国又出现了一个对"整个"一词很痴迷的学派，我们后文再说。

如果说布伦塔诺不太能有力量直接怼冯特，那么詹姆斯就是日常性对冯特进行先扬后抑。他肯定冯特的贡献，是冯特把心理学变成一门实用的真正的实验科学，但是，是一种像中世纪一样落后的"黄铜仪器"心理学，那感觉就像用蒸汽朋克装备来造原子弹。

在1887年一封给友人的信中，詹姆斯曾经"赞扬"冯特说："冯特先生是知识界的拿破仑。"然后话锋突然一转："不幸的是他将永远不会遇到他的滑铁卢，因为他是一个没有天赋的拿破仑，并且也不具备一旦被击破会导致全盘皆输的核心观念。"你说这话是夸他呢还是骂他呢？估计是刚才那段话的最后一句有些生涩，詹姆斯又非常不客气地类比了一下："当其他一些人把他的一些观点驳得体无完肤时，他却在写着另外一本主题完全不同的书。如果像切蠕虫一样把他切成几段，他的每一段都会自行蠕动起来。在他的大脑延髓里并不存在生命中枢。从这个角度来说，你很难弄死他。"就好像一个国家这么大，占领了一个或者几个大城市并不就能拿下全国。

詹姆斯这么说好像挺刻薄，你说人家冯老前辈作为心理学的祖师，最大的功绩就是把心理学能研究的东西像布置展览柜一样摆出来，不用你攻击，人家确实没有啥核心思想。但是詹姆斯可不管这么多，作为布伦塔诺的精神好友，他认为，心理学应该研究心理生活，包括心理生活的现象及其条件，这才叫"有用"。冯特把意识拆成元素本来就是错误的，就像背好单词不能算学会英语一样，句子拆开了也不算文学。例如，一个苹果，你把它拆成红色、圆形、甜味等元素，这就不是苹果了。詹姆斯认为："我们必须按照事物所呈现给我们的样子去思考它，而不是把事物用理智之刀先分解为各个部分，然后再去思考它。"

詹姆斯说，意识就像河流，你要研究它，就要在河边观察，把水打出来装在一个个瓶子里，研究那些瓶中的水，那还能研究河流吗？用詹姆斯的原话说，那就是"将流动的意识切断分析，势必将扭曲意识的本质"。詹姆斯之所以有这种思想，是因为受到了达尔文进化论的影响。他认为，意识之所以能够发展，就是因为它在驾驭行为的过程中为了适应社会环境，慢慢形成了有助于个体适应社会的意识。

那要怎么研究呢？冯特的内省法还是能拿来用的，此外詹姆斯还倡导使用实验法和比较法。不过詹姆斯毕竟是反对冯特的，内心深处还是不想做实验，他更注重哲学和精神层面，觉得实验十分无聊，到后来甚至认为心理学"不是科学"，用现在的流行语说，这叫"我骂我自己"。幸好，后来他所在的门派中又出现了客观观察法、文化产物分析法，保住了科学的地位，也让该门派的研究方式比构造主义学派丰富多了。就好比那个门派只会用打狗棒，我这个会刀枪剑戟，是不是显得高大上很多？

然而冯特的嘴也不饶人。冯特虽然写作范围非常宽，但是研究范围非常窄。他只研究理论，不研究技术，反对任何形式的心理学实际用途，那些都是工匠做的，怎么配叫心理学？对于退社的徒弟们，冯特一贯是公开差评，尤其是那些加入机能主义派别的——不过当时世界上只有这两个大的心理学派，从冯氏门出来好像没有别的派可加入，后来出现了一个小小的意外，咱们以后说。之前我们说的提出儿童心理学概念的霍尔，就被冯特批评了：小孩子怎么能老老实实配合实验呢？这些研究的条件不能够得到足够的控制，它的结果肯定也不是真正的心理学。另一名学生恩内斯特·莫曼把研究方向转向教育心理学时，冯特认为他这是转向了敌方的叛徒行为。如果说徒弟分三种，门徒、儿徒和叛徒，那么除了铁钦纳是儿徒，冯家的叛徒有点多。其他欧洲学派，只要不用内省法的，都被冯特认为是"假心理学"。至于咱们之前提到过的同时代研究催眠和暗示术的法国心理学界，也就是李万保等人，冯特认为他们的研究"缺乏严格的内省"，根本不算心理学实验。冯老师的行为彻底证明了一件事：同行之间才是赤裸裸的仇恨。

詹姆斯写稿超期了十年，1890年，两卷本著作《心理学原理》终于出版，对比手速堪比叶问的冯特，詹姆斯虽然写得慢，可是内心丝毫不虚。这本书的广告词说：它囊括整个19世纪的心理学成果。看上去比冯特的理论体系更完整，而且非常有个人特色。这部大作迅速受到全世界的欢迎，被翻译成法文、德文、意大利文以及俄文，远销海内外。远在德国的冯特当然也读了昔日学生的作品。老人家读完之后放下眼镜，作出了评价："这是文学，它很美，但不是心理学。"简直把詹姆斯清理出门户了。冯特的说法也有一定的道理，因为《心理学原理》的第九章提到了"意识流"的概念，这个概念也成了詹姆斯一派的核心要义。不过这次冯特一语成谶，后来詹姆斯的这个概念还真就被许多小说家拿来使用，形成了意识流文学。爱尔兰的詹姆斯·乔伊斯（《尤利西斯》作者）、法国的马赛尔·普鲁斯特（《追忆似水年华》作者）、英国的维吉尼亚·伍尔芙都是代表人物，你就算没听过人名，也听说过他们的代表作品。

意识流到底是啥呢？詹姆斯说："意识流是一个连绵不断的整体，积淀着我们选择的习惯，为我们提供生命的感受，激发我们生命的冲动，是我们生活世界的源头，同时也是向我们展现事物本来面目的契机。"是不是还没听懂，没听懂就对了。这种东西有些类似禅宗里的"不可说"。简单理解就是，一切都在经验当中，天地在我心。人的心理生活是在一定条件下发生的一种生命现象。詹姆斯还规定，意识流有五个特点：私人性、流动性、连续性、选择性和有用性，全方位描述了这种不可描述的东西。

退出"德云社"（德国心理云端学社，由散布到世界各地的冯特弟子组成）的詹姆斯后来被问道："如何评价冯特老师？"詹姆斯谢邀之后回答说："他是'纯粹的教育塑造一个人'的完美范例。"潜台词似乎是：老夫子太顽固，读书读傻了。这似乎又一次证明了詹姆斯非常不尊师重道。但是不管怎么说，詹姆斯的《心理学原理》成为了一本里程碑式的杰作，对美国乃至全世界的心理学都产生了深远的影响。例如，1910年有个叫托尔曼的大四学生就读了这本书，立即弃理工学心理，具体故事咱们后面再细讲。

1898年，"德云社"美国分社社长铁钦纳明确提出，构造主义和机能主义是对立的。他说机能主义心理学不是真正的心理学，没有现代科学的概念，只是涂上了现代的色彩，妥妥的唯心主义。由于机能主义人口实在是多，当时美国大部分心理学家纷纷开始批评老铁，主要是批评内省法。另外，由于老铁认为心理学家不应该研究儿童和动物的心理，这让后来出现的晚辈华生也站到了构造主义的对立面。

第 19 回　詹姆斯畅销书怼人　新观点大范围励志

虽然詹姆斯沿袭了部分布伦塔诺的经验论,但是在其代表作《心理学原理》中,他还是反对了部分的经验主义者,例如英国的哲学家约翰·洛克和大卫·休谟。他们提出过心灵材料理论(Mind's Contents),认为人的意识就像是在白纸上一笔笔画出来的图形,和冯特的理论有些类似。这老二位此时已经去世了快两百年了,还被詹姆斯拉出来打脸,但是不久之后美国还有一位大咖为二老站队,读者们暂时不用担心。詹姆斯所谓的经验,更强调个人体验。例如在书中,他有史以来第一次从个人主义角度认为宗教是一种个人体验,把实用主义和宗教信仰相结合,让大家从生活出发,从人出发去理解世界。人不可能完全客观,詹姆斯的这一观点又被称为彻底经验主义,他在此基础上解释了各种心理现象。这也是和传统经验主义不一样的地方。

传统经验主义仅仅在认知的层面上理解经验,将经验看作残缺不全的、支离破碎的片断,看作简单的观念和印象,所以研究的范围也很有限。在詹姆斯看来,这是无法将经验主义贯彻到底的。他的彻底经验主义要求大家从个人生活层面重新解释经验,强调原始经验,也就是个人的生活经验,是对人的活生生的生活过程的体验。写到此处笔者突然觉得有股林清玄的味道,所以说到这里,大家理解为什么冯特批评詹姆斯的心理学是文学了吧?

除了经验主义,詹姆斯的重要指导思想还包括实用主义。也就是说,理论是为了让人更好地生活,人不是为了理论活着。这是一种偏东方的哲学思想,对于长期受宗教统治的西方社会来说算是一种很少见的观点。詹姆斯甚至认为,任何高于生活实践的原则和结构都不合法,这句话放在当时可是大不敬,就差接过布伦塔诺的手套直接打教皇的脸了。詹姆斯的这种思想为后来美国"以人为本"的新派观念埋下了伏笔,因为按照詹姆斯的说法,实用主义就是"经验主义与人本主义的调和"。换个角度说,实用主义就是致力于将思想转化成行动，这样可以让人更了解自己，以便最大程度地把控自己的命运。

后来，詹姆斯在《信仰的意志》等书中又多次强调自由意志的实用性："在生命的所有重要转折时，我们都需在黑暗中飞跃……如果我们决定留下这些未解之谜，这是一种选择；我们为答案犹豫，也是一种选择；可一旦我们作出某种决定，都会招来风险……如果一个人以另一种方式去思考，按其所思去行动，我不认为有人可以证明他是错误的。每一个人都必须按他所想的最好方式去行动……在漫天飞舞的雪天里站在朦胧的半山腰，透过朦胧，我们可以偶尔瞥见可能是靠不住的道路。如果我们停滞不前，就会被冻死。如果我们走错了路，将会摔得粉身碎骨。我们不能确切地知道哪一条道路是正确的。我们应该做些什么？坚强！充满勇气！向着最好的方向行动，向着最好的方向去想，以及勇往直前……如果一切以死亡为终点，那么再也没有比这更好的应付死亡的方式了。"这妥妥地反对了宿命论，给很多无助的人提供了强心剂。

我们前面提到的布伦塔诺的爱徒胡塞尔，后来就受到詹姆斯的《心理学原理》的影响而提出了现象心理学。胡塞尔对自己的朋友说："尽管我只读了关于詹姆斯心理学的很少的内容，但它带来了很多闪光点。我看到他是多么勇敢和有独创性的人，他不让自己被传统限制，坚持有效的努力并且描述他的所见、所想。这种影响对我来说是很重要的。"胡塞尔甚至曾放弃了写心理学书籍的计划，因为他觉得詹姆斯已经说出了他想要说的东西。

在法国流行的存在主义心理学也受到了詹姆斯的影响，该门派主张人能通过自我意识和自我反思来增强和超越自我，通过自由选择来实现自我价值。到了五六十年之后，人本主义学派的代表人物罗洛·梅（Rollo May, 1909—1994）把欧洲的存在主义和存在心理学改成美式疗法，成为了"美国存在主义心理学之父"。现在读者可能发现了，心理学有个特点就是，你很容易成为某个研究取向或门派的父亲，因为只要是有人参与的东西，都和心理学有关，就会有无数的研究方向。罗洛·梅说过："詹姆斯正是一位我们所谓的存在主义者。哲学家萨特吸收了詹姆斯的思想，加以重新解释并使之哲学化，从而影响了法国存在主义心理学。"其他受存在主义影响的心理学家，甚至包括精神分析派的艾瑞克·弗洛姆、维克多·埃米尔·弗兰克尔和卡尔·荣格等。

不过詹姆斯的观点中也有一些看上去有些负能量的东西,比如他认为人类自我的核心,其实是长期适应环境而产生的一种"自私的冲动",当然詹姆斯所谓的"自私"是一种中性的神经习惯。而自我分为物质、社会和精神三部分,这个观点每个上过中国思想政治课的孩子都知道。

1907年詹姆斯终于正式退休,和他一起退休的还有个叫卡尔森的物理教授(和发明静电复印机的卡尔森不是同一人),按理说以后就是遛鸟下棋逗孙子的生活了,可是卡尔森不太同意。詹姆斯说,我有办法让你养一只鸟,只要你把这个空鸟笼挂在屋里。从那天起,只要有人来串门,就会问卡尔森鸟在哪里,为了应对大家的评判,他逐渐丧失了自我,原来的信念彻底动摇,最后买了一只鸟。这就是著名的"鸟笼效应"。

1910年,68岁的詹姆斯最后一次从欧洲旅行完毕,回国两天后就与世长辞了,与他的弟弟亨利同葬于美国剑桥市的公墓中。詹姆斯比冯特正好晚出生十年,也早去世十年,十年这个时间段在他的人生中多次凑巧出现。

仅仅六年之后,好战友雨果·闵斯特伯格在哈佛大学拉德克利夫女子学院的讲堂上,也因心脏病突发去世,年仅53岁。可惜的是,他逝世时,美国心理学界没有一篇悼念他的文章。

威廉·詹姆斯虽然去世了,但是他的话语至今还鼓舞着我们。他说过:"行动似乎紧随于感觉之后,但事实上却是行动与感觉并行;行动在意志的直接控制之下,受着约束行动,我们可以间接约束感觉,而它是不受意志的直接控制的。因此,假若我们失去了原有的自然的欢乐,那么,通往欢乐最佳的方法,即是快快乐乐地站起来、说话,表现得好像欢乐就在那里。如果这样的举动不能让你觉得快乐,那就别无良方了。所以,想要感觉勇敢起来,你要表现得好像真的很勇敢,运用一切意志来达成那个目标,勇气就很可能会取代恐惧感。"翻译过来就是:想要真勇敢,先要装勇敢,少废话,就是干!虽然这个思想让他身体吃不消,但是我相信,他一定不会像年轻时那样充满懊悔地怨天尤人。因为詹姆斯认为,我们"只有透过对自由意志的强烈要求,才能完全地感受到人类的感情和生命的活力"。他这一辈子,也完全践行了这句话。

詹姆斯思想的支持者美国哲学家、教育家、实用主义的集大成者约翰·杜威,在詹姆斯去世后评价说:"大家一致公认,他一直是美国最伟大的心理学家。如果不是因为人们对德国人和事不合情理的赞扬(这话说的是谁咱就不用说了),我认为,他也就是他这个时代和任何国家里最为伟大的心理学家——也许是一切时代里最为伟大的心理学家。"当然,冯氏门人也不甘示弱,接下来怎么掐,我们且看下回。

第20回　约翰结缘达尔文　杜威议取芝加哥

在写本回之前,忍不住先吐槽一下:在整理目录的时候,杜威是笔者最不想写的。因为杜威比较著名的身份是教育学家和哲学家,第三才是心理学家。不过他在学界有个称号——百科全书式的心理学家,在1899年还当上了美国心理学会的主席。既然是百科全书,那么不专精于心理学也就可以理解了。而且他的学界地位也确实不可撼动,我们接下来就带上自己的小问号,具体说说看,杜威老爷子怎么牛。

1859年10月20日,约翰·杜威出生在美国,1个月零4天后的11月24日,查尔斯·达尔文的《物种起源》首次出版。达尔文是英格兰人,杜威出生的城市伯灵顿属于美国的新英格兰地区。达尔文靠这本书开创了生物学的新时代,而此时杜威的父母肯定没想到,自己的儿子将来也会在学界掀起一场"哥白尼式"的革命。其实,达尔文和心理学界的关系建立得还要更早。早在《物种起源》出版七年之前,英国哲学家、社会学家、教育家赫伯特·斯宾塞(Herbert Spencer,1820—1903),就提出了人类社会的进化理论,他在1855年的作品《心理学原理》(*Principles of Psychology*)中就提到了人类智慧随着环境缓慢演变的推论。只不过当时的主流媒体不太接纳演化思想,所以他的这本书并不受重视,以至于现在提到心理学家的时候,都不怎么提斯宾塞。在《物种起源》出版后,斯宾塞便将自己的观点称为"社会达尔文主义"。

伯灵顿是佛蒙特州最大的城市,佛蒙特这个州估计很多读者都没听说过。这是一个在美国东北角的小州,由于存在感很低,长期处于自治状态,所以形成了一种自由民主的风气,也埋下了自由的

杜威

种子。

杜威出自一个中产阶级商人家庭,小时候并没有展现出天赋异禀,只不过比较喜欢看书。在考上本地的佛蒙特大学后,杜威学习了希腊文、拉丁文、解析几何及微积分,大三开始涉猎自然科学的课程,到此为止都和心理学甚至哲学一毛钱关系都没有。但是到了大四时,他接触到了人类智能领域。很快,在 1879 年这个特殊的年份,杜威同学毕业了,既然想研究智力相关的东西,那么咱就研究心理学?不,这时候欧洲心理学才刚刚诞生,美国更是没成气候,杜威的眼界也很高,果断开始研究哲学史。当时美国作为一个新兴国家,才刚建国一百年,没啥深厚的历史文化底蕴,所以哲学也是个冷门,那感觉就像 21 世纪初非洲撒哈拉出了个原子能专业一样。杜威抓住了这个不太受关注的冷门方向,三年后,杜威在全国唯一的哲学学术杂志上发表了论文。之后杜威继续研究哲学,1884 年成为哲学博士,毕业后的杜威开始在密歇根大学教哲学。

此时的欧洲,实验心理学刚刚建立。詹姆斯、霍尔等人都在德国留学过,他们把实验心理学的部分奥义传播到了美国,随后铁钦纳也来美国开疆拓土。不过很快美国的学者们就发现,冯老师的心理学就像是解剖图,你是能看到很多构造和规律,但是你看完了依旧不知道如何健身和用药。而且心理概念分类这种东西,只要你可以自圆其说,随便怎么分都是你的自由。所以,在美国出现了人民群众日益增长的心理需求同落后的心理研究方式之间的矛盾,在那个时代,只有詹姆斯的实用主义哲学才能加强精神文明建设。欧洲人当然是不吃这一套的,讲啥实用主义,就知道管用,没一点情怀,甚至同为机能主义的布伦塔诺一派也只是停留在理论阶段。于是美国对心理学进行了大刀阔斧的改造,在发展的道路上越来越迅猛。达尔文的进化论也被杜威等人作为思想武器。他们认为动物和人类的心理发展有连续性,而且同样是"物竞天择,适者生存"。杜威认为,意识和经验都是进化出来的一种适应机能,例如小孩子碰到火焰会有缩手反射,这次疼痛让他脑子里奇怪的知识增加了,记住了不要再摸火焰,这就是适应生存。

1894 年,杜威开启了长达十年的芝加哥大学生涯,担任哲学系、心理学系和教育系主任,这也是他未来人生的三驾马车。为了真正做到理论联系实践,1896年杜威办了两件大事,第一件是在《心理学评论》杂志发表了《在心理学中的反射弧概念》,从此芝加哥机能主义心理学派正式诞生。这篇文章有以下主旨:第一,反对拆分狂人冯特,将心理学上的反射弧强调成一个连续的整体;第二,意识和肉体是会相互影响的,这又强调了心理对于生活的实用意义。圈粉之后,杜威对追随者们高呼:本门派的自然理论基础就是达尔文的进化论。之后各路专家都纷纷响应号召,非常务实地把心理学的研究范围扩大到动物心理、儿童心理、教育心理等诸多领域。眼看杜威就要成为一代宗师,意外发生了。

杜威当年做的第二件事情是,创建了芝加哥大学附属实验中学,杜威太太当校长。学校打出"教育即生活,实践即社会"的口号,反对传统的机械灌输,成为当时的教育界网红。后来,杜威两口子还建立了芝加哥大学附小。眼看着杜威的势力越来越大,再这样下去芝加哥大学都有可能变成杜氏夫妻店了,芝加哥大学的校长威廉·哈珀准备请他喝杯茶。

这位威廉也是个神童,14岁从玛斯金格姆大学毕业,20岁获得耶鲁大学研究生学历。1891年,年仅35岁便成为芝加哥大学第一任校长,当时他大量引进人才,把学校搞得风生水起。他和杜威的分歧是:附小是否归大学管理,杜威表示寸土不让。最后杜威辞职,1904年又转战哥伦比亚大学。芝加哥大学和哥伦比亚大学,正是机能主义学派诞生的两片沃土。

第21回　第一门派竟有俩　机能结构两开花

心理学史考试的时候，所有学生都会答"冯特的构造（元素）主义学派是第一个心理学派"，但实际上这么说并不严谨。首先冯特从来没给自己的学派起名字，是铁钦纳1898年才起了这个名字。早在两年前的1896年，杜威就先给信奉詹姆斯思想的门派起名叫"机能主义心理学派"了，所以自从1879年心理学第一次成为正式学科（虽然詹姆斯一派不承认），第一个有名字的心理学派是机能主义心理学派，实际建立者是杜威，詹姆斯顶多算是太上皇。因此，对于冯特和詹姆斯谁的门派建立得更早，这个本来就是一笔剪不断理还乱的烂账。按照传统的规矩来看，詹姆斯毕竟是冯特的徒弟，大部分研究者还是会把他排到第二，反正不会有后人来告他们不尊重历史。

相比于构造主义学派严格的师徒传承——冯特是太上皇、一代掌门兼欧洲总门长，铁钦纳是二代掌门兼美国分社长，而机能主义心理学派简直是一片散沙。杜威不是詹姆斯的学生，哥伦比亚大学的机能主义心理学派也不是杜威带去的，而是一个叫詹姆斯·麦基恩·卡特尔的心理学家创立的。因为机能主义思想在美国已经很流行了，所以这两方基本是不约而同进行的，并没有从属关系。整个学派的几个大牛各自为政。如果构造主义学派是有教皇的天主教，机能主义心理学派就是各立山头的东正教。不过好在大家都信机能主义心理学派，使得这个学派的"机能"还没出现紊乱。

虽然机能主义心理学派没统一，但是杜老师依旧在这个圈子里跺一脚四面乱颤，随便一项哪怕不是太相关的成就都能大杀四方。举个例子，杜威最重要的著作是《民主主义与教育》，这本书与柏拉图的《理想国》、卢梭的《爱弥尔》，构成教育学史上最伟大的三部著作，至今都对当代教育有巨大影响。另外，杜威在哲学上最有名的著作是《确定性的寻求》，这本书被称为超越詹姆斯的早期实用主义思想的著作，因为他在实用主义哲学中注入了价值哲学。啥叫价值哲学呢？简单地说，就是从"需要"这个角度，讨论各种物质和精神的实际意义，能满足需要的东西就有价值。相比于早期实用主义哲学的核心奥义"有用就是真理"，杜威的思想就显得不那么狭隘了。杜威强调实践是全方位的，甚至启发了许多后世的心理学家。举个简单的例子：后世心理学比较普遍认同的一种理论——没有需求就没有动机，看着眼熟不？杜威这种从思辨形而上学向实践的转变，后来成为西方哲学的大趋势。而总是从哲学中吸取营养的心理学，也出现了新的变革，可研究的东西变得越来越多。此时冯特一派再说机能主义不是心理学，也没啥用了。单举一个例子，杜威让无数学生摆脱了机械的程序化学习，这就足够让他圈粉了。

第22回 杜教授广收中国徒 华夏行震撼教育界

杜威先生被视为20世纪最伟大的教育改革者、20世纪上半叶美国最著名的学者,著名的哲学家理查德·罗蒂把维特根斯坦、海德格尔和杜威看作是20世纪西方最伟大的三位哲学家,而且由于杜威有可实际操作的部分,所以影响力要比其他两个人还大一些。但杜威对于新千年后的中国人来说或许不太出名,甚至有些充满问号的小朋友会问:"杜老师,你当真是心理学家吗?"如果杜老师能听到,肯定会摆出不屑置辩的样子,然后把他培养过的学生们像孔乙己的九个大钱一样一字排开:胡适、冯友兰、陶行知、郭秉文、张伯苓、蒋梦麟……每个都是近代史上响当当的人物,就算对历史一窍不通的人,至少也听说过胡适。因此杜威是当之无愧的对中国影响最大的现当代西方哲学家。后来,杜威更是亲自为新中国的学术发展立下过汗马功劳。

胡适等人为什么都来到美国了呢?话说1900年,大清国正被八国联军和六个没参战的国家催逼战争赔款,合计为9亿8千万两白银。因为实在赔不起,美国少收了一部分赔款,作为津贴资助清政府官派留学生,让新一代中国人学习美国精神。杜威当时也收了很多大清国留学生。一开始胡适还嫌杜威讲课太慢,好像有些不善言辞,可是慢慢发现,杜威用词很严谨,讲课内容稍加整理就能出书,便佩服得五体投地。不过杜威的学生太多,胡适开始并不显眼。胡适甚至还在日记里发牢骚说杜威"不识千里马"。后来胡适的论文大修通过,但是否得到博士学位,则成为了一个谜。杜威最喜欢的中国学生是蒋梦麟,不过胡适并不嫉妒他,两人反而成为挚友,蒋梦麟的证婚人就是胡适。

之前咱们提到过,自从严复翻译《天演论》之后,达尔文主义就成为中国先进思想的核心。陈独秀等人认为,文化也和生物一样,有先进和落后之分,不适应环境的文化注定灭亡,于是新文化运动在中国产生。这使得中国成为杜威推广达尔文相关思想的一片蓝海。在此再度为斯宾塞先生默哀一分钟,由于他的文章过于专业，而赫胥黎的作品仅仅是演讲文稿，通俗易懂，所以严复当时没选斯宾塞。但《天演论》中也透露出了许多斯宾塞的想法，让中国出现了很多斯宾塞思想的继承者。中国当时有四亿人，占地球人口的五分之一，这么多有可能喜欢进化论的同胞，想想都让人激动。于是，杜威在地图上用力一指，决定到古老的中华大地闯荡一番。

中国，是杜威除美国之外生活时间最长的国家，也被他视为第二故乡。此外，在所有西方哲学家中，杜威的受欢迎程度和被禁锢程度也都是最显著的，充满了"爱恨情仇"。在五四运动的前几天——1919年4月30日深夜，杜威从日本坐船到达了上海。由于当时五四运动的核心之一是反对帝国主义，所以来自美帝国主义阵营的杜威老师也连带遭到排斥。不过这也拦不住一位学者的步伐，杜威更关注的是陈独秀提出的"民主和科学"口号，于是他顶着压力在中国待了两年多，想要见证和参与中国这个庞大的新社会的改造过程。渐渐地，中国人民发现，杜威对五四运动学生非常支持，这让他在中国越来越受欢迎。

杜威这两年多的大部分时间都在北京大学讲学，后来演讲内容集聚成《杜威五大讲演》丛书，其中包括：《社会哲学与政治哲学》《教育哲学》《思想之派别》《现代的三个哲学家》《伦理讲演纪略》五个部分。除了在北京讲课，在中国的26个月，杜威走遍了大半个中国，足迹遍布十几个重要城市。当时杜威的演讲大多由胡适翻译，并在报刊连载，使得本来有些晦涩的美国学术演讲，变成了老百姓喜闻乐见的内容，其受欢迎程度不亚于如今的易中天等学术超男教授。杜威来中国也不只是埋头学术，毕竟中国风光这么好，不讲课的时候，就由学生们带着到处玩。有一次两位高徒胡适和蒋梦麟带着杜威老师去爬北京西山八大处，在一个山坡前看到一个屎壳郎推粪球。这个屎壳郎简直是甲虫界的西西弗斯，它将球推到坡顶后，就连虫带球滚下来，于是周而复始，屡败屡战。两位徒弟都说："这个屎壳郎太有毅力了，了不起啊！常人无法比拟！"杜威微微一笑："它的毅力固然可嘉，它的愚蠢实在可怜。"

当杜威离开北京，准备返回美国的时候，胡适写了一篇《杜威先生与中国》的短文，登在《东方杂志》和《民国日报·觉悟》上。文中写道："自从中国与西洋文化接触以来，没有一个外国学者在中国思想界的影响有杜威先生这样大的……我们可以说，在最近的将来几十年中，也未必有别个西洋学者在中国的影响可以比杜威先生还大的。"杜威的影响力可见一斑。

其他多位当时能左右时代的名人，也都非常推崇杜威。在广州，杜威遇到了两位当时的意见领袖：陈独秀给杜威的演讲当主持人；孙中山与杜威会面，提出了著名的"知易行难"的话题，突出了实用主义思想。杜威的实用主义思想和当时在中国流行的马克思主义有相同之处，而且杜威的思想比较开明，他虽然没成为马克思主义者，但是也不反对，他对待其他哲学的态度是兼容并包。当时，英国哲学家罗素、法国哲学家杜里舒等也曾来华访问讲学，但是他们的讲座内容过于狭窄，而杜威却遍及各个领域，甚至是自然科学领域，包纳了各种不同的学说。也正是这种思想，让陶行知一直到建国之后还发展了一大批实验学校。

不过，杜老师肯定想不到，人有多红就有多大是非。从 1955 年到 1986 年这三十多年中，由于特殊的历史原因，杜威成了在中国被批判得最厉害的西方哲学家，直到改革开放后才平反，功绩再次得到承认。可以说，每个在中国上过学的人，都享受了杜威带来的福祉。杜威本人也很有福，他在 1952 年儿童节去世，享年 93 虚岁，差 4 个多月就能 93 周岁了，这就是所谓的"仁者寿，大德必得其寿"吧。这里有个小彩蛋，杜威一度是最长寿的心理学家，不过目前的纪录保持者是临床心理学家、理性情绪疗法创始人阿尔伯特·艾利斯，他于 2007 年去世，差两个月就到 94 周岁了。在北美地区新千年的一次统计当中，艾利斯的影响力压过弗洛伊德，成为排名第二的应用心理学专家。第一是谁呢？当然是"美国队长"史蒂夫·罗杰斯的本家了。

杜威的存在，似乎让我们认识到了，心理学当时的两大门派似乎没必要死磕，甚至可以有点收编天下的势头。我们说过，杜威是哲学界的哥白尼，之前的心理学界争论的主要内容是是否反康德，杜威恰好是康德之后的又一个里程碑。他让学术界开始思考，或许之前不是某个环节出错了，或者内省法啥的都不重要，而是要有些整体上的思维模式的转变。虽然后来的历史证明，有人的地方就有矛盾(宽容如杜威,也对罗素的"英国式傲慢"非常不满),只不过人们开始为另外的事情互掐了。写到这里,笔者突然明白了,杜威就像是心理学界的萧何,没有什么具体的指挥战役的功劳,主要功绩也不在研究特别细节的兵法,但是为其他冲锋陷阵的人指出了一片蓝海。从此心理学工作者,变得越来越不纠结什么是真正的心理学研究方向了。

第23回　学位高手安吉尔　共同低调有卡尔

除了威廉·詹姆斯和约翰·杜威,机能主义学派还有很多位大咖。芝加哥机能主义学派有杜威、詹姆斯·安吉尔和哈维·卡尔;而哥伦比亚机能主义学派有詹姆斯·麦基恩·卡特尔、爱德华·李·桑代克和R·吴伟士。那威廉·詹姆斯位置何在呢?他被奉为"机能主义的先驱",这位置有点尴尬,稍微带点出师未捷身先死的味道。

安吉尔

詹姆斯·罗兰·安吉尔(James Rowland Angell,1869—1949)是机能主义学派的第二个詹姆斯,他早年跟杜威学过,后来转到哈佛大学在威廉·詹姆斯的手下硕士毕业,再后来又去德国和法国游学深造。此君破了个纪录,虽然没考博士,但是成为获得了最多的荣誉博士头衔的心理学家,足足23个。1894年他又和杜威老师同时任教于芝加哥大学,成为了机能主义学派的联合创始人之一。1896年安吉尔发表了一篇划时代的文章,和杜威的《在心理学中的反射弧概念》刊登在同一期《心理学评论》上。安吉尔的文章是研究反应时的,当时关于反应时的问题,铁钦纳认为如果一个人反应快,那么他的感觉和运动两种反应都快。而另一位同样在莱比锡大学留学过的心理学家詹姆斯·马克·鲍德温则认为感觉和运动是两条路,各自的分值不会相互影响。安吉尔通过实验证明:如果没练习过,鲍德温说得对;如果练习过,铁钦纳说得对。也就是说手快的人可以练得眼尖,但是眼尖的人想练得手快就没那么容易了。安吉尔把两位大师的观点结合在一起,但这可不是他唯一的一次折中。1903年他写了一篇文章反对结构主义,1904年出版了《心理学:人类意识的结构和功能》,这在吃瓜群众看起来就有点叛变的味道了，此书就是一本折衷的机能主义心理学著作。为了表示依旧站队机能主义，1906年他担任美国心理学会主席的时候谈到了机能心理学的范围：第一，研究心理的动作，而不是内容（这条是学派的基本定义）；第二，考虑心理机能的有效性——对环境的适应，保证机体生存（这条还是在支持达尔文）；第三，涉及身体器官和环境的整体关系，身心之间的关系永远存在，这一条得到了后来所有的心理学家的承认。毕竟谁要不承认，用利器扎你几下看你还快乐不快乐，即便你能做到身心分离，你一个人的例子也没有普适性，只能当新闻，不能当规律。

安吉尔在芝加哥大学最高当到代理校长，1921年就去耶鲁大学担任校长了。但是芝加哥学派依旧没有垮掉，他的继任者就是哈维·卡尔（Harvey A. Carr，1873—1954），芝加哥机能主义学派的晚期代表人物。卡尔是1902—1905年在芝加哥大学读的博士，教过他的老师有杜威、安吉尔和华生。和安吉尔一样，卡尔留下的资料也不太多，其最著名的两件事是：1925年出版《心理学：心理活动的研究》一书，连铁钦纳的徒儿波林都认为这是机能主义理论的集大成之作；另一件事是1926年担任美国心理学会的主席。卡尔提出了一个豪言壮语：机能主义心理学就是美国心理学，其他的心理学派，包括在机能主义晚期出现的精神分析、行为主义、格式塔，只是心理学的研究分支，太狭隘了，都在我们的研究范围之内。卡尔特别强调心理是对环境的适应，一个人要想心理健康，能适应和调节环境是前提，这一条也被后世大部分心理学家承认了。关于心理活动的研究方法，卡尔继承安吉尔的折衷主义，既承认内省法的正确性，也承认客观观察的正确性，为后来的行为主义点亮了路灯。卡尔看到实验法更符合理想，但是又认为实验的条件并不完全符合现实。同时，他也想到可以通过人文角度，比如文学、艺术、语言、社会秩序和政治典章，来研究心理。当然，研究那些与心理活动有关的生理过程，也是有一定价值的，卡尔本人就花了好多年研究动物走迷宫和使用问题箱。至于啥是问题箱，咱们先卖个关子，一会儿再告诉大家。

第24回　圈内第三詹姆斯　八个"第一"卡特尔

介绍完芝加哥大学的机能心理学三巨头，我们再介绍一下哥伦比亚大学的机能心理学三巨头，这三位不是一脉相承，而是每个人都开创了自己的学派分支。创始人詹姆斯·麦基恩·卡特尔（James McKeen Cattell，1860—1944）咱们之前也没少提，就是让冯特见识到打字机威力的那位美国学生。作为机能主义派的第三个詹姆斯，卡特尔的一辈子也是有很多成绩的，甚至值得专门写一本书，至于为啥不给他写一本，因为他遭人恨呗。詹姆斯·麦基恩·卡特尔最牛的一个头衔，是"心理统计量化之父"，心理学专业学生最头疼的就是心理统计和测量，有些大学甚至有独立于数学的统计学和测量学科，其重要程度可见一斑。可以说，没有卡特尔，我们心理学人的头发就能多保留一些。

卡特尔

卡特尔生于美国宾夕法尼亚州伊斯顿市，该市有一个小有名气的拉斐特私立文理学院，卡特尔的老爹就是校长。1880 年，"学二代"卡特尔从这所学校毕业之后，就到德国莱比锡大学跟着冯特学习。可是这师徒俩似乎有些不对付，卡特尔认为不是所有牛奶都叫某某苏，也不是所有人都适用内省法。接下来 1882 年卡特尔就回了美国，进入约翰斯·霍普金斯大学，在那里获得哲学研究员职位。本来后半辈子估计就和心理学无缘了，可这时他正好听了一场霍尔的讲座，这位同门师兄弟再次燃起了卡特尔对心理学的热情。于是 1883 年他再次回到德国找冯特，三井寿说："教练，我想打篮球。"而卡特尔说的是："教授，我想研究心理学。"

这次卡特尔担任了冯特的助教，进行反应时间及个别差异问题的研究，看来这个问题是机能主义心理学派特别关注的。不过冯特可能确实和名字中带詹姆斯的学生有些八字不合,卡特尔虽然当了助教,但是冯特不许他在实验室做非内省法的研究,他只能在自己宿舍里做爱做的实验。1886年,卡特尔的博士论文遭到了冯特的反对。不过这篇《反应时的个别差异》依旧让卡特尔荣获了莱比锡大学心理学博士学位。毕业后卡特尔起点很高,一下子就到剑桥大学任教,在此遇到了达尔文的表弟弗朗西斯·高尔顿。高尔顿在咱们的故事中也出现好几次了,由于英文中表兄弟姐妹都是一个词,所以很多汉语的书中都说高尔顿是达尔文的表哥,在此咱们辟个谣。高尔顿的母亲和达尔文的父亲是同父异母的兄妹,不过达尔文家族几百年来长期近亲结婚,包括达尔文本人,都娶了比自己大一岁的表姐艾玛。近亲结婚强化了达尔文家族的优势,比如智商高、有冒险精神,让这个家族人才辈出,但也继承了很多缺点,比如两兄弟后半生都长期身体虚弱,都有地中海发型,只是高尔顿比达尔文小13岁。

高尔顿虽然没有心理学家的头衔,但他对心理学也有巨大贡献,主要包括差异心理学、心理测量的量化和实验心理学三方面。高尔顿主要研究个体差异、不同性别和种族等群体的差异及其成因,他在研究各种体能大数据的同时,也研究了视力、听力、记忆力等心理学数据。1859年,达尔文出版的《物种起源》引起了高尔顿对人类遗传的兴趣。于是他展开了以个体差异为主题的实验心理学的新研究方法,并于1869年发表了专著《遗传的天才》。在书中他认为智商是可以遗传的,我们家族不就是证明嘛!

在完成了智力天赋的家族谱系研究后,高尔顿又致力于建立更精确的测量方法来考察人类才能的差异。1883年,也就是卡特尔读博的那一年,高尔顿出版了《人类才能及其发展的研究》,书中概述了自由联想和心理问卷调查这两种实验心理学中重要的研究方法和成果。结识了高尔顿的卡特尔此时如获至宝,那感觉简直就像是自己想造重机枪而不得,但是隔壁造缝纫机的竟然造出一台很牛的重机枪,自己拿回家就能用,原发明人还不来你这领域抢饭吃,妥妥的躺赢啊。趁着高尔顿还不愿意当心理学家,咱们明天就出发。于是在1888年这个吉利的年份,卡特尔赶紧返回美利坚,找到快乐老家,在故乡宾夕法尼亚大学成为一名心理学专职教授。这可是世界上第一个心理学系的专职教授职位,他不研究哲学,不研究教育,就专门做心理实验,只拿心理学教授的工资。于是卡特尔又有了第二个"第一",就是全世界第一位"脱离哲学范畴而纯研究心理学的教授"。然后复制忍者卡卡西,也就是卡特尔老师,将交流来的大招一放,在自己的实验室内编制了五十个心理测验题,包括测量肌肉力量、运动速度、痛感受性、视听敏度、重量辨别力、反应时、记忆力以及类似的一些项目,很多测验题是从高尔顿、费希纳、冯特那里借来的。卡特尔把其中的十项测验交给学生去测量智力的个体差异,紧接着1890年他就在《心理》杂志上发表了《心理测验与测量》一文,描述了这些测验,还强调"心理学若不立足于实验与测量上,决不能够有自然科学之准确"。这句口号几乎成了后世大部分心理学家能成为心理学家的前提。由于这篇论文首创了心理测验(Mental Test)这个术语,还由好哥们高尔顿加上了一篇附录表示支持,便宛如一个大侠横空出世,让卡老师拥有了第三个"第一"——第一个将心理学研究结果统计量化的心理学家。很多人这时候会脑中亮起小灯泡:我们经常接触的卡特尔16项人格测验(16PF),原来就是这位大师的手笔啊!其实这又是一个著名的乌龙,编写人格测验的那位叫雷蒙德·B·卡特尔(Raymond B. Cattell, 1905—1998),他是美国心理学家,是最早应用因素分析法研究人格的心理学家,还是现代天生害羞理论的提出者。雷蒙德·卡特尔在心理学史上也是很有地位的,只不过比詹姆斯·卡特尔年轻许多。顺便说一句,这位教授差18天就活到93岁了。

  刚才有些读者可能对卡特尔的测量内容感到有些奇怪,为啥还要测肌肉力量呢?难道是测查克拉总和?其实卡老师所谓的心理测验的含义很广,不单指智力测验,而是包括对人的一切能力的测验。如果你觉得肌肉力量算一种能力,那它就是心理测验。至于啥是生理测验,请出门右转去医院。

  不过,卡老师虽然和师父冯特不太对付,但是他测量的东西大多是冯特关注的感觉和知觉。作为机能主义学派的一分子,怎么能不考虑实用性呢?这个不要怕,卡特尔在《心理测验与测量》中还提到:"测验步骤和测试方法应有统一规定,并要有常模(最能代表整体的标准样本团体)以便比较。"所以说啊,我们现在考试做的每一份卷子，都是出自卡特尔的心理测量思想。你只要有任何一门挂科，都算是某种心理能力没达到要求；同时，你只要做过试卷，就要感谢卡特尔，咳咳。你们以为试卷是为了给你找别扭的？不，试卷是为了获得研究全体学生各项能力的大数据，你是在为人类科研作贡献，这么想想是不是开心多了？

不过有趣的是，在所有投身机能主义阵营的学生当中，卡特尔和冯特的关系可谓亦敌亦友。在成为心理统计测量之父后，他还是和冯特联名发表了很多研究，这已经不仅仅是"第一"个和冯特联手的"叛徒"学生了，简直是唯一一个。你以为卡特尔的"第一"到此为止了吗？还远远没有。1891年，卡特尔作为心理学教授，前往哥伦比亚大学担任心理系主任，在那里一干就是26年。卡特尔采用测验统计的分析方法研究个别差异，使得心理学的研究仿佛坐上了工厂流水线，当时的哥伦比亚大学一跃成为科学心理学与心理测验推动的中心，也使哥伦比亚大学成为现代考试，啊呸，是教育心理学的发源地。在这26年期间，哥伦比亚大学成为心理学博士的第一生产工厂，产量比美国任何一所大学研究院授予的心理学博士学位都要多。那时候研究心理学的一说去哥伦比亚大学，就像是演员去好莱坞一样。哥伦比亚大学出来的很多博士后来都成为行业领袖，最著名的就是卡特尔的学生桑代克。

卡特尔教授接下来还有第六个"第一"，他于1896年任美国心理学会第四任主席，1901年进入美国国家科学院，成为美国第一个心理学院士。第一次世界大战爆发后，虽然这和美国并没有直接的关系，但是美国政府还是出兵欧洲来蹚浑水。卡特尔作为知名意见领袖，对大众宣传和平，就被扣上一顶不忠于政府的帽子，1917年遭哥伦比亚大学解聘，虽然后来他上诉获胜，但一直未能复职。因此卡特尔一不做二不休，只要有本事，怎么都能吃一碗饭。1921年，他组建心理学公司，成为第一个"下海"的心理学教授，为职业团体和公众提供应用心理学服务，为心理学在工业和教育等领域的应用开了个好头，也继续加强了美国心理学的机能主义运动。

除此之外，卡特尔对编辑及出版还抱有浓厚的兴趣，推动了许多科学社群与组织。他还是创办杂志最多的心理学家,协同创办了七种以上的心理学杂志和一般科学杂志,包括《心理学评论》《心理学专刊》《美国科学家》《科学》《心理学公报》等。这就是他的第八个"第一"了。作为代言人和编辑,他积极支持心理学组织和学会,直至84岁去世,正好在中国人所谓的坎儿上。

第25回 门墙初裂启上下 驯兽大师桑代克

之前我们说的冯特、铁钦纳、詹姆斯、杜威、卡特尔等大师,在第一次心理学战争中大放异彩,给心理学这个学科打下了基业。可是,他们都主要研究人类心理,没强调动物,而机能主义心理学既然推崇达尔文的进化论,那么动物从某个角度就可以看成没进化的原始人类,动物的大脑就可以看成原始人脑,很多在人类身上不方便做或者没有经费做的实验,就可以放到动物身上做。于是,爱德华·李·桑代克(Edward Lee Thorndike,1874—1949)就成了心理学发展第一阶段末期承前启后的大师。

桑代克出生于美国马萨诸塞州,这地方还有翻译成麻省的,是个出学霸的地方,相当于中国的山东。桑代克的家庭条件还不错,父亲是律师,后来改行当牧师,干的都是不太缺钱的职业。美中不足的是,桑代克长得比较不好看。另外,因为当时教会的要求,牧师必须定期地调任于不同的地方,桑代克在青少年时期共搬家八次。由于在每一个地方待的时间都不长,所以小桑代克还没有融入新的集体就又要搬家了,这让他从小性格很

桑代克

内向,当不成高富帅的他,只好做个安静的学霸了。桑代克大学上了康涅狄格州米德尔敦市的维思大学,这是美国最好的文理学院之一,和威廉姆斯学院、阿默斯特学院并称"小三杰"。桑代克在大学学的是英文专业,大三之前,桑代克并不知心理学为何物,直到偶然读了詹姆斯的《心理学原理》,才对这一学科有些兴趣。你以为他要放弃英文专业,考心理学研究生?不,小孩子才做选择,大人全都要。桑代克希望自己考研可以同时研究文学、哲学和心理学,这可不是乱吹,学霸桑代克在1895年毕业的时候,获得了学校五十年来的最高平均分。

既然已经在小三杰的学校无人可比,那么接下来就考虑一下美国"大三杰"的学校——哈佛大学、耶鲁大学、普林斯顿大学选一个吧。至于斯坦福大学,那时候才刚刚建立没几年,基本没什么人气。

桑代克选了哈佛大学的研究生,他在哈佛大学一边花了一年时间拿了个文学学士,一边成为了詹姆斯的小迷弟学习心理学,第二年也就是1896年又拿了心理学的硕士学位。既然这么顺利,那么不考博还等啥呢,不过桑代克的论文有些不走寻常路,名字叫《鸡的直觉及智力行为》。詹姆斯那时候因为身体和心理等原因,已经不搞实验心理学了,而且现在研究的都是很高大上的内容。桑代克只好在自己的公寓里养鸡,可惜被房东太太赶出来了——鸡就是鸡,能做实验还是鸡,况且作为学霸故里出来的人,不好好吃扒鸡,净想着研究鸡,这像话吗?关键时刻还是恩师詹姆斯出手了,他还是挺宠这个徒弟的,在自家的地下室给桑代克弄了一块地搞研究。桑代克把书本立起来摆了个迷宫,就像孔明摆下用石头摆下八卦阵一样,来训练小鸡七进七出,史称"小鸡迷津实验"。这个实验虽然简单,但在心理学史上却具有划时代意义,标志着动物心理学从此以后可以用实验法研究的时代到来了,比以往的事迹记录法和自然观察法更科学。桑代克的书本迷宫,有三条死路,只有一条活路,出口放着一些食物、水和其他的鸡。刚开始把鸡放进去的时候,鸡只会在里头乱转,次数多了就能自己找到出口了。按桑代克的说法:"鸡在面对孤独和封死的墙时,其反应方式与在类似自然环境中的逃跑行为差不多。鸡最开始是无目的地试探,其中的一些行为会引导它得以成功,因之而来的快乐会使它记住这些动作。而没有导致快感的一些走死路行为,就都被鸡忘记了。"

动物实验看似有趣,其实非常枯燥,桑代克的大好青春难道就与鸡共舞了吗?当然不行,根据桑代克本人透露,当时之所以选鸡,是因为1898年他看上了一个年轻貌美的妹子,想早点拿到学分毕业,和她结婚。可是当他鼓足勇气表达爱情时,却被对方以"丑拒"俩字画上句号。桑代克心想,只因你太美,自己一代学霸就这样被人拒绝,天妒英才,我洪七绝对受不了失恋的打击。永别了,哈佛大学!这时纽约的哥伦比亚大学聘请他当大学评议员,还给奖学金,此时桑代克手头也紧。于是他带着两只训练得最好的鸡，来到哥大继续完成博士论文，变成了师叔卡特尔的徒弟。老师卡特尔有至少八个"第一"，桑代克的第一也不少，他是西方第一位从事动物学习实验研究的心理学家，是第一个提出系统学习理论的心理学家，是教育心理学的开山祖师之一，同时还被行为主义阵营追封为第一个行为主义心理学家，虽然本人不承认。其他的几个"第一"咱们后面慢慢说。

在那里，桑代克继续着他的动物实验，虽然鸡不会伤人又好吃，但是毕竟鸟类和人类差得有些远。因此桑代克的动物被试种类由原来单纯的小鸡扩展成猫狗等动物。1898年结束之前，桑代克在卡特尔的指导下完成博士论文《动物的智慧：关于动物联想过程的实验研究》，并获得博士学位。在这篇论文中桑代克的主要研究对象还是小鸡，并详细阐释了他的以小鸡为被试的问题箱实验，形成了他的联结主义心理学的基本立场。桑代克在这段时间逐渐构思出了联结主义心理学观点。

想知道什么是联结主义，就要先了解一下刚才我们提到的一个叫"问题箱"的法宝。问题箱可不是游戏里的道具，而是指动物心理学的一种实验装置，又名"迷笼"或"迷箱"，至今还被经常用于研究个体学习或解决问题的过程。被试动物会被放入箱中，动物必须学会操纵某种机关，如按压杠杆或按钮来获得食物或躲避、阻止其他的厌恶刺激。这种箱子最开始是一个叫摩尔根（C. L. Morgan，1852—1936，英国心理学家和哲学家，吝啬律提出者）的人使用的，但是桑代克将其发扬光大了。他在箱内装有踏板或杠杆，它们和箱门相连，如果踏动踏板或拉动杠杆，箱门就可以打开。在实验之前，把一只非常饿的动物放入箱子里，箱外放有食物，动物在箱子里横冲直撞，偶然碰到机关，箱子就会打开。如此反复实验，经过相当长的尝试错误历程，动物开箱子的时间越来越短，按开箱所用的时间计算成绩。桑代克最经典的一个问题箱，是用木条钉成的箱子，里边的猫可以看到外边的鱼，当猫踩到脚踏板时就能打开箱门。桑代克根据这类实验提出了学习的"试错理论"，在学习的过程中，无关、随机或盲目的错误的反应逐渐减少，而正确的反应最终形成，最后猫一进入箱子，马上就能自己开门。

在这些和猫斗智斗勇的实验中，桑代克记录下每次实验中猫逃出迷箱所用的时间，即猫做出正确反应的潜伏期。然后他做了个函数图像，如以纵轴表示成功反应所需的时间，横轴表示连续尝试的次数（即实验次数），则可得到学习曲线。依据实验结果，桑代克认为动物的学习是一个渐进的、盲目尝试而逐步减少错误的过程，是建立情境（问题箱的内部结构）与正确反应（触动机关）之间的联结过程。他由此提出了学习的联结理论——学习的实质就是有机体形成"刺激"（S）与"反应"（R）之间的联结。

桑代克所谓的"刺激"，是一种"刺激印象"，不是单纯的外界信号，还包括脑内的思想和感情。同时，反应的含义也不仅仅是外部行为，还包括脑内的观念、意象。因此桑代克这个学习理论的涵盖范围非常广，他明确地指出："学习即联结，心理即是一个人的联结系统。"在桑代克看来，学习是盲目的尝试过程，也就是"有心栽花花不发，无心插柳柳成荫"。你看看我本人就是一个活生生的例子嘛！当年我苦苦追求的女孩，现在竟然答应跟我结婚了，真是当年你对我爱理不理，现在我让你……赶紧嫁给我，桑代克与那位当年拒绝自己的女士终成眷属了。

桑代克之所以会提出这么广泛的概念，一方面是吸收了十七八世纪英国经验主义哲学中的联想主义思想，也就是我们之前提到的那位约翰·洛克提出的有关观念联想的某些观点；另一方面又受到当时詹姆斯的机能主义心理学思想的影响。不过，洛克认为人生下来是一张白板，全靠后天学习经验，而桑代克谈到联结的内部机制的时候，就开始反对洛克而强调本能主义了。他认为，当受精卵产生并逐渐形成胎儿的时候，脑内就已经有很多先天的联结，他称作"原本联结"。这是人的本性，它决定了后天联结的走向。再后来到了神经科学发达的时代，桑代克的理论被证明有一定的道理。

由于强调本能，所以桑代克认为，所谓学习就是在一定情境的影响下，唤起原本联结中的一种联结倾向，并使之加强。桑代克的理论被称为联结主义心理学。之后出现的行为主义心理学想拉桑代克入伙，但他认为自己更倾向机能主义。不过桑代克的学习联结说又否定了人在学习中的主观能动性,把学习看成是本能的、被动的,或是完全受情境决定的过程,进一步抹杀了学习的自觉性和目的性。这又和机能主义的基本观点冲突了。这是他被其他学派攻击最多的观点。桑代克的学习理论显得有些机械化,他沿袭了笛卡尔的"动物是机器"和法国哲学家朱里安·奥弗鲁·德·拉·梅特里(Julien Dffray de Le Mettrie, 1709—1751)的《人是机器》一书中的观点,这虽然可以解释简单机械的学习,但无法解释人类复杂的认知学习。另外,桑代克基本继承了弗卢龙的观点,也就是之前说的发现小脑功能的那位,弗卢龙认为动物的简单行为可以被推广到人类的复杂行为,这也是被后人反对的地方。后来只有行为主义学派继承了以上诸多机械观点。

桑代克还从自己的"刺激—反应联结"模型提出三大学习定律,即所谓的准备律、练习律和效果律。其中,练习律和效果律被他认为是最重要的两条。准备律的含义是,刺激和反应联结后的结果符合准备好的预期,就会引起愉快,不符合就引起烦恼;如果准备好的预期是不发生,那么发生了就会引起烦恼。例如老鼠在问题箱中触动机关后得到食物,符合它之前的预期,就会表现出快乐;如果触动后没得到,就会不高兴。练习律认为加强练习会让联结增强,反之则减弱。最开始桑代克很注重练习的频率,可随着研究越来越复杂,20世纪30年代初,桑代克又认为,虽然在学习简单的知识,如机械地记忆的时候,重复练习很有效,但是对于复杂知识,单纯的反复练习并不能增强其联结。桑代克当时请一些大学生判断长方形、三角形、圆形和不规则图形的面积,经过训练之后,学生们判断长方形的准确度会增强,但判断其他图形的能力并没有更准确。桑代克似乎证明,人类不能通过某种重复活动的训练,实现普遍的注意力、记忆力、观察力的提升。那么,想要举一反三怎么办?桑代克觉得前后学习的内容要有"相同要素"。另外,只有将练习律与效果律相配合才能发挥作用。效果律主要关注奖惩,当奖赏强的时候,联结就强,学习效果就更好。桑代克注意到奖赏的强化作用非常巨大,比惩罚效果更好,这为后来行为主义学派的强化理论埋下了种子。

1899年，刚博士毕业的桑代克就成为哥伦比亚大学师范学院的一名心理学讲师，然后一口气就在该校教育学院工作了40年，超过了恩师卡特尔。他的职称也是噌噌往上升，1901年担任副教授，1903年担任教授，同年写出了《教育心理学》，这是西方第一本以教育心理学命名的专著。虽然1877年俄罗斯教育家卡普捷列夫也出版了一本《教育心理学》，但是内容并没有突出教育心理学和普通心理学的区别，所以没受到重视。在此之前还有两位陪跑的，一位是德国的约翰·弗里德里希·赫尔巴特（Johann Friedrich Herbart，1776—1841），第一个提出把教学理论建立在心理学基础上的人；另一位是俄罗斯的康斯坦丁·德米特里耶维奇·乌申斯基（1824—1871），1968年出版了《人是教育的对象：教育人类学初探》，被称为俄罗斯最早的教育心理学专著，可惜两位的影响力都不如桑代克。

1905年，桑代克正式提出心理学的研究对象是心理行为，这条和其他机能主义心理学家的主张是一样的，但是桑代克所谓的基本单元就是"刺激—反应"。接下来更是顺风顺水，1912年桑代克当选为美国心理学会主席；1917年当选为美国科学院院士，紧追着卡特尔老师的步伐；1934年又当选为美国科学促进会主席。1937年他邀请英格兰莱斯特儿童心理辅导中心的雷蒙德·卡特尔到美国哥伦比亚大学师范学院工作。可能是和卡特尔（Cattell）这个名字特别有缘分，桑代克最著名的实验就是猫（Cat）的问题箱实验。

桑代克这辈子，如果说他是机能主义者，他又和詹姆斯等人的研究方向大相径庭；同时，他也不太赞同后来华生只研究外显行为的偏激思想。看上去桑代克特别像一个安心撸猫的世外高人，可能是他的这种状态，在1935年的时候，给了一个同样长得不好看的工作助理很大的影响，这个助理叫马斯洛。马斯洛后来也在嘴唇上方留了浓密的小胡子，不知道是不是学桑代克。

马斯洛当时是个很有个性的学生，坚决不做不喜欢的工作。桑代克希望他能帮自己完成"人性和社会秩序"这个长达5年的庞大研究计划，但是马斯洛不乐意，他想研究"支配力和性行为"，这又是桑代克不想做的。看来马斯洛这次是要吃炒鱿鱼了。1933年美国才刚刚渡过经济危机，马斯洛丢了这份工作的话,很有可能连饭都吃不上。

桑代克晚年在研究人类智力,巧合的是,当时英国有位心理学家查尔斯·爱德华·斯皮尔曼(Charles Edward Spearman, 1863—1945)也在研究人类智力,这位提出过统计学上的斯皮尔曼系数,还在冯特手下拿了博士学位。斯皮尔曼反对联想主义,提出了智力的"二因素论",也就是一般因素和特殊因素。在桑代克看来,这种分类过于敷衍,简直是胡闹。他在1926年发表的有关论著中指出,智力可以分类为抽象性智力、社会性智力、机械性智力。同时,智力还具有层次(高度)、距离(广度)、敏捷(速度)三个维度。因此,一个严谨的智力测验应包含测量高度、广度和速度三个方面。他还和同事设计出 CAVD (Completion, Arithmetic, Vocabulary, and Directions)智力测验,只可惜至今没被翻译成中文。1927年他出版了《智力测验》一书。在和马斯洛对掐之前,桑代克告诉马斯洛:"你的智商测试是195分,如果你没有一份稳定的工作,我愿意资助你一辈子。虽然我不喜欢你的课题,但如果连我都不相信智力测试的结果,那么谁还会相信呢?所以我想,还是应该让你自己独立思考。这样,对你、对我,甚至对世界都将是最合适的。"桑代克的测验问卷只可能是自己编的那一版,所以这可能是人类历史上最不让人讨厌的一次"自大"行为了。

桑代克的这个自信又暖心的决定,改变了以后的心理学,也改变了世界。这种科研中的温情,毫无疑问启发了后来的人本主义心理学。就像他的一句名言说:"父母只有站在孩子的角度看问题,才能理解孩子的心理需求,不武断地下结论,减少与孩子的冲突,赢得孩子的信任。"师徒如父子,马斯洛果然没辜负他的信任,成了桑代克最有出息的孩子。

1940年,65岁的桑代克终于退休了。可是他的名气实在太大了,1942年又应邀回美国哈佛大学任詹姆斯的相关讲座教授,他高度肯定了詹姆斯同志的贡献,同时继续从事心理学研究和教学,以纪念他的恩师詹姆斯。1849年8月9日,桑代克与世长辞,享年75岁。美国心理学会为了纪念他,设立了"爱德华·李·桑代克奖",这被认为是美国心理学界的最高奖项,当然这些都是后话。

机能主义学派的专家百花齐放,搞教育、做测量,涉及动物心理学、儿童心理学、变态心理学等，而结构主义最主要的工作就是分门别类，看上去就好像一边会十八般武艺，另一边只会三板斧一样。美国除了铁钦纳一派，其他的大部分心理学人都站机能主义的队。不过老铁同志凭借一身铁骨和江湖威望，也没人能推翻他。然而机能主义学派的观点也不是没有罩门，还是有一些可攻击的点。比如杜威因为推崇达尔文，带的整个学派都强调人类的生物学本能，而忽视了社会对人的影响，连同样是机能主义学派的安吉尔都被挤得很没存在感。早在1913年，美国就暗流涌动，有人开始发表论文批判这种观念，而且同年此人还在机能主义的大本营哥伦比亚大学做了八次演讲，此人便是约翰·华生，也是一位爱搞事情的心理学家。

　　结构主义和机能主义的战争火药味十足，但是若不考虑观点，单从门派结构来看，双方各有利弊。结构主义学派是严格的师徒制组织，有组织，有纪律，就是留在门派中的人有些少；机能主义虽然会得多，但是没那么团结，内部观点也经常有不一致的，内部的精神领袖虽然是康德和达尔文，但是这两位又不掺和心理学的事儿。所以这样两拨人火拼起来，虽然机能派人多势众，可是也没法完全战胜对方。

第26回 机能圈内部集大成 吴伟士启发两大派

前文我们说完了机能主义学派的各位大侠,眼尖的朋友可能发现漏了一个人——哥伦比亚学派的吴伟士,这个名字是早期翻译,听上去像是中国人,但和丁韪良、萧伯纳一样,都是如假包换的老外。这位老师全名罗伯特·塞钦斯·伍德沃斯(Robert Sessions Woodworth,1869—1962),是机能主义者中一位比较特立独行的存在。1869年10月17日,伍德沃斯生于麻省的一个牧师家庭,和桑代克是老乡。大学毕业后他去高中当数学老师,然

伍德沃斯

而在听了霍尔的演讲,看了詹姆斯的《心理学原理》之后,他立志要研究心理学。于是,1895年伍德沃斯前往哈佛大学接受詹姆斯引导,1899年又在卡特尔的指导下,在哥伦比亚大学获得博士学位,和桑代克的前半生经历非常相似,几乎是一步步复制。唯一不一样的是,哥大毕业之后,他去纽约医学院讲授生理课了,后来又到英国利物浦大学跟随著名生理学家查尔斯·斯科特·谢灵顿(Charles Scott Sherrington,1857—1952)学习了一年。

1903年伍德沃斯重返哥伦比亚大学,一干就是42年,破了桑代克的纪录。1945年他第一次退休,但是和桑代克相似,后又被返聘。1915年伍德沃斯当选美国心理学会主席,1917年接替卡特尔成为哥伦比亚大学的心理学带头人,1918年出版了《动力心理学》,1921年当选美国国家科学院院士。伍德沃斯编写过几本影响力巨大的教科书,如1921年的《心理学》,1931年的《现代心理学派别》,1939年的《实验心理学》,1954年他又与施罗斯伯格对《实验心理学》进行修订,该书至今都是美国很重要的一本工具书。1956年,他获美国心理学基金会金质奖章。1958年,伍德沃斯89岁,第二次退休,在这一年他还重新修订

了《动力心理学》，并更名为《行为动力学》。1962年7月4日，伍德沃斯在纽约市去世，享年93岁。剧情线走到此处，93岁好像是到目前时间线为止心理学家的最长寿命，他老人家的档案中写道：1962年卒，还差3个多月就到93周岁了。

伍德沃斯的第一个贡献是拓展了桑代克学习理论的"共同要素说"，并将其改成了"共同成分说"。他认为只有当之前的学习情境和之后的学习情境存在共同成分时，一种学习才能影响另一种学习。共同的成分可以让某些学习更迅速，比如学过如何吃香蕉，后来吃橘子就会更顺利；但有时候共同成分也会有干扰，比如学过如何吃西瓜，再按照这个方法吃甜瓜，就玩不转了。

伍德沃斯的第二个贡献依旧和桑代克有关，他修订了"刺激—反应"模型，认为刺激和反应中间应该有个中介过程，即通常的S—O—R模式，其中O代表有机体本身的经验等。后来，伍德沃斯又把上述公式扩展为更复杂的W—S—Ow—R—W。其中W代表周围世界，S代表刺激，O代表有机体，w代表有机体对环境的调整，R代表反应。整个公式可以解释为：周围世界—刺激—有动机的有机体—反应—改变了的世界。从世界开始，回到世界，颇有些道家思想的味道。伍德沃斯的这个理论，对以后的新行为主义产生了重要的影响。后来的新行为主义者如托尔曼等人，由此发展出了"中介变量"学说。

伍德沃斯的这个公式，同时引发了他的第三个贡献，也是最大的贡献，就是创立了动力心理学。在《行为动力学》一书中，他就提出了意识和行为的因果机制以及决定驱动力的动力刺激或情境。这点反对了铁钦纳和华生等人的只管测外部的机械观点。他认为，机体有内部机制，可以推动生物去做事，如求食的机制可以直接转化为求食的动力。这个观点在心理学发展中非常牛，波林在《实验心理学史（修订版）》(1950)中，为动力心理学专门写了一章。他认为伍德沃斯应为动力心理学的首创者，受他的启发，后来出现了弗洛伊德的精神分析学派，麦独孤的目的心理学或策动心理学，托尔曼的目的性行为主义，勒温的拓扑心理学等。因为，内部动机可能是人类最重要的功能之一。

晚年的铁钦纳很少讲课，康奈尔大学的研究成果也越来越少，虽然还有沃什伯恩、本特利等学生坚持构造主义，但明显还是靠铁老师硬撑着门面。正在结构主义和机能主义两派掐得不可开交的时候，1927年，铁钦纳因为脑瘤去世了，第一次心理学战争戛然而止。本特利接任铁钦纳的位置，上台后大刀阔斧地改革，引入了教育和临床心理学，从此构造主义门派便在江湖上销声匿迹，彻底成为了历史。

被铁饮纳的烟味熏得够呛的徒儿波林，在纪念文章中说："他的去世，使美国心理学界发生了结构性的混乱。"既然是结构性混乱，那么"结构主义"也就面临崩塌了。比起继承师父衣钵，波林在日后的生涯中，更主要研究的是心理学史，担任一个解说吐槽的重要 NPC 角色。另一位研究心理学史的教授鲁迪特·本杰明总结说："最终，冯特心理学以及他同时代的心理学都被更新的心理学方法所替代了。尽管这种心理学系统的一些部分还存在于现代心理学中……我们还能记住他的主要原因是，他看到了心理学作为一门科学的出现和希望，并在19世纪迈开了大步，确立了这门新科学主要的原则。"可以说，冯特一门相当于心理学界的秦朝，开创时代，二世而亡。这对于机能主义学派似乎是一件喜大普奔的好事，但是他们也确实不必高兴太早，因为机能主义本来就不是一个严谨的学派，而更像是心理学界的一场运动。之后一个大魔王马上就要出世了，机能主义的思想也会变成一种指导方向，慢慢分散到其他的更新又更像江湖门派的学派之中。而这一危机中的重要推手，还是某个我们一直认为与世无争的老实人——斯坦利·霍尔先生。

第四部分　精分记

如果要选出心理学当中最有趣的,同时也最符合大众对心理学的固定印象的学派,那必然是精神分析学派。这个学派深耕人类的心理动力和潜意识,并从中挖出许多常人难以理解的惊世骇俗的观点。由于潜意识在物理层面根本看不着,所以其他心理学派是不承认他们的。这也导致了精神分析学派在心理学界内,尤其是"心理科学"圈子中似乎是"非主流"的异类,但它在民间却广受大众欢迎。

精分师们为了深入人类的潜意识,很多时候会借助类似催眠的联想法,因此很多人对心理咨询室的印象,都是来访者瘫在一个舒服的躺椅上和坐在旁边的心理师对话。当然,画中的心理师一定要有稀疏的头发和浓密的胡子,就像弗洛伊德和荣格那样。

第27回　犹太天才擅学外文　弗洛伊德初露头角

2008年,北京奥运会刚刚落幕,笔者也首次进入大学开始军训,那时候虽然报的志愿是心理学,但是班里的同学对此学科都一无所知。军训的午休十分燥热,为了打发无处安放的青春时光,宿舍老李推荐我们看了俄罗斯的一个MV《Stop! Stop! Stop!》,刚开头一个不停抽着雪茄淡定看美女的大胡子老头的画面非常让人不知所云,而此时人称小博士的笔者激动地拍案而起:"这不是弗洛伊德嘛! 快叫师祖!"当时一脸懵逼的同学们都没想到,这位老先生之后将是每个心理学工作者都超越不了也避不开的一座高峰,也是自身争议最大的心理学家。

如果单说心理学家在世界上的影响力,弗洛伊德排第二,第一肯定空着(虽然有人敢坐第一位,咱们后文再说)。20世纪有三个改变世界的犹太人:卡尔·马克思改变了人们的意识形态,虽然世界上马克思主义者不是大多数,但是他在哲学界的影响力在欧美地区也名列前茅;阿尔伯特·爱因斯坦改变了物理学界的一贯认知,"相对论"仨字就足够伟大,成为高智商的代名词;而我们的主角西格蒙德·弗洛伊德作为精神分析学派的创始人,至今仍然是很多人最早甚至此生唯一能叫上得名字的心理学家。

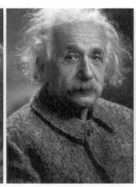

马克思(左)、爱因斯坦(中)、弗洛伊德(右)

西格蒙德·弗洛伊德出生于 1856 年 5 月 6 日，非常好记，也有小道消息说其实是 3 月 6 日，为了掩盖母亲未婚先孕而改的。据说他出生的时候胎衣包住了头面部，母亲对此很高兴，认为这个孩子不寻常。同年出生的还有同治皇帝和尼古拉·特斯拉。这一年是大清咸丰六年，中国这边太平军同年攻破江南大营，重庆出现有史以来最强地震，山西出现历史上首次蝗灾，第二次鸦片战争打响。而在地球另一端的欧洲，此人的出生也将撼动世界。如果说心理学史是一部网络小说的话，那弗洛伊德妥妥的就是天赋异禀的龙傲天。他出生在奥匈帝国的一个犹太人家庭，这个地方今天已经被划入捷克境内。顺便说一句，捷克是欧洲国家的不守传统的典范，是现在世界上无神论者最多的白人国家。

父亲雅各布是一个老实的羊毛商人，母亲阿玛莉亚·那萨森是父亲的第三任妻子，出身当地望族，长得有一股演员宁静的范儿，同时脾气也比较火爆。雅各布之前已经有了俩儿子，都已经 20 多岁了。而 21 岁的阿玛莉亚生的第一个孩子就是西格蒙德·弗洛伊德，出生的时候给他起名字叫西格斯蒙德（Sigismund），弗洛伊德 3 岁时全家搬到了德国的莱比锡，虽然只待了一年，但是莱比锡这个地方似乎冥冥中给弗洛伊德埋下了心理学的种子。4 岁时全家又搬到维也纳，西格蒙德在此度过了人生中最长的时光，母亲也又生了七个孩子。弗洛伊德比自己大哥的儿子还小了一岁，他成年后曾爆料，由于年少无知加上自己小时候并不理解辈分到底是啥东西，所以童年时代有很长一段时间都以为长兄伊曼努尔是自己的父亲，侄子、侄女是自己的兄妹，而父亲雅各布则是自己的爷爷，这是此名天才儿童少有的智商不在线时刻。他还有一个黑点，就是尿床。一次他尿床后对母亲说，我将来一定给你买张漂亮的大床。还有一次他在七八岁的时候跑到父母的卧室在地板上解了个小手，他父亲当然很冒火，对他母亲说："这小子不会有啥出息。"小弗洛伊德听到后大哭了一场。几十年后他回忆说："这对我的野心肯定是个可怕的打击，暗示这个场景的梦一次又一次地出现在我以后的生活里，与我以后的成就与成功如影相随，就像我要对父亲说：'你瞧，我终究出息了。'"这个事件或许是个希腊悲剧式伏笔，咱们之后再细说。

雅各布虽然在商人中算是家底微薄，好在心地善良人品好，赢得了大众的好口碑，困难时也有朋友接济，使得一家能在大城市维也纳养活十个子女加几个孙子女。他自己的文化程度虽然不高，但是非常重视子女的教育，经常敦促孩子们多读书。弗洛伊德从小就智力超群，8岁能读莎士比亚，9岁上名校史伯尔中学。看过《哈利波特》的都知道欧洲一般10岁上中学。入学后弗洛伊德继续展示主角光环，第一次考试就傲视群生。从第三年起，他就是全学校过得最舒服的学生了，由于太优秀，平时他被特许免考了，每年只需参加一次年终考。在这样的大考里，他连续6年名列第一。但是他不用备考的时候也没有瞎玩，不仅学习了拉丁语、希腊语、法语和英语，还自学了西班牙语和意大利语，加上本来就懂得的奥地利官方语言德语和犹太人的希伯来语，也就是说，他会至少8种语言。如果将来不搞心理学，开个外语学习班估计也会成为欧洲的新东方老板，可能起名叫新西方。在高中时，他受一位朋友的影响，将来想成为一名律师，老师们也夸他"具备了与年纪不符的相当渊博的知识"。不过在弗洛伊德看来，自己的父亲有点让他失望，十来岁的时候父子俩外出，父亲的帽子被一个不友好的基督徒打掉了，但父亲捡起帽子一声没吭，弗洛伊德却觉得"太伤自尊了"。

1972年弗洛伊德和母亲

1973年，17岁的弗洛伊德大学预科（欧洲大学的基础课程）以"最优学业成绩"毕业。到了选专业的时候，他又想当政治家，又对达尔文的进化论比较感兴趣。可犹太人在欧洲一直不受人待见，从政不太可能。如果不继续上学，只能回家继承父亲的生意。弗洛伊德在听了自然课之后，决定进入维也纳大学学医，这可是欧洲最好的大学之一，大家去维也纳的时候一定要去看看，比金色大厅重要得多。

第 28 回　海滨剖鱼若厨师　生理学界初扬名

弗洛伊德上大学之后的第一件大事，就是把自己的名字改成西格蒙德，这样让本来很绕嘴的德语名字变得好念了一些。在大学他一口气选修了一大堆课程，大部分都是自然科学类的，包括解剖学、植物学、化学、微生物学、矿物学等，每周要听 30 节课。他不仅定期听著名动物学家克劳斯教授的"动物学与达尔文主义"系列讲座，还上了布伦塔诺的课程。我们还记得布伦塔诺这个爱怼自己上级的神父吧？布伦塔诺并不孤独，当时德国还有个更爱怼基督教的哲学家，叫路德维希·安德列斯·费尔巴哈（Ludwig Andreas Feuerbach，1804—1872），是黑格尔的徒弟，唯物主义代言人，德国哲学史上第一个自觉地、公开地同基督教决裂的资产阶级思想家。他认为基督教的上帝是个幻象，这放到中世纪早就被灭门了。弗洛伊德认真看了他的作品，这为他后来提出离经叛道的理论设下了伏笔。费尔巴哈还启迪了卡尔·马克思，由于反对宗教，他还提出了人本主义，将来会成为心理学的第三势力的口号。

三年级时，克劳斯让弗洛伊德作为助手考察亚德里亚海滨的生物。在那里，弗洛伊德成为了第一个发现雄性鳗鱼的睾丸的人。别小看这个发现，虽然鳗鱼很常见，但这个问题之前已经困扰了生物学家上千年。因为鳗鱼在交配季节就逃出人类的捕捞范围，而且性别可以随意转换，不到性成熟的时候又看不出性腺的位置，一直到本书出版时的 21 世纪也没人见过鳗鱼交配和产卵的样子。古希腊的亚里士多德在《动物之生殖》一书中认为，鳗鱼从烂泥中靠"生命之气"产生，而不是有性生殖。老普林尼则认为小鳗鱼是大鳗鱼摩擦掉的皮屑变成的。一直到 13 世纪的明朝，欧洲人还认为亚里士多德的观点是对的。

弗洛伊德解剖了 400 多条鳗鱼还是一无所获，直到 1876 年快结束的时候，他偶然在显微镜下发现一条鳗鱼的腹腔中有疑似精巢的腺体。从此亚里士多德的鳗鱼生殖理论正式被一名大三学生打破，这不得不说是天赐的运气。他为此写出的论文被奥地利科学院宣读。由于他太年轻,不适合站上高贵的科学院讲坛,因而由克劳斯教授代读,论文还被发表在了科学院的学报上。可是,在后来的生活中,他都避免提及此事,甚至将关于鳗鱼的论文从他的出版物中删除了,估计是当时解剖鳗鱼的体验不太好。弗洛伊德的朋友和支持者、英国心理学家欧内斯特·琼斯(Ernest Jones,1879—1958)认为,当时找不到鳗鱼的性器官所带来的沮丧,可能引发了弗洛伊德的性焦虑,而性焦虑后来成了弗洛伊德心理分析理论的核心。这听上去挺扯的,鳗鱼和性焦虑有啥关系呢?咱们之后再说。

接下来的六年中,弗洛伊德担任生理学家恩斯特·威廉·冯·布吕克(Ernst Wilhelm von Brücke,1819—1892)教授的无偿助手。这位布吕克教授是现代科学生理学的创立者之一,同时在德国利奥波第那科学院、瑞典皇家科学院、意大利猞猁之眼国家科学院(别笑,就叫这个名字)、普鲁士科学院、巴伐利亚科学人文学院任职,还是奥地利上议院成员。布吕克的生理学理论还启发了地球人都知道的超音速专家恩斯特·马赫(Ernst Mach,1838—1916)。马赫不仅是物理学家,还跨界生理学、心理学和哲学,修正了费希纳的心理物理学,成为日后格式塔学派的启迪者。故事线收回来,弗洛伊德开始解剖青蛙、小龙虾等,在显微镜下比较脊椎动物和无脊椎动物的大脑。按照这个方向,他很有可能成为一名水产专家。

受到天主教的影响,欧洲的传统观点认为二者肯定有实质区别,人才能称为万物之灵,动物是没有灵魂的。而弗洛伊德对这些动物的解剖,涉及了当时生理学中的一个大问题——高等动物与低等动物的神经系统之间有无根本区别?再进一步深挖一下,人与动物的神经系统之间有无根本区别?这个问题放到崇尚万物有灵的东方就不是问题,但是在西方会直接撼动教会的影响力,这可不得了了。弗洛伊德决定研究最原始的脊椎动物——七鳃鳗的神经细胞。七鳃鳗又叫八目鳗,是一种很恐怖的原始圆口鱼,嘴巴不分上下颚,是个大吸盘,胆小的千万别上网搜图。如果它的神经都和人类相似,那么其他脊椎动物就更不用说了。弗洛伊德顶着曾经解剖鳗鱼的心理阴影,还发明了一种氮化物与甘油混合的泡细胞的药水来方便观察,最后得出结论:人与动物的神经组织之间只有进化程度的不同,并无质的差异。后来弗洛伊德又写了几篇生理学论文,使他有希望成为现代神经生理学的开创者之一,从微观角度站队达尔文。很多人认为弗洛伊德的理论很唯心,如果了解他早期的生物学背景就不会这么判断了。

这时候,嫉妒弗洛伊德的人就站不住了——弗洛伊德在《自传研究》中提到,刚入学的时候,有人就要他承认自己低人一等,就因为他是犹太人。欧洲人歧视犹太人已经有两千年了,但是弗洛伊德有犹太人骨子里的不服输,依旧为自己的血统感到骄傲。

第29回　西蒙情书追玛莎　新医求学知安娜

在布吕克的实验室中，弗洛伊德接触到了一位比自己大14岁的师兄，约瑟夫·布洛伊尔（Josef Breuer，1842—1925）。布洛伊尔也是犹太人，生于维也纳，学习和工作都在维也纳大学，最后也卒于维也纳，是个彻头彻尾的老维也纳人。可能叫老xx的人都挺热心，在弗洛伊德经济拮据的时候，布洛伊尔给了他很多金钱上的帮助。不过弗洛伊德也不能老吃师兄的，1879年他去部队当了一年军医，之后又回到维大，1881年拿到了博士学位，然后继续留在布吕克的实验室工作，这下终于有工资了。然而，生活不给他安稳下来的机会。1882年4月，刚刚博士毕业不久的弗洛伊德突然恋爱了。一天他在自己家中邂逅了妹妹安娜的朋友玛莎，弗洛伊德一眼就看上了这个娇小可爱的姑娘。一打听，姑娘比自己小五岁，没关系，我爸比我妈还大几十岁呢！再一问，玛莎来自当地豪门贝尔奈斯家族，爷爷伊萨克·贝尔奈斯曾是驻汉堡的犹太正教领袖，和诗人海因里希·海涅称兄道弟，这放到中国名气和汪伦一样。再看弗洛伊德家，从爸爸到儿子都要靠人借钱，这咋办？没事，咱虽然没钱，但是有学问，照样追白富美。

几个星期后，他就开始行动了，每天送玛莎一朵红玫瑰，再用上本来可能一辈子都用不上的语言天赋，用拉丁文、法文、西班牙文、英文或德文在附送的卡片上留言，也不管对方看不看得懂，要的就是这个调调。弗洛伊德还是个情诗小王子，咱们举个例子，他给玛莎写过这么一首："你的外表透露出你内心，无比甜蜜、温柔又理性。我对外表的魅力，总是不太在意，但我要告诉你，很多人都说你很美丽，我对这点毫不怀疑。"宗教领袖家的玛莎哪见过这种三俗情诗，被这一顿车轱辘话撩得五迷三道。两个月后的6月，两人作了订婚的决定。不过两人身份差太多，直到半年后这事才捂不住了，让双方的家人知晓。至于为啥捂不住，很有可能是两人不能总见面，弗洛伊德几乎每天给玛莎写封信，有时候甚至一天三封。他也不怕玛莎被邮递员撬走，我堂堂医学博士，比不过富二代还比不过邮差吗?

但是问题还是存在,没有票子也不能娶到妹子。于是一个月后,布吕克建议弗洛伊德离开实验室。在另一位解剖学老师西奥多·梅纳特的推荐下,1882年7月,小弗入职世界一流的维也纳全科医院,成为一名"大杀四方"的白衣天使。他先外科,后内科,后来几年又担任了皮肤科、耳鼻咽喉科、神经科、眼科和小儿科的医生,加上后来定位在精神科,弗洛伊德一共干过八科,和当年学语言一样。不过在外科科室中,小弗因为体力不支没干几个月,当时他的领导诺斯纳格医生说:"每天想睡五个小时的人就别搞医学。"弗洛伊德觉得,我更大的使命不是看病,而是搞科研。于是他最后转到了梅纳特的精神科,在这里弗洛伊德第一次亲自获得了精神病治疗经验。梅纳特是当时著名的脑解剖专家,还发现了"梅纳特精神错乱症",弗洛伊德陈述自己对他崇拜得简直"五体投地"。可惜现在梅老师在网上连张照片都难找,一搜西奥多·梅纳特,出来的都是西奥多·罗斯福。

1883年10月,弗洛伊德在皮肤科工作时发现了梅毒会影响人的神经,同时他也兼任耳鼻喉科的医生,在这里他第一次体会到自己不擅长操作仪器,有点笨手笨脚。从1884年7月开始,弗洛伊德成为神经科负责人。在实践中他又提升了生理学知识,还发表了几篇论文,例如《蝲蛄*的神经纤维及神经细胞的构造》《神经系统诸要素之构造》。他还发现所谓的神经衰弱可以用可卡因打鸡血,这种从古柯树叶中提取的东西能阻隔神经传导痛觉,还能让人脑多分泌快乐激素,于是他又写了一篇《论可卡因》。弗洛伊德给女朋友玛莎写信的时候就说了这个发现,表示"正在收集这种有魔力的东西",从此他走上了嗑可卡因成瘾的不归路。1885年弗洛伊德的老爹因得了眼病来到维也纳医院,弗洛伊德建议其他俩眼科医生柯勒和柯尼斯坦用可卡因当手术麻醉剂,手术相当成功,三位医生成为可卡因医疗的先驱,将其用于晕船等神经失调的治疗。他还发现可卡因能成瘾,所以能以毒攻毒来戒除吗啡成瘾,他让自己的老师恩斯特·弗

---

* 小龙虾近亲。

莱舍尔（Ernst Fleischl）试了试，果然吗啡就戒了。不过他后来又复吸，吸了吗啡再用可卡因，可卡因药劲儿过了再吸吗啡，一天不吸浑身难受。最终他因为吸食可卡因和吗啡过量而死，这是后话。

弗洛伊德非常厉害，布吕克、梅纳特、诺斯纳格联名推荐他做维也纳大学的讲师，虽然没工资，但是未来可以当教授。此时，维也纳医院的神经科主任开始对他眼红，并把他赶到了眼科，弗洛伊德抗议无效，就去了一家私人疗养院，这里的病人当中就有拿破仑家的亲戚，从此弗洛伊德的后半生和这个伟大的家族结了缘。

1885年10月，布吕克推荐弗洛伊德去巴黎向催眠大师沙可学习。大家还记得这位吧，就是巴黎学派的掌门人。这年弗洛伊德29岁，他在学习中认为，沙可是所有师长中对他影响最大、最让他尊敬的人，跟沙可的学习让他从一名神经科医生变成了精神科医生。次年弗洛伊德学成回国，开了私人诊所。玛莎得知弗洛伊德离开了喜欢的岗位，从此要自负盈亏后有些担心，问他是否为此感到愉快，弗洛伊德非常浪漫地说："当然，爱情似火，工作如柴。"

当了私人医生后，小弗也有了一些钱和社会地位。1886年9月，终于和玛莎结婚了，两人已经熬了四年。为了筹备婚礼他们花光了几乎所有积蓄，尽管亲戚们也帮忙了，但他们还是差点连家具都买不起。后来玛莎给弗洛伊德生了6个孩子，最著名的叫安娜，也成了著名心理学家。这一年他还写了一篇论文，认为女性在童年被性侵，长大容易得癔病，奥地利性学研究创始人理查德·克拉夫特-埃宾（Richard Freiherr von Krafft-Ebing，1840—1902）认为这一想法是天方夜谭。虽然这让弗洛伊德有些泄气，但是这一年理查德出版的《性心理疾病》给了弗洛伊德很大的影响，从此他对性问题的研究越来越多。

虽然成为了医生，但是他依旧没有断了和实验室里师兄的联系。可能叫老xx的人都挺爱侃，就像老北京、老上海一样，布洛伊尔也跟弗师弟相谈甚欢，甚至还聊起了一件有些不太光彩的事件——史称"安娜·欧病例"。现在一谈到精分的发展史，这个案例怎么也绕不开。

安娜·欧（Anna O）是1880—1882年期间布洛伊尔的一位歇斯底里症患者

的化名。她原名柏达·巴本哈因姆（Bertha Pappenheim），父母都是当地豪门，母亲和海涅是同族（又是海涅）。这位姑娘也是个天才，会说英语、法语和意大利语，还出过书，布洛伊尔将她描绘成一位"洋溢着充沛智力"的女子。可是21岁时，安娜的父亲得了病，她在床头侍奉一个月之后，出现了虚弱、厌食、睡眠障碍等，后来发展成手脚抽筋或麻木，轮流出现了兴奋、抑郁和失神的状态，就像过山车一样起起伏伏，严重时还有语言错乱和自杀冲动。布洛伊尔在下午安娜困倦的时候使用催眠术，让她进入半睡半醒的状态，此时她能清晰地讲述白天的幻觉。布洛伊尔发现，很多时候，当她说出自己产生幻觉的诱因之后，症状就消失了。比如安娜犯病的时候会坚持不喝水，催眠之后她讲述小时候一个自己不喜欢的女老师家里竟然让狗用玻璃杯喝水，她很讨厌但是不敢说。布洛伊尔让她发泄出自己的情绪，这个忍着渴的毛病才治好了。安娜自己称这种方法为"谈话疗法"（Talking Cure）或"扫烟囱"（Chimney-Sweeping），后来经常被翻译成"涤清法"。1882年11月18日，布洛伊尔把安娜·欧病例告诉了弗洛伊德。可万万没想到，安娜后来和布洛伊尔的关系变得不清不楚，她甚至幻想自己怀上了布大哥的孩子，这让布夫人大为恼火。弗洛伊德和布洛伊尔对于安娜的评价产生了分歧，布师兄认为安娜是一个性心理没发育的小女孩，假怀孕事件纯粹是瞎想；而小弗认为师兄这么解释就是掩饰："别假装不在意，你明明动了情。"放到专业术语上这就叫治疗师对病人的反移情，也就是把本来对别人的情感转移到了病人身上。八卦的弗洛伊德在1883年写给玛莎的信当中说了这件事。玛莎马上问自己会不会摊上这种事，弗洛伊德马上否认三连，责怪玛莎不该怀疑自己未来的老公，并补刀："只有布洛伊尔才会干这种事。"弗洛伊德的"Flag"没有倒，他和玛莎的婚姻持续了57年，直到去世，玛莎也是他的爱情故事里唯一的女主角。

1886年小弗也用了类似的方法治疗，起名叫催眠宣泄法。1889年，为了进一步了解催眠术，小弗又去南锡找伯恩海姆大师学习，之后他发现并不是所有精神类疾病都可以用催眠治疗，于是他又提出了自由联想法，就是让病人不假思索地说出一切想到的东西，然后由分析师拆解出病人没有意识到的部分。可惜这些技术并没有被用来治疗安娜，后来安娜成了吗啡成瘾者，显然布洛伊尔没有给她治好。安娜和玛莎成为了朋友，依旧经常犯病。1890年安娜又进了疗养院，弗洛伊德在给玛莎的信中说："她已经完全精神错乱，好不了了。"

1895年布洛伊尔和弗洛伊德合著了《癔病研究》一书，布洛伊尔的名字排在前头，这本书的出版为弗氏精神分析学的创立奠定了理论基础。在研究歇斯底里症的过程中，弗洛伊德在医学史和心理学史上第一次使用了"精神分析学"这个概念。弗洛伊德还在这本书中提出了"潜意识"的概念：人的整体意识就像冰山，浮在水面上的一角是意识，而水面下的大部分则是潜意识，储存着我们所有的过往，并支配着意识。心理疗愈的本质就是让水下起干扰作用的那部分冰山浮出水面，这叫"潜意识的意识化"，这样压抑就解除了，人就被疗愈了。意识和潜意识之间是"前意识"，担负着"稽察者"的任务，不准潜意识的本能和欲望侵入意识之中。但是，当前意识丧失警惕时，有时被压抑的本能或欲望也会通过伪装而迂回地渗入意识。

然而，师兄弟两人对于移情方面的意见始终不合，之后停止了合作。弗洛伊德始终非常尊敬这位师兄的学术水平，后来去美国演讲的时候还说布洛伊尔才是精神分析第一人。

第30回　精神分析立门派　第一势力始诞生

1896年10月，弗洛伊德的父亲去世了。一年后他开始进行自我分析，主要分析自己做的梦，还在维也纳犹太学术厅做了有关梦的演讲。小弗这一分析就是两年，在分析的过程中，他结合古希腊悲剧，想出了几个惊世骇俗的观点，不过暂时还不适合说出来，还是先写一些能说的部分吧。他把分析结果写成了一本书——《梦的解析》（又译《释梦》），1900年该书出版。这本书成为弗洛伊德最受欢迎的作品，也是挨骂最多的作品。1960年获得诺贝尔奖的英国阿拉伯裔生物学家彼得·梅达沃（Peter Medawar）说这本书是"20世纪最惊人、最狂妄的智力骗局"，美国前全国图书馆协会主席罗伯特·唐斯博士则认为《梦的解析》可以和达尔文的《物种起源论》及哥白尼的《天体运行论》相提并论，是"人类三大思想革命之著作"。后来他又挑选16本"影响世界历史的书"，《梦的解析》赫然在列。

在这本书当中，弗洛伊德提出：梦是愿望的达成，或者直白点的翻译是"梦是欲望的满足"。解梦是一个历史悠久的话题，当时比较主流的观点有两种：有神论者认为梦是鬼神启示；另一些人认为梦就是大脑的胡思乱想。而弗洛伊德认为，梦境中的喜怒哀乐都是有意义的，梦可以解释，梦是愿望的达成，可是愿望很多时候并不符合道德，所以梦要伪装一下来满足愿望，甚至噩梦也是恐惧感的伪装。梦是有生活来源的，现实信息通过四种方式浓缩（凝缩）、移置（移位）、象征（具象化）、润饰（校订）来实现逻辑连贯，而解梦就是还原其生活来源的过程。

浓缩是把不同的经验组合在一个具体形象上，例如龙就是很多动物拼成的。移置是把重要的内容转移到不重要的东西上，例如按照弗洛伊德的理论，贾宝玉曾经梦到玉带、金钗的图画，之后又接触了性教育，这是他对黛玉和宝钗的性幻想，但这是难以启齿的，无法通过道德审查，只好把渴望转到了发音相近的相关物体上。

弗洛伊德最看重的还是梦的象征作用,他发现象征作用常常带有性的色彩,被压抑的性冲动在梦里会转化成具体的形象,如手杖、竹竿、黄瓜、香蕉、蜡烛、蛇,当然也包括弗洛伊德解剖过的鳗鱼,这些都象征着男性的性器官;而口袋、井、山洞等都象征着女性的性器官。性冲动于是成了弗洛伊德最关注的内容,简直就是人活下来的动力。我们来用这个理论填个坑,如果说神话是古人的白日梦,那么第一部分提到的希腊神话的象征意义是:飞蛇象征着男性(地球上所有神话中都有这种影子),蝴蝶是女性生殖器外形的象征,公主内心对于男性充满了好奇和渴望,但她始终没法深入到男人的内心;而丘比特比女性还俊美,则是暴露了内心脆弱的一面。

经过前三种作用的扭曲,第四种润饰作用就是把扭曲的材料编成一个看似逻辑连贯的故事,但是这让梦和原本的材料越来越远,也让梦看起来荒谬而混乱,更难找到本来的那个愿望了。

虽然在刚出版的 6 年时间里,《梦的解析》一共只卖出了 351 本,可是不耽误弗洛伊德一炮走红,甚至有人称弗洛伊德为"现代心理学之父",妥妥的和冯特抢头衔。弗洛伊德身边出现了一群铁杆粉丝,就在弗洛伊德家成立了"星期三心理研究小组",精神分析学派正式诞生。两年后这个小组成为"维也纳精神分析学会",有个不太起眼的矮胖犹太人成为骨干成员中最突出的一个,他叫阿尔弗雷德·阿德勒。远在瑞士的年轻医生卡尔·荣格也成了弗洛伊德的书迷。

看到这里,或许朋友们会有疑问,为什么弗洛伊德的精分派是第一势力,而冯特或者詹姆斯的学派不是?一个原因是冯特和詹姆斯之争,最核心的内容是"什么叫心理学",到底是偏生理还是偏人文取向。而弗洛伊德本人文理兼修,觉得这个问题简直太肤浅。另一个原因是弗洛伊德是专业医生出身,和之前那些纯粹研究心理规律的教授们不同——你知道心理有哪些分类,能让人变得更幸福吗?只有让心理学变得能和临床结合,才能真正为广大人民谋福利。

1900 年还发生了一个小插曲,弗洛伊德戒掉了吸了 13 年的可卡因,后人对《梦的解析》的一个重要攻击点就是"这有可能是他吸毒后的癫狂思维"。至于为啥戒掉可卡因,因为他把所有的成瘾都转向了雪茄。其实他父亲雅各布就是个老烟枪,1880年小弗就开始学父亲抽雪茄,1893年的时候医生就因为他心脏不好建议小弗戒烟,小弗严词拒绝,后来听建议戒了七周后,他写信给医生,说自己"心脏病的症状伴随着轻度抑郁,以及戒烟带来的可怕痛苦。这些症状渐渐减弱,但我已经变成一个丧失工作能力的人,一个被击败的人。七周之后我又开始吸烟……从最初的几根雪茄开始,我能够工作,并且能够掌控我的情绪;在那之前,生活是无法忍受的"。让你看了之后都不好意思再劝。弗洛伊德也认为自己的父亲能兢兢业业工作和坚持抽烟有联系,于是自己有了正当的抽烟理由,一天能抽20根,注意是20根雪茄,不是一盒烟卷。别说抽雪茄了,你一天吃20根香蕉试试能不能受得了?他通常是买味道温和的特拉布克(Trabuccos)小雪茄,这是当时公认的奥地利最佳品牌,很多位病人都在弗洛伊德诊所的躺椅上闻着烟味接受治疗。渐渐地,弗洛伊德和雪茄简直变成不离不弃的组合,后人如果绘制或扮演弗洛伊德,没个雪茄你都不好意思和人打招呼。

1904年弗洛伊德出版了《日常生活中的心理病理学》,他在这本书中对生活中常见的遗忘、口误、笔误、迷信、失误行为等进行分析,认为对潜意识的压抑存在于生活的方方面面,潜意识是人类行为的根本原因,这叫"精神决定论"。其实清朝文字狱就已经用到这个观点了,如果你内心深处没有想法,你怎么会写出骂朝廷的诗句呢?不过"弗洛伊德式失言"这个词是弗洛伊德死后20年的1959年才出现的。弗洛伊德这辈子从来没有用自己的名字标示任何概念。

1905年弗洛伊德出版了《性学三论》,这是他最受争议的代表作。当代中国著名的心理学家车文博教授说,弗洛伊德的理论是胡说八道,但他是天才地胡说八道。《性学三论》包含性变态、幼儿期的性、青春期的性变革三部分。第一部分认为,性心理因素的不协调,导致了各种心理疾病,这是他二十多年和癔病等症状打交道得出来的。至于男同性恋的产生,是男孩在俄狄浦斯情结的影响下害怕自己被父亲阉割,甚至是在道德的谴责下自我心理阉割,从而走上仇视女性的道路——也就是说,因为不能恋母,所以干脆不喜欢所有女性。希腊神话中有克洛诺斯阉割自己父亲,切掉的部分变成维纳斯的桥段,用弗洛伊德的理论分析,就是对阉割恐惧的反杀。而女性则有"阴茎嫉妒",幻想自己曾经有阴茎,后又被切掉,所以走上同志之路。

第二部分弗洛伊德阐述了幼儿期的性,很多人肯定很奇怪,幼儿有啥性观念?别急,弗洛伊德提出了"性感带"的概念。由于一种叫"力比多"(有些地方翻译成性驱力)的能量分布位置会变化,不同年龄的孩子感受性快感的部位不一样。0—1岁是口欲期,通过嘴唇吃奶来获得快感;1—3岁是肛欲期,通过控制排便来获得快感;3—6岁是性蕾期,又叫俄狄浦斯期,这段时间孩子初步有了性意识,开始喜欢异性父母,也开始关注自己的生殖器;6—11岁是潜伏期,这时候孩子的兴趣转向外部,开始关注同性友谊。在第三部分,弗洛伊德提出11岁以后是青春期,又叫生殖期,人们开始逐渐步入恋爱、婚姻。这便是弗洛伊德的人格发展理论。至于中老年阶段就先不研究它了。

如果某个阶段的任务没完成,就称作"力比多固着",如口欲期固着的人比较贪婪,可能爱骂人、暴饮暴食等,追求"自体性满足",而对搞对象兴趣不大;肛欲期固着的人比较倔强,很可能有洁癖;性蕾期固着的人容易有性功能障碍;至于潜伏期固着,梁山好汉们估计大多属于这种。此论一出,弗洛伊德引来黑粉无数。有说他神秘主义的,有说他唯心论的,有攻击他泛性论的。在一个传说中,连他的学生都问他:"您整天叼着雪茄,那原因是……"毕竟抽雪茄这个行为又是有棒状物又是口唇满足的,弗洛伊德此时说了一句名言:"有时候,雪茄就是雪茄。"其实,根据弗洛伊德自己的理论,吸烟最大的乐趣在于吸而不在于烟,烟屁股是成人的奶头替代品,只不过他自己是不会承认的,也没公开发表过。在给琼斯的一封信中,他说:"我对心灵感应的坚持是我的私事,就像我的犹太身份、我对抽烟的激情,诸如此类……这些对于我的精神分析都无关紧要。"别说你想分析老爷子抽烟,老爷子不想让你分析。

第31回　天生残缺阿德勒　背叛创立自卑说

看到这个标题或许很多人都会惊讶,为什么刚成立就决裂了。很多人想当然地认为弗洛伊德的学派是他达到鼎盛期后才决裂的,实际上它是先分裂才走向鼎盛的。如果以十年为界限,1881—1889年是弗洛伊德精分派的准备期,1890—1899年是起始期,1990—1909年则是形成期,也就是阵容最强大的时候。接下来的十年,1910—1919年就是学派的分裂期了。再接下来的两个十年,才是弗洛伊德学派的成熟期和巅峰期。由于弗洛伊德的故事实在非常丰富,我们不得不先告一段落,插入其他两个重要人物的故事。

上一回我们提到了,阿尔弗雷德·阿德勒(Alfred Adler,1870—1937)是早期追随弗洛伊德的人之一。此人出身维也纳郊区富商家庭,叔叔是当时的民社党领导。有个哥哥也叫西格蒙德,和弗洛伊德同名。哥哥是模范生,而自己呢,从小疾病缠身,幼年的脊椎病让他一生驼背,3岁时弟弟死在身边,4岁才学会走路,5岁患肺炎险些丧命,出过两次车祸,还差点因为肺炎领了便当,简直是除了钱什么都没有了,这让他对死亡十分恐惧。不仅如此,他学习成绩也不好,在班里是吊车尾,老师甚至说让他将来去当鞋匠。但是他爸爸始终没放弃他,最终他小宇宙爆发,成为了优等生。他的故事有没有让你想起另一个矮小的犹太人——闵斯特伯格?

自5岁从病魔那里死里逃生,他就立志当个医生。1895年,又矮又丑的阿德勒获取了医学博士学位,最开始是做眼科医生,此时他就关注到:身体器官的自卑,是人前进的动力。1998年,他和一名俄国妇女结婚了,这名妇女是和列宁齐名的俄国革命家、俄国社会民主工党领导人列夫·达维多维奇·托洛茨基的好友。当时托洛茨基正在维也纳流亡,这也让阿德勒的余生非常热衷于社会活动,一直希望通过教育改变社会,成了一名"激进社会主义者"。

后来阿德勒也转到精神科,1899年他认识了弗洛伊德,两人成为好朋友,阿德勒变成了周三研讨会的核心成员。严格来说,阿德勒并不算是弗洛伊德的弟子,算是师弟还差不多,关系类似于郭德纲和李菁,不过后人提到李菁还是通常把他算作何云伟那样的大弟子。阿德勒本人也一直以弗洛伊德的追随者和合作者自居。

阿德勒

结合自己的人生经历,阿德勒一开始就对心理发展的动力有自己的看法。弗洛伊德前期认为是性(虽然后来变了一些,但其实基本思路还没改),而阿德勒则认为,每个人都有自卑,有人把它当动力,有人把它当阻碍。自卑分为两种,一种叫自卑感,是人天生的感受,毕竟谁生出来都是一个废柴,除了吃奶啥都不能自理。自卑感让人积极进取,锐意创新,我阿·阿德勒本人不就是例子嘛(此处没有口吃)!而一些无法摆脱的自卑感,就会进而形成"自卑情结",这是第二种。它会让我们产生无力感,在问题面前尽量逃避,采用消极的态度去面对生活,现在是废柴,多年后变成老废柴。追求卓越的方法也有两种,一种是追求个人卓越,一种是追求造福社会。适当的追求有益,过度追求则容易走极端。

弗洛伊德强调性的重要性,这显然是本能的作用,很多人都说他是个"泛性论者",而阿德勒却非常强调人的社会性。他认为人的遗传、早期经验和本能就是一些砖块,而人本身也有创造力,把砖块和社会环境结合,最终形成自己的生活风格,用看上去更学术的词叫行为模式。个人追求卓越目标的生活方式便是生活风格,人类天生有追求卓越的本能,是人格和行为模式形成的内驱力。即便是懒人,也会羡慕别人,他只是动力不足,不是没有动力。这种理论也启发了后来的人本主义心理学。

1906年,弗洛伊德成立维也纳精神分析协会,阿德勒无疑是其中最有能力的成员。但是有件事情让他有些不爽,瑞士的荣格和弗洛伊德这一年开始书信往来,1907年"芙蓉"两人见面,相谈甚欢。弗洛伊德将荣格当作自己的皇太子,在阿德勒看来，这完全是胳膊肘向外拐。阿德勒虽然不是弗洛伊德的学生，但是很多时候会忍不住带入学生角色，弗洛伊德自己说，阿德勒有一次当着周三小团体众人的面问他："你真希望把我一辈子埋没在您的阴影当中吗？"这不是父子情的投射，还能是啥？

弗洛伊德其实也有自己的考虑，他和阿德勒以及小团体中的主要成员都是犹太人，再这么搞下去，岂不是要走犹太教被人排挤的老路子嘛，而荣格是个基督徒，拉荣格入伙对于精神分析学说的长久发展更有利。1908年，精分派在奥地利的萨尔茨堡组织了第一次国际心理分析会议，阿德勒作了关于"好斗与冲动"的报告。他当然认为这些都是自卑形成的，不过按照弗洛伊德的观点，好斗与冲动都是攻击性，归根到底还是性冲动。我们在对比两人观点的时候会发现，弗洛伊德的早期观点会将很多事情都归因于性冲动，而阿德勒都归因于自卑。

例如，弗洛伊德在解梦时想到过一个很大逆不道的观点，就是男孩子有杀父娶母的冲动，和希腊神话中的俄狄浦斯一样，所以叫俄狄浦斯情结。当然大部分男孩没那么极端，这种恋母情结导致的罪恶感是道德的开端。同理女孩也有恋父情结——弗洛伊德称之为伊拉克特拉情结，这是一个古希腊公主替父报仇杀死母亲的故事，可能这个公主的名字实在绕嘴，后人基本把恋父恋母都扣在了俄狄浦斯情结上。读者们回顾一下弗洛伊德幼年时在父母卧室里撒尿的行为，用他自己的理论可以理解为对父亲示威。

阿德勒在此启发之下，提出了"拿破仑情结"——拿破仑是从平民到皇帝的励志典范，阿德勒认为他就是受到社会文化影响而超越自卑的人。弗洛伊德刚开始对阿德勒的这个观点还挺欣赏，认为这是对俄狄浦斯情结的一个延伸，毕竟自卑才会嫉妒别人，但是套用自己的理论就细思极恐了——阿德勒这是要"弑父"啊！

阿德勒后来做得越来越激进，颇有弗洛伊德的风范。弗洛伊德认为一切心理问题都是性压抑，而阿德勒则说一切都是自卑的锅，甚至公开说"俄狄浦斯情结"是不存在的，人类心理发展的动力是自卑与超越，说专业点叫"卑劣感"和"补偿论"。周三心理学聚会中的另一个成员威廉·斯泰克尔医生也比较赞同阿德勒的观点，但他同样也痴迷于弗洛伊德的解梦，还研究儿童的性行为。不过在弗洛伊德眼中，斯泰克尔就是阿德勒的吹鼓手。斯泰克尔认为自己的心理学水平已经能和弗洛伊德平起平坐了，还说："站在巨人肩上的一个侏儒可以看到远比巨人广阔得多的视野。"这话到底是自黑还是自夸咱暂且不论，当弗洛伊德听到这句话时，很严肃地说："可能是这样，但待在天文学家头上的虱子并不这样。"

为了平衡阿德勒和荣格，1910年弗洛伊德让阿德勒担任维也纳精神分析学会的主席。可是阿德勒并没有"感恩家人"，并在1910年和1911年分别发表了《心理分析学的若干问题》与《男性的抗议是神经官能症的核心问题》两篇文章。甚至在一次周三研讨会上，阿德勒批评另一个成员奥托·兰克宣读的论文，说"性"在人格发展中只占少部分，还说他就是完全学弗洛伊德，没有自己的主见——过分强调早期的恋父恋母，这叫决定论，对小孩子们的发展有什么积极意义？要知道兰克还是阿德勒介绍入会的，和荣格、阿德勒并称为弗洛伊德的三台柱，阿德勒的这个做法就很让人尴尬了。而弗洛伊德也是出名的毒舌，他认为阿德勒的观点同尼采的"追求权力的意志论"一个样，尼采他老人家不是疯了吗？

不过虽然两人的观点各方面不一致，但是在某方面却强行达成共识，就是对女性的态度——弗洛伊德认为女性对男性有"阴茎嫉妒"，这也是很多女同性恋者扮演男性的心理原因；而阿德勒则提出了一个更加社会化的"男性钦羡"，认为所有儿童会羡慕强有力的男性角色，如果自卑时反抗，则称之为"自卑感带有男性品质"，如果逆来顺受，那就是带有"女性品质"。任何形式的不受禁令约束的攻击、敏捷、能力、全力以赴以及勇敢、自由、侵犯和残暴的特质都是男性所具有的品质，而懦弱的东西是"女性品质"。想要飞得更高，就要靠"男性品质"。从这样的角度看，阿德勒似乎比弗洛伊德对女性更不友好，这要等到后期的女性心理学家来打脸了。后来的一些研究者认为他们是厌女症（Misogyny）患者，虽然弗洛伊德在现实中一直对女性挺尊重的。1911年，弗洛伊德认识了来自俄罗斯的流亡女贵族露·安德烈亚斯-莎乐美（Lou Andreas-Salomé，1861—1937)，马上对这位才华横溢的尼采前女友一见如故，并且在次年收她做弟子，莎乐美半年就学完了所有精分课程。弗洛伊德对莎乐美1916年的一篇大尺度论文《肛欲和性欲》大加赞赏，还在1920年再版《性学三论》的时候引用了她的观点。莎乐美如果没来周三研讨会，弗洛伊德就会写信给她表达失望。莎乐美不赞同弗洛伊德对于女性心理发展的观点，但是两人并不伤交情，互相通信一直持续到1936年。莎乐美让弗洛伊德认识到，承认男女有别并不等于歧视；莎乐美的自得其乐，也让弗老师认识到，女人除了生孩子，还有其他方式可以自我满足。在1914年的论文《论自恋》中，弗洛伊德提出：男人想要去爱，女人想要被爱。男性放弃他的一部分自尊去理想化女性，女性受到男性的爱的支撑而保持了自己的自尊。当时欧洲流行的女权运动的主流观点强调母亲角色的重要性，连精分派的另一位重要女性卡伦·霍妮都赞同这一观点。莎乐美自己没孩子，她和多个社会名流有暧昧，并对自恋有自己的理解：她明确表达不同意弗洛伊德关于女性的被动观点，一方面她有对女性的子宫和哺乳能力的"原始自恋"，另一方面她认为人会模仿其他社会人修正自己，所以对身体的自恋持续不了多久。弗洛伊德认为莎乐美这不叫反对，叫补充与澄清。有传说莎乐美对弗洛伊德也有那方面的想法，可是弗洛伊德一直对她保持"兄弟般的爱"，对她的肉体没兴趣。这也是后人攻击弗洛伊德是同性恋的一个"证据"。弗洛伊德自己确实经常强调男性之间的亲密友谊，给某些哥们甚至徒弟写的信都跟情书一样，以后登场的玛丽·波拿巴就收藏了一些。

从心理学的传播方式上来说，弗洛伊德和阿德勒的观点就有些隐隐的不对付。弗洛伊德的观点老百姓们理解不了，走了神秘化路线，还强调客观生物性，认为本能有决定作用。但是阿德勒热衷于社会活动，致力于让大众理解精神分析，那些童年性驱力啥的，大众能听懂吗？还不如强调主观的社会意识，他认为未来比过去更重要。弗洛伊德非常担心阿德勒的这种"注水的精神分析法"会让大众误解。终于，1911年春天，阿德勒宣布退出弗洛伊德的团体，并带走了7名成员，斯泰克尔也在第二年跟风退社了。弗洛伊德觉得斯泰克尔很不靠谱，他走了自己还挺高兴的。

退社后的阿德勒不但没饿死，反而似乎越来越好了，当年他就成立了自由精神分析研究会。1912年他发表了一篇《神经质性格》，提出了个体心理学的概念，他的研究会也改名为个体心理学会，从此阿德勒自立门户，两年后还创办了《国际个体心理学杂志》。虽然他不承认个体心理学派是精神分析的分支，但是后人还是这么认为。阿德勒始终没忘记自己立志回馈社会的梦想，1920年后他任教于维也纳教育学院，并在学校里组织儿童指导临床活动，成立儿童指导中心，这使得他成为最早关注学校心理卫生的心理学家，在和弗洛伊德不同的圈子里混得风生水起。弗洛伊德也没忘记这个老伙计，在1915—1917年出版的《精神分析导论》中，他还承认了阿德勒的自卑理论是神经症的最终基础，然后老弗又补刀了一句："如果它能一直持续到成年以后。"

1922—1930年，阿德勒主持召开了五次国际个体心理学会议，成为了国际知名心理学大咖。1926年，美国的哥伦比亚大学邀请他当客座教授。哥大在心理学界是大哥，前几回咱们已经说得很详细了，美国开放的学风给他留下了很好的印象。1931年阿德勒在维也纳第一个个体心理学实验学校任职，大有和老弗叫板的意思。后来由于欧洲的排犹局势等原因，1935年阿德勒干脆搬家到了美国，还在美国开业行医。

1932年出版的《自卑与超越》，原名《生命对你意味着什么》，是阿德勒最著名的作品。他在这部书中再次强调：人人都有缺陷，想补偿缺陷就会产生自卑，这和弗洛伊德的关注点大相径庭。阿德勒在书里给自卑下了一个定义："当个人面对一个他无法应付的问题时，他表示他绝对无法解决这个问题，此时出现的情绪便是自卑情绪。"自卑情结显然是不好的，但对于自卑情绪，阿德勒的态度是中立的。讽刺的是，那些越是自负、自大、傲慢的人，他们内心的自卑感可能越强，大家仔细想想看身边的人，是不是这个道理？这些人看上去很强，实际上外强中干，外表的强悍只是掩饰内心的自卑而已。对此，阿德勒吐槽说："他们总是忙着做虚假的战斗，对真正的生命问题却视而不见，他们总是让自己'感觉自己很强大'，而不是让自己'真的很强大'。"

比起大部分喜欢造词的心理学家，阿德勒提出的概念就显得非常接地气。举几个例子，他提出产生"社会兴趣"是适应社会的重要方法，有助于克服挫折感、自卑感。阿德勒认为心理治疗的对象也首先是社会适应不良者，他们的"个人逻辑"与社会规则不符合，这在治疗过程中需要修复。阿德勒的这种咨询模式关注个人的成长，现在已经广泛应用于儿童、文化冲突、教育、婚姻、亲子等方方面面。

阿德勒最著名的还是他关于家庭治疗的理念：他发现家庭序列是会影响孩子性格的，老大曾经受到家庭的全部宠爱，他们的领导力也会比较强；老二由于一出生就和老大分享父母的爱，更擅长和人合作，同时进取心也会比较强，司马懿、诸葛亮就是例子；独生子女通常比较追求权力；中间的孩子通常担任协调者；等等。阿德勒由此衍生出自己的人格理论，认为人格分为：支配-统治型（Dominant-Ruling）、索取型（Getting Type）、回避型（Avoiding Type）、社会利益型（Social Useful Type）。一看名字就懂，不过只有第四种生活风格是良好的。美中不足的是，阿德勒认为人格是不可分割的整体，看来他不赞同马克思的"矛盾是事物的基本特质"，人的心理也经常充满各种纠结。在心理成因方面，阿德勒也有一些缺点，他太关注生理缺陷和家庭关系了，以致于忽略社会文化的影响，而且不是所有的缺陷都能得到补偿。我们生活中也有很多人没有阿德勒这样的勇气，毕竟不是所有的阿尔弗雷德都可以当心理学家或者蝙蝠侠的管家。

阿德勒虽然提出了自卑理论，但无疑他其实是很积极的。从精神分析学派开始关注人格以来，尤其是在阿德勒和弗洛伊德的纷争出现后，后世的心理学家似乎出现了一个巧合，观点积极的长得丑，观点消极的长得英俊，要知道弗洛伊德可是老帅哥，哪怕一把白胡子也是万人迷。相比于人红作品红的弗洛伊德，阿德勒绝对是作品比人红。很多我们现在张口就来的名言，都出自阿德勒——比如"每个人都是独一无二的""内心强大才是真的强大"等。虽然关于他生平的研究非常少，可是他的理论却广为人知且简单易懂，也更容易被大众接受。而另一个比他晚些加入又晚些退出的荣格，则是典型的人红理论不红了，至于为啥理论没那么红，因为荣格的一生，简直就是一场吃瓜盛宴啊。

第32回　荣格弑父终决裂　太子内定又取消

在美国原创动画《超级科学伙伴》中，弗洛伊德和荣格在罗马斗兽场有过一场决斗：荣格提出各种独门心理概念，弗洛伊德则全部解释为性，连集体潜意识都变成了多人运动。如果说要选出心理学史上最相爱相杀的一对师徒，那么"芙蓉"二人绝对是第一名。

卡尔·古斯塔夫·荣格（Carl Gustav Jung，1875—1961）出生在瑞士的一个乡村基督教家庭，父亲保罗和八个叔叔都是神职人员，可他母亲艾米丽却来自一个"有灵异体质"的家族，性格非常不稳定，还进过精神病院。荣格小时候参加最多的集体活动是父亲带他去的葬礼。这些使得荣格从小就有些奇怪，经常一个人胡思乱想，甚至做了个小木头人放在铅笔盒里，藏到一间阁楼中，每当不开心时就去看那个木头人。荣格后来也说自己和母亲很像，有双重人格，自己的一号人格是认真学习的好孩子，二号人格是疑心病很重的成年人。5岁时他遇到一个23岁的少妇，是瑞士IWC万国表的老板娘。12岁时他被一个男同学推倒在地，之后就经常陷入昏厥，尤其是不想上学时就会晕倒，后来他听到父亲为他哀叹，突然觉得自己的二号人格渐渐消失了。从此荣格开始接触西方哲学，并逐渐变成班里的尖子生。

1900年，荣格开始当精神科医生，也开始接触弗洛伊德的《梦的解析》。荣格对这种玄乎的东西特别感兴趣，不过当时还没充分理解。在后来几年的实验研究中，他发现有些词汇会刺激到病人的情绪，于是1903年他再次拿起《梦的解析》，觉得弗洛伊德所说的"压抑"和自己的想法很契合。不过人家弗洛伊德说的是性压抑，可当时的荣格先不管这么多，就觉得弗洛伊德牛。这一年他还干了两件大事，一件是万国表老板娘的女儿艾玛成了荣格夫人，另一件是荣格完成了毕业论文《心理学与超自然》，全名《论所谓神秘现象的心理学和病理学：一种精神病学研究》，这几乎成了他后半辈子的研究方向。1904年，有一个18

岁的俄国犹太女孩得了癔病，她叫萨比娜·施皮尔莱因（Sabina Spielrein）。荣格用弗洛伊德的方法给她做了四个月的精神分析，萨比娜回忆起3岁时被父亲打屁股时产生了"就像平时看见兄弟被父亲揍一样的兴奋"。由于萨比娜本来就想学医，荣格让她写了一篇有关单词联想的文章，发现她能提出很多有用的观点，荣格夸赞她说："像你这样的头脑推动了科学的进步，你应该成为一名精神病学家。"两人的私交越来越多。

1905年，荣格升任苏黎世大学的精神医学讲师，讲述弗洛伊德的精神分析法。弗洛伊德当时是颇受争议的人物，荣格这样做绝对算是顶风作案。此时他的第二人格撺掇说："要是假装不知道弗洛伊德而干这样一种事情，那不过是一种诡计而已。你可不能把自己的生活建立在谎言之上啊！"很叛逆是不是？荣格的不走寻常路不仅限于此。这一年萨比娜正式进入医学院，脾气也愈发稳定。荣格不仅痴迷于萨比娜的某些"灵异体质"，还和萨比娜产生了超出普通朋友的情愫，两人还开始吐槽艾玛。这不光在当时，放到现在也是巨大的禁忌。

虽然萨比娜成了荣格的情人，还幻想给荣格生个娃，但是两人始终没走到最后一步。第二年荣格将自己的研究成果《心理联想诊断研究》寄给弗洛伊德，同时写信表达崇拜，老弗也热情回信。1907年3月3日上午10点，荣格终于成了弗洛伊德家的座上客，也是最早参加弗洛伊德周三研讨会的非犹太人。荣格见到偶像十分激动，马上来了3个小时的独白，弗洛伊德建议接下来讨论一些深入的问题。于是两人聊了13个小时（一说30个小时），直到双方的查克拉都耗尽了。荣格认为弗洛伊德是自己所知的最杰出的人物，临别时还要了弗洛伊德的一张照片作纪念，而弗洛伊德也觉得荣格可以真正让精神分析走出犹太文化圈，走向世界。他在会面后写信给荣格说："我得不厌其烦地用文字或言语使你明白，我信任你，我得特别强调的是，你使我对未来充满信心。我现在已经清楚地意识到，正像其他任何人一样，应该有人来取代我的位置，而在我看来你正是我所指望的最恰当的人……"荣格马上回信表示受之有愧。

不过，荣格发现，两人在交谈时，一聊到与性相关的话题，弗洛伊德就显得特别冲动，以前那股冷静的范儿荡然无存。而荣格凭借自己研究精神病人的经

荣格

验认为,"性问题并不是致病的绝对重要的因素,只起着附加的、次要的作用"。在之后的书信往来中,两人虽然意见有所不同,但是还不伤感情,他们共同研讨案例,一起喷那些黑精神分析的人,一封封书信凝结成坚固的友情。

弗洛伊德还给荣格介绍了一个病人,这人本来也是个精神分析师,叫奥托·格罗斯(Otto Gross),看上去瘦瘦高高还挺腼腆的,不过却是个和女病人界限不清的人。他到医院后和荣格互相分析,奥托说和女病人发生那种事也没关系,大家都是成年人,性行为也是治疗手段,既然那一夜你没有拒绝我,那就不必想太多。荣格最后的道德防线被冲破,他敲开萨比娜的房门,说之前压抑了自己的感情,萨比娜是他除了艾玛之外最亲密的朋友,萨比娜也是久旱逢甘霖,没仔细咂摸荣格这句话,两人完成了生命的大和谐,还写了首土味情诗,这点倒是有些弗洛伊德的风度,可是人家老弗一直对女病人是保持界限的。艾玛也发现了荣格的不对劲,可是她在这段婚姻中太卑微了,她以为是因为自己生了俩女儿,没给荣格生儿子,所以遭到了冷落。

在艾玛的"努力"下,她终于给荣格生了个儿子,儿女双全的荣格也良心发现要回归家庭,加之此时有人给萨比娜妈妈写信匿名举报了荣格,荣格决定断绝和萨比娜的来往,萨比娜拿着小刀来到荣格的诊室,两人大闹一场,这件事弄得荣格很难堪。相比之下,弗洛伊德则是严守性道德,他曾经因为女病人在催眠后抱住自己而不再用催眠疗法,甚至对自己的老婆也是 40 岁之后再也没有夫妻生活,39 岁的时候他有了最后一个女儿。

弗洛伊德比荣格大 19 岁,荣格本人也比较缺父爱,就给弗洛伊德写信说:"有位讨厌的女病人让我困扰……在她面前,我总是表现得彬彬有礼,但是在与我过分敏感的良心相较量时,我并不觉得全然无罪,而这正是最痛苦的,因为我的目的是高尚的。"弗洛伊德接纳了他的自我合理化观点,半开玩笑地说,要收养荣格当长子,宣布他为继承人,焦头烂额的荣格当然马上答应,两人慢慢变成了父子情。1907年荣格在一封信中说："经过一番思想斗争,我不得不坦率向您承认……我对您的敬爱之情,具有宗教般的狂热和虔诚。"1908年他再次说弗洛伊德和他像是父子情——"请允许我以儿子之于父亲而不是以平辈的身份来感受您的友爱"。

当年4月26日,弗洛伊德在奥地利萨尔兹堡主持第一次国际精神分析大会,还让荣格担任会刊《精神分析与精神病理研究年鉴》主编。弗洛伊德把自己比作犹太人先知摩西,而荣格就是他的约书亚,这是对荣格很大的赞赏,但也是巨大的压力。荣格向弗洛伊德坦白了一部分越界的事情,弗洛伊德却说："这些女人总是不择手段地企图用精神完美来迷惑我们,不达目的誓不罢休,这真是自然界的一大奇观。"完全没有怪他,紧接着6月份荣格又遇到萨比娜,荣格告诉自己,之所以爱上萨比娜,是因为自己有"犹太情结",因为他在维也纳也迷上了弗洛伊德的女儿——当时还不到14岁的索菲。不过荣格还是逃走了。

弗洛伊德的门派越来越受到学界关注,名声甚至传到了远在大洋彼岸的美国。1909年美国克拉克大学校庆时,斯坦利·霍尔教授邀请弗洛伊德来美国做讲座。霍尔在五年前的1904年刚刚出版《青年期》一书,用达尔文进化论的观点来解释人生——人类胚胎期像蝌蚪形状,代表人类最初在水中生存的进化阶段;婴儿期爬行,代表猿猴时期;青年期情绪不稳定,代表原始人的混乱期;成年后身心成熟,代表人类进化的文明期,所以青年期情绪不稳定是必然现象,这和弗洛伊德强调进化和本能有异曲同工之妙。本来霍尔想请老恩师冯特,还开出了750美金的旅费,冯老说自己年纪大不愿意动;想请艾宾浩斯,可是他不幸去世。欧洲的心理学大牛就剩弗洛伊德了。老弗说自己是个体户,去美国影响生意,于是本着美国有钱就是任性的一贯风格,霍尔给他开出了和冯特一样的待遇,还额外给学位。于是弗洛伊德接受了邀请,带上了荣格和三个追随者——A. A. 布里尔、E. 琼斯和S. 费伦奇。注意,他没带阿德勒。

3月25日,荣格夫妇来到维也纳。荣格和弗洛伊德在书房聊天时,书架出现两声巨响。荣格说这是超自然现象,弗洛伊德则嘲笑他是无稽之谈。4月20日,"芙蓉"二人约在不来梅码头见面,荣格正好在看报纸上关于发现古尸的新闻，非常兴奋地跟弗洛伊德分享，放现在肯定转发链接给弗洛伊德微信。可是在弗洛伊德看来，你一直谈论尸体是几个意思？"你小子这是要弑父啊！"

弗洛伊德和荣格在船上度过了七周，船快抵达纽约时，弗洛伊德拍着荣格的肩膀指着前方的新大陆说："我们将会带来一场瘟疫！"不过让老弗帅不过几秒的事实是，荣格的白富美老婆给他订了头等舱，天黑睡觉的时候弗洛伊德只好憋着自己的暴脾气看着荣格去比自己还好的房间。

旅途是漫长而无聊的，弗洛伊德和荣格就互相解梦来解闷。荣格说自己梦到一个古老的地下室，里头有俩骷髅，之后就醒了。弗洛伊德非要荣格说出来这是谁的骷髅，荣格自己也不知道，他只好说，这是自己老婆和小姨子的，弗洛伊德听了以后才松了口气，并判断荣格是对自己的小姨子有性幻想。而荣格给弗洛伊德解某个梦的时候，弗洛伊德拒绝提供更多细节，并说："我可不会拿我的权威冒险。"荣格在自传中说："这一刻开始，弗洛伊德的权威已经丢了，他已经认为权威在真理之上了。"不过这个梦还给了荣格另外的启发：意识或许可以是古代的历史积累下来的，是全人类共有的，后来他称之为集体无意识。

根据琼斯记载，他还见过弗洛伊德在荣格面前晕倒过两次，一次是他给荣格敬酒，荣格说自己在苏黎世和同事宣誓过禁酒，弗洛伊德当场晕倒；另一次是弗洛伊德指责荣格在心理学的文章中没写到自己，荣格解释说"天下谁人不识君，您这样真没必要"，弗洛伊德再一次晕倒。

美国之行非常顺利，弗洛伊德大受欢迎，从此精神分析开始得到比较广泛的承认。在克拉克大学，弗洛伊德五人组围着霍尔拍了一张照片，弗洛伊德坐左边，荣格坐右边，剩下三位龙套站后边，由于霍尔也是瘦脸白色络腮胡，后来很多科普文都把霍尔当成了弗洛伊德，大家看到这张图的时候千万注意。霍尔还请来了铁钦纳和威廉·詹姆斯等美国心理学大咖，后来这些人还和弗洛伊德等人拍了一张四十多人的大合影，铁钦纳和詹姆斯正好挨着站。这可能是两位老对头唯一一次肩并肩合影了。据说当时铁钦纳听了一会弗洛伊德的演讲就离场了，而詹姆斯却忍着病痛听了一天。

在美国，弗洛伊德他们还约见了詹姆斯、铁钦纳、卡特尔等人，精神分析得到了美国心理学界的普遍承认。不过弗洛伊德不太喜欢美国的文化氛围，认为他们太注重金钱，从此再也没去过美国。弗洛伊德和荣格虽然有些小摩擦，但整体还算是一场"甜蜜"的旅行。在1910年3月底召开的第二次国际精神分析大会上，弗洛伊德坚持让荣格当主席，对比同年阿德勒的遭遇，弗洛伊德显然更器重荣格。弗洛伊德在当时的一封长信中，亲切地称荣格为精神分析王国的"王储"（皇太子），并称荣格是他的"长子"，一切似乎都那么美好。这一年萨比娜也在写博士论文，她破解了一个女病人的胡言乱语，荣格看了很激动，要将其发表在自己主编的《国际精神分析年鉴》上，两人再次陷入热恋。

只不过，弗洛伊德接下来致力于把精神分析推广到其他领域，而荣格却越来越痴迷于神话研究，荣格试图用把病人代入宗教和神话想象的非主流方法来治病，而第一个接受治疗的就是萨比娜。尽管萨比娜不满荣格只把她当成"爱情的替代物"，不愿意和她结婚，但还是深陷其中。在弗洛伊德看来，荣格的玄学化和阿德勒的平民化同样不可接受。在一次谈话中，弗洛伊德对荣格说："荣格，我要你答应我一件事，就是永远不要放弃性的理论，我们要让它变成一种教条，一座不可撼动的堡垒。"荣格想到自己进过精神病院的母亲，只能在心中默默摇头。

1910年荣格在一封信中说弗洛伊德误解了他，在1911年他又写信对弗洛伊德说："你发掘出宝石，而我所要做的是对宝石进一步加工修整。"在弗洛伊德看来，这小子想篡位了。1911年，萨比娜发表了出色的精神病学论文，她对荣格说这是"我们的小儿子"。

也是在1911年，有些忧虑的弗洛伊德对同样有些忧虑的白富美艾玛说："孩子们已长大，我的婚姻生活已得到报偿，对我来说没有什么事可做了，只有等待死亡。"老弗还是没忘了诗人的押韵。艾玛则劝他和孩子们处理好关系，毕竟当名人的孩子不容易，而且弗洛伊德的父亲形象也很威严。艾玛显然是担心弗洛伊德话里有话了，毕竟弗洛伊德只是对徒弟们威严。其实弗洛伊德对自己的孩子还是非常友善的，他本人也反对犹太传统家庭的父性权威。

后来艾玛还给弗洛伊德写信说："别怀着父亲那样的感情去看待卡尔·荣格……应该像普通人对待另一个人那样，他像你一样，得按照他自己的意愿去完成他想做的事。"完了,看来不仅是儿子要上位,儿媳妇也教育起长辈了,还告诉老人家"应该"怎么做。加之这一年阿德勒也退出了,能和弗洛伊德讨论心理学的人又少了一位,大家可以感受一下弗洛伊德的心情。

此时荣格正在写《力比多的变化与象征》,他知道写了之后会让弗洛伊德恼火,焦虑导致的手抖甚至让他握不住笔。此时弗洛伊德在荣格所在的城市待了两天,然后出现了一件罗生门事件,弗洛伊德说自己想见荣格而不得,荣格说弗洛伊德去看了别的朋友而没见他。荣格的这本书也确实给了两人的关系致命一击。在这本书中,荣格认为力比多不是单纯的性欲,而是一种普遍的驱力,它既不是唯心的也不是唯物的,是心物一体,"是心理、生理、环境、应激事件等所有因素形成的一个整体驱动力"。他把这种驱动力称为心理能量,也称为"生命能量",听上去是不是有点灵修的感觉?有就对了,如果说哪些心理学家的理论难懂,荣格绝对名列前茅。

而这一年,萨比娜也在没有受到邀请的情况下出现在周三研讨会上,弗洛伊德和她讨论了神话方面的心理学,还听她念了一篇关于死亡本能的论文。弗洛伊德对这个"小姑娘"大为赞赏,然后把这一观点也写到了自己的书当中。1912年荣格也在自己的书中引用了死亡本能,还发现和弗洛伊德的惊人的相似,但是这个事儿必须要隐瞒下来。

接下来萨比娜请求弗洛伊德为自己治疗,好让自己"摆脱暴君"。弗洛伊德在知道了他俩的细节之后,和荣格的关系越来越紧张,两人写信也少了。有一次荣格说自己被狗咬,弗洛伊德竟然嘲讽他是否要关注狗的健康。荣格此时对萨比娜非常不满,还对弗洛伊德说萨比娜给《国际精神分析年鉴》投稿的论文"大量地依赖于她自己的情结"。不过弗洛伊德现在还是站队萨比娜,1912年初她嫁人了,怀孕4个月的时候还是忘不了荣格,弗洛伊德说她这是"没把潜意识里本来应该对荣格的仇恨拉到意识表层",还告诉她,将来如果生了儿子,要当个犹太复国主义者,其他人永远不会真正理解我们犹太人,只会利用我们。不过虽然这么说,弗洛伊德对荣格还是有感情的。1912年6月13日,弗洛伊德还写信给荣格说,不必因为理论上的分歧而影响个人之间的关系,这封信暂时使两人的紧张关系得以缓和。可是好景不长,同年9月荣格赴美演讲,他开始批评弗洛伊德的性理论太狭隘,认为导致病因的心理冲突在当下,而不是过去。同年11月,弗洛伊德和荣格见面长谈了一番,弗洛伊德认为两人的矛盾已经解决了,然而就在午餐快结束的时候,弗洛伊德突然又晕倒了,估计是因为潜意识里不相信荣格。荣格回去后,年底给弗洛伊德写了一封很不客气的信,说弗洛伊德"用对待病人的方法对待学生是很大的错误,这样你所指望而且造就的不是奴性十足、盲从的儿子,就是轻率浅薄的小人。我确实十分客观地看穿了你玩弄的这种小小伎俩。你在你的周围到处施加个人影响,使每一个人在你面前都降低到儿女般的地位",用词已经相当不客气了。弗洛伊德也写了一封回信,但是没寄出来。信中说自己让学生产生这种幼稚想法,是自己的责任,不过老夫早就习惯了被反对,而且"我对我的学生的分析和观点,并不那么感兴趣"。1913年,弗洛伊德对一个朋友说自己已经对荣格没有友谊了。不过,两人还是不希望彻底决裂。

弗洛伊德和荣格

1913年9月7日,国际精神分析代表大会在慕尼黑召开,弗洛伊德和荣格自然都要出场。开会前大家就劝:"以和为贵,不要公开分裂。"荣格继续担任国际精神分析协会主席，在会上，荣格提出了心理倾向可分为外倾型和内倾型两种基本心态。

当有人谈起古埃及第 18 王朝的法老阿克那顿的仇父情结时，荣格说这种情结绝对不存在。敏感的弗洛伊德听到后再次晕倒，在他看来荣格反对老父亲提出的仇父情结，本来就是对老父亲赤裸裸的仇恨。

弗洛伊德当即让徒弟们一起写文反对荣格，还写了一封信给他："正如您最近在慕尼黑所说的，说同一个男人的亲密关系抑制了您的科学自由。因此我说，拿走您完全的自由吧，不要用您所谓的'友谊的象征'来招惹我了。"并提议两人终止这段友谊。1913 年 10 月，荣格辞去《国际精神分析年鉴》主编职位；1914 年 4 月，荣格辞去学会主席职务。弗洛伊德说"荣格的精力只全部倾注于发展他自己的兴趣和维护自己的私利上"，自己过去简直是瞎了眼。7 月 25 日他在一封给追随者亚伯拉罕的信中这样写道："卑劣的、虚伪的荣格以及他的信徒终于从我们中间滚蛋了。"弗洛伊德甚至说"荣格患有他见过的最复杂的精神病"。自此，太子变成了狸猫，永久失去了继承权。

在这场对决中，荣格众叛亲离，巨大的压力让他陷入了强烈精神冲突的漩涡中，以致于无法完整地讲一堂课。荣格 80 岁时回忆那段时光说："一切都比从前黑暗。"他一度到了精神崩溃的边缘，还做了各种光怪陆离的怪梦，比如反复梦到各种各样的尸体。1913 年 12 月，他甚至梦到一个洞穴中有侏儒尸体、红色水晶球、圣甲虫、血红的太阳等恐怖画面，荣格对这些梦百思不得其解，几天后他又梦见自己和一个野蛮人共同谋杀了一个英雄。经过分析，荣格认为这些梦是让自己放弃目前的观点，修正原来的生活目标。好在荣格家不缺钱，他辞去工作，来了一场说走就走的旅行。

有时候，上帝给你关上一扇窗，就会送你一套房。荣格发现自己其实是个艺术家，他将这个时期的一些梦和幻象记录下来，整理成《黑书》。他又将《黑书》中的部分梦境与幻觉摘出，配上解释与抒情阐述整理成书，并给这本书起名为"Liber Novus"（新书）。这本书中有大量充满想象力的奇妙图片，由荣格亲自手绘，包括曼陀罗、怪兽、转轮、大树、神秘符号等，充满了古埃及、巴比伦、古印度等壁画的风格,融合了各种神秘主义元素在其中,大部分是马赛克一样的色块拼成的图案,放到21世纪也是先锋艺术。荣格可能怕当时的人坐实自己是精神病,一直没发表。

看到老公疯疯癫癫的,艾玛自然是最着急的那个人,她竟然找来萨比娜给荣格看病,而荣格也没闲着,结识了另一个女病人托妮·沃尔夫(Toni Wolff),她也是从病人变成了荣格的助手和分析师。所以我们可以猜测,艾玛也不傻,叫萨比娜帮忙是用了《三国演义》里的驱虎吞狼之计。可惜艾玛高估了萨比娜,当萨比娜知道沃尔夫的存在时,气得扭头就走了。萨比娜终于意识到荣格的风流程度,从此因爱生恨,并表示"荣格根本不是隐士,除了我还喜欢很多女人,我才明白一个女病人的悲剧——开始被他诱惑,然后就抛弃,而后又开始其他的风流韵事"。而艾玛也高估了自己的魄力,她虽然和荣格大吵一架,最后还是妥协了,同意沃尔夫留了下来。荣格接下来左拥右抱,在无意中又践行了弗洛伊德的理论——心理冲突源自性压抑。艾玛也不是普通女子,她学习荣格的分析心理学,帮助他走出困境,自己也变成了一个心理分析师。

荣格估计没想到,自己看似随意的写写画画,竟然成了后来表达性艺术治疗的先驱。荣格还认为,通过联想画出的那些画,不仅仅是过去的残余,更是未来的轮廓,所以人们当前的行为,是由未来而不是过去所决定的!正是这种积极的目的论思维,让荣格花了三年时间走出精神冲突,开始杀回心理学界。1916年他开始在巴黎演讲,1917年出版《分析心理学论文集》,在《论无意识心理学》这一篇中,他提出"综合建构法"来反对弗洛伊德的"分解简化法",认为要想解梦就要把梦中的意向放大,而不是像弗洛伊德那样简化成生理需求和野心。因此,分析师需要结合各种文学、艺术、神话、宗教等知识来分析梦境,没有这么广的学识是没法真正解梦的。

1918年他又开始研究被称为基督教异端的诺斯替教派和炼金术。1921年,退团快十年的荣格出版了《心理类型》一书,继续阐述自己在1913年提出的人格观点,并归纳出四种心理功能,即理性功能中对立的思维、情感和非理性功能中对立的知觉、直觉。这四种功能和内外两种倾向组合,就成了八种心理类型。如内倾的人比较容易患上精神分裂症，外倾的人则容易患上躁郁症。科学家主要属于外倾思维型，哲学家多为内倾思维型，而文学艺术家多为内倾直觉型。荣格还发现不同年龄的人所患的心理疾病不一样，所以将人生划分为童年时期、青年时期、中年时期和老年时期。这部书让荣格在圈子里大大洗白。接下来几年荣格去美洲探访印第安人，去非洲腹地探险，还去了埃及，好不惬意。

这段时间荣格接触了翻译成德语的《易经》，顿时如获至宝。翻译者是著名汉学家理查德·威廉，中文名卫希圣，字礼贤，1899年随德军到了青岛，是最早将四书五经和《吕氏春秋》《三国演义》翻译成德文的人。荣格根据《易经》提出了共时性原则，也就是你想着某人，某人也会同时想着你的神秘超自然心理现象。荣格与卫礼贤成为好友，还给卫礼贤翻译的道家养生书《太乙金华宗旨》的英译本作序。1928年两人一起研究东方的曼陀罗文化和道家炼丹术，次年合著了《太乙金华宗旨及评论》（前半段是卫礼贤的译本，后半段是荣格的精神分析），鉴于原名连中国人也很难理解，它的外文名便叫作《金花的秘密：中国的生命之书》，这本书让荣格声名大振，甚至远播东亚。本来这本书是明清人假托吕洞宾写的，在中国火了之后，又有好多人说这是王重阳原著。德文版后来又被翻译成日文版，在日本也火了一把。

1928年，荣格还出版了《分析心理学的贡献》，从此成了继阿德勒之后又一个自立门户的精分派前成员，当上了分析心理学掌门人。在1929年为《科隆日报》写的《弗洛伊德和荣格之比较》中，荣格说自己并不是要否认性在生命中的重要性，他要做的是"给性这个泛滥成灾并损害所有有关心灵的讨论的术语划定界限，并把它放置到合适的地方"。还说弗洛伊德关于儿童的性和乱伦等观点，都是弗洛伊德的个人观察，甚至代表道德的"超我"的概念也是心理学的表皮下伪装的耶和华形象，这种口吻可以说是相当不客气了。荣格之所以这么判断，是因为他的角度是"精神分析不能只回溯到父母，而是要上升到古老的人类历史"。

接下来几年荣格似乎越活越好。1932年，荣格任苏黎世联邦综合技术大学教授，有了一份不错的工作，一干就是十年。1934年，他又创建国际心理治疗医学学会并任主席,学会每年都在瑞士阿斯科纳开一次研讨会。此外,荣格还不断地被授聘世界各大知名大学、科学院及学术团体的荣誉称号。估计弗洛伊德也没想到,和他决裂后,荣格走向了人生巅峰。

不过"芙蓉"二人也没忘了偶尔隔空对骂。荣格曾说 1907 年弗洛伊德的小姨子米娜告诉他:弗洛伊德和自己有一腿,还以夫妻的名义开过房。这让荣格对自称很忠贞的弗洛伊德减弱了信心。不过这事毕竟没有实锤,虽然那个旅馆还真把这间房保留了下来,但也有可能是炒作。荣格甚至说弗洛伊德有同性恋倾向,这在那个年代这可不得了,会被归为变态的一种。1934 年希特勒上台后,荣格还写文章反对犹太人,话说瑞士不是永久中立国吗?荣格又是有"犹太情结"的人,到底是为啥要反对,大家也清楚。由于荣格的标配是烟斗,弗洛伊德的标配是雪茄,有人开玩笑说这就是雪茄和烟斗的战争。

1936 年,荣格出版了《集体潜意识的原型》,书中详细阐述了他提出的"集体潜意识"(又叫"集体无意识")。他认为人类进化过程中,内心深处有一些共有的沉淀,例如对蛇的恐惧、对甜食的喜爱等,可以通过遗传得来。如果意识是小岛,潜意识就是退潮后露出的部分,而集体潜意识就是海床,弗洛伊德认为"集体潜意识非常不科学"。

荣格还在书中说,集体潜意识中的各种东西会汇总成"原型",也就是原始印象。有四种原型最重要:阿尼玛、阿尼姆斯、人格面具、阴影。阿尼玛是男人集体潜意识中的女性,阿尼姆斯是女人集体潜意识中的男性。如果一个男人一遇到一个女人,就觉得他是自己心中那个"最标准的女人",觉得这个女人符合自己对女人的期待,就很容易一见钟情。其实这个期待,就是这个男人自己心中的"女性意识"作祟,你找的不是那个她,而是觉得她是那个变性的自己,萨比娜就是荣格心中的阿尼玛。反过来阿尼姆斯的作用也一样,男女之间是阴中有阳,阳中有阴,这都和荣格推崇的中国阴阳学说非常吻合。阿尼玛原型还包含四个层次:伊甸园的夏娃、特洛伊的海伦、圣母玛利亚和索菲亚,分别代表母亲、情欲、神性、智慧和神性的结合体。索菲亚又叫圣女,代表上帝的智慧,在东正教中尤其受崇拜。女性内心的阿尼姆斯原型也有四层:大力神赫拉克勒斯、亚历山大大帝、阿波罗、赫尔墨斯，分别代表着力量（欲望，赫拉克勒斯曾经一夜御女 49 人，生下 51 个儿子）、英雄、温暖而稳定的自我，以及自由智慧和神性的结合体。不过这个分类显然有点怪，亚历山大是历史人物，但自称祖先是赫拉克勒斯的 51 个私生子之一；赫尔墨斯是希腊神话中的众神使者，平时的主要工作是靠极速飞行当快递员，还是盗窃和骗术的发明人，相当于梁山上时迁和戴宗的结合体，而且这人也挺花，情人和私生子一大堆，私生子中有很多强盗，早期还被塑造成男性生殖器的象征。有资料认为这四个男性原型并不是荣格提出的，而是他妻子艾玛提出的。荣格的研究再次证明，心理学果然和希腊文化分不了家。

人格面具则是从希腊语中的"演员面具"一词直接借用过来的。每个人都有不同的面具来应对不同的角色，所有的面具在人的统合之下形成一个整体面具，这就是自己的独立人格。达到赫尔墨斯的级别时，就不需要面具，可以随时切换身份了。后来所有心理学家提到人格这个词，都要参考面具的概念。而阴影是人类遗传中最黑暗隐秘、最深层的邪恶倾向，它其实非常想浮出水面，也是生命力、自发性和创造性的源泉。想想看，要不是为了统治一切生物，人类的科技能发展到今天这个程度嘛？这么说好像荣格"坏"得还挺有道理。后来他又提出自性的概念，认为自性是潜意识人格的原始核心，起到对所有原型的统一、组织和使秩序化的作用。再后来他又提出更角色化的 12 原型论：天真者、孤儿、照顾者、小丑、情种、英雄、统治者、叛逆者、魔术师、创造者、探索者、智者。

1938 年，荣格受英国政府邀请，参加印度加尔各答大学校庆。在那里他进一步接触了佛教和印度教以及其他东方文明，成了最早认识并欣赏东方佛教的心理学本质及其价值的人，甚至后来还诞生了一个职业叫"荣格派佛教分析师"。荣格在上学时就从叔本华那里了解了佛教思想，并力图把它与西方文化融合。例如，他考证出来公元前就有佛教徒来西方传教，甚至有可能影响了基督教的早期形成。在给世界禅学权威铃木大拙的《佛教禅宗的介绍》写序言时，荣格还说《浮士德》是极少数和西方禅宗相对应的著作之一（所谓西方禅宗，是荣格认为叔本华、尼采、柏拉图的思想都是与禅宗有对应关系的）。你看，浮士德追求欲望一辈子，最后不还是一场空嘛。

1940年荣格又出版了《人格的整合》，他强调"一个人毕其一生的努力就是在整合他自童年时代起就已形成的性格"，心理发展的最终目标是个性化，也就是形成最终属于自己的性格。心理能量是人格的动力，是人格发展的内在原因，当一个人"停滞"的时候，就容易出现神经症。生理和心理的能量是可以相互转换的，总体遵循等量原则：一种心理能量减少，另一种心理能量就会增加。而心理能量的流动是有方向的，最终会形成一个优质的平衡。精神病人会在身边形成一层壳保护自己，普通人也会用各种方法保护自己，这叫作"熵原理"——这是荣格从热力学中"借来"的概念，现在荣格的理论越来越像是科幻小说了。

1942年荣格辞去大学老师的职务，开始自己办班，还出版了很多心理学和宗教、炼金术的书籍，他遭到了很多宗教界人士的反对，同时也被扣上了希特勒式的帽子。尽管从1944年起就有心脏病，可是荣格越挨骂就越红，不仅继续出书，1948年还成立了荣格学院。1946年他出版了《移情心理学》，没有用弗洛伊德的"Transference"（情感的转移）一词，而是用了"Empathy"（在想象中把自己的情感投射到另外一个人身上，另一个定义是能够理解别人的情感），书中荣格借助了16世纪炼金术文献《哲人与玫瑰园》中的图片来阐述这一著名的心理现象。他发现移情不仅发生在心理分析师和患者之间，也发生在人际关系尤其是恋爱关系之中。这个过程和炼金过程相似，包括两人无意识的相遇、投射的发生、投射的收回、融合、新生命的诞生等。荣格似乎是要反思一下过去违反职业道德的经历，大有浪子回头之态。

不幸的是，1950年荣格的妻子艾玛和情人沃尔夫相继离世。荣格后来隐居在苏黎世湖畔，又请了女秘书帮他打理学院，还请了私人女助理来照顾生活。关于这两位女士如何与荣格互动，没有太多记载，不过荣格曾经在自己的墓地前对朋友说："谁也想不到，将来这里会埋着一个完美的情人。"荣格在之后的日子里花了很多时间来研究一神教，他1952年出版的《答约伯》批判了犹太教和基督教，再次遭到宗教界的抨击，不过他已经不在乎了，顶多叼着烟斗笑笑。

不过，在荣格看似很消极的思想中，也有很积极的一面。他提出权力欲也是人的本能，如果一种本能没有被意识到，它就必然会被压抑，将来就会爆发。20世纪60年代的女权运动就是对阿尼姆斯的认同，这是解除压抑的必然。他欣赏女人身上的男性特质，还认为男人也应该发展下自己的阿尼玛，为男女平等提供了心理学支持，也让男女之间的交往变得更加顺畅。由于经历过精神崩溃，荣格还提出了积极想象疗法，这种方法基于与他的阿尼玛和幻觉形象的交流。他让患者画出梦中或幻觉中的形象，然后向它们发问。后来著名的"房树人"等绘画疗法，就脱胎于此。荣格认为，"答案就在你心中，只要你不惧怕它们"。通过绘画、舞蹈、摆沙盘等艺术行为，完成宣泄、分析、道德教育和个性形成四个阶段，可以让潜意识浮出水面并修正。

1961年6月6日，荣格病逝在家中，最后一本著作《回忆、梦与思考》是他的自传，在其死后不久出版。不过故事还没完，大家还记得荣格的那本"新书"吗？这二百多页的手稿，在荣格家秘藏40年，只有20多个家人和弟子见过，一直禁止外人靠近。2009年，资深荣格学者索努·沙姆达萨尼终于劝服掌管家族文产的荣格外孙乌尔里希·赫尔尼同意出版此书。由于封面是红色的，这本书起名为《红书》，一经出版就登上纽约时报畅销书排行榜。编辑称这本书"美得令人无法释手"，虽然内容怪异，但无疑是了解荣格及其理论的最佳窗口，全书都在探讨荣格心中无法明说的"生命的真谛"。在心理治疗方面，荣格一直反对弗洛伊德定位于过去，强调指向未来，可能他自己也没想到，自己对自己的治愈，能指向他死后的未来吧。

第33回　满门"叛徒"称新派　老人迎来第二峰

阿德勒和荣格的退出，给了弗洛伊德不小的打击。更大的打击是，1914年，一战开始了，奥地利最终成为战败国，货币贬值，让本来告诉艾玛要等死的弗老爷子一下子手头紧了，不得不老骥伏枥，竟然走上人生的第二个高峰。

1927年，弗洛伊德在自传中写道："1911年到1913年期间，发生了两次脱离精神分析学的运动，领头人物是以前曾在这门年轻学科中发挥过重要作用的阿尔弗雷德·阿德勒和C. G. 荣格。这两次脱离运动来势不小，一下子就有大批人马跟随而去。"弗洛伊德还意识到，即便两人不反对泛性论，照样不耽误提出他们的理论，因为他们看待心理的角度不同。紧接着他又写道："现在十多年的时间过去了，我可以明确相告，上述这些反对精神分析学的企图已经收场，它们没有给精神分析学造成任何损失。"

不过台柱子退出毕竟是个黑点，几十年后的精分大师弗洛姆认为，弗洛伊德经常和人闹翻，是因为他早年和父亲关系不好。所以他只喜欢顺从的儿子，不喜欢有主见的儿子。在两人及其追随者退出之后，弗洛伊德做出了一个很中二的行为——和他最忠实的六个徒儿组织了一个七人委员会。除了三台柱中硕果仅存的没啥存在感的兰克，在之前章节打过酱油的琼斯、费伦奇、亚伯拉罕，还有接下来也打酱油的萨克斯和艾丁根。弗洛伊德定做了七枚金戒指，每枚上头都有斯芬克斯像，让七人团结在一起，颇有点指环王的范儿。至于为啥是斯芬克斯，据说他曾经让自己女儿将来在他墓碑上写："他破解了斯芬克斯之谜，他是个高人！"希腊神话中的斯芬克斯之谜，正是由俄狄浦斯解开的。顺便说一句，之前章节打过酱油的琼斯、费伦奇、亚伯拉罕后来介绍了一名犹太女学者梅兰妮·克莱茵加入精分派，这位反而比他们仨更有影响力。

弗洛伊德看着留在自己身边的人，骄傲地在自传里写了一笔："我倒想替自己说几句话，一个心胸狭隘、自以为是的人，能够始终抓住那么多有学识、有水

"守护"弗洛伊德的"委员会",1922
前排左起:S. 弗洛伊德,S. 费伦齐,H. 萨克斯
后排左起:O. 兰克,K. 亚伯拉罕,M. 艾丁根,E. 琼斯

平的人吗?更何况像我这样没有什么吸引力的人了。"不过很多人还是批评他不懂得识人,荣格那种人品,基本职业道德都没有,你还想让他当继承人?

现在看来,继承人好像只能选兰克了。奥托·兰克(Otto Rank,1884—1939)出生于一个比较贫穷的犹太人家庭,从小身体不好,但从小就想当文学家。可能文艺青年都有情绪,1904年他还因为抑郁差点自杀,不过读了《梦的解析》之后,他写了一篇论文《艺术家》,把弗洛伊德的理论应用于神话、文学和艺术的研究上。1906年他成为周三研讨会的常任秘书。后来弗洛伊德帮他进入维也纳大学,1912年成为哲学博士,成了史上第一个没有医学背景的精分学者。1919年弗洛伊德创立了国际精神分析学出版社,兰克就是社长。

1915年,弗洛伊德第一次被提名诺贝尔医学奖,不过没选上。从此开始了二十多年的陪跑生涯,他一共被提名了32次,有些年被提名很多次。在1917—1920年间他每年都受到提名,提名者是诺贝尔奖得主、维也纳医生罗伯特·巴兰尼(Robert Barany),他是弗洛伊德的粉丝,曾经想拜师却被弗洛伊德拒绝,这让弗洛伊德有点不是滋味。他说自己对诺奖没啥兴趣，就对奖金感兴趣，还能顺便打脸黑粉。

1920年，正是举世瞩目的疫情"西班牙大流感"的爆发时间，弗洛伊德的女儿索菲·哈尔贝施塔特·弗洛伊德（Sophie Halberstadt Freud）在德国汉堡市染病去世，年仅26岁。索菲留下了两个儿子，但是由于没有火车，弗洛伊德甚至不能去奔丧。索菲和她的母亲非常像，她和父亲的合影被很多人当成弗洛伊德夫妇的合影。弗洛伊德对他的朋友说："我们的时代，毫不掩饰地把它的野蛮行径沉重地压在我们身上。"十年之后，当有位朋友失去了20岁的儿子时，弗洛伊德还是挂念这件事："我死去的女儿今天应该36岁了……我们知道，在经历这样的丧失之后，我们感到的极度悲痛将会随着时间流逝而慢慢过去，但是我们还会继续悲痛欲绝，永远找不到替代品……这也是我们能够让所爱之人永存心间的唯一方法。"

左：弗洛伊德和玛莎　右：弗洛伊德和索菲

索菲的去世，再加上两个儿子参军，让弗洛伊德想到了叔本华的一句话："所有生命的目标都是死亡。"再加上进化论的观点，世界本来是无机的，死亡就是回归无机的过程，这是生命的必要过程。所以，人类除了生本能力比多，还有死亡的本能，人的本能冲动是两大本能的混合，放到具体行为上就是"爱与毁灭"，后来被《宠物小精灵》里的火箭队借用成了口号。弗洛伊德认为，残酷、自杀、谋杀以及攻击都是死亡本能驱使的。如果攻击指向外部，就会侵犯他人，如果指向内部，就容易变成受虐狂。生本能和死本能就像太极图一样你中有我我中有你，比如进食是生本能，咬这个动作是死本能。死亡本能在生存的本能覆盖下以各种各样的形式伪装，比如药物和酒精成瘾等。

正如爱可以替代憎恨一样，生死本能也可以相互替代，弗老师自己就是个活生生的例子——1923年他被检查出口腔癌，但他依旧不愿意戒烟，也不愿意用止痛药，依然坚持工作，这就是生死本能之间的此消彼长。接下来的16年中，弗洛伊德下巴上的癌细胞不断扩散，做了34次手术，最后甚至不得不安上了一个移动颌假体，每天起来都要忍着剧痛安好，今天才是晴天。不过弗洛伊德依旧没戒烟，并且每天坚持锻炼身体，在维也纳街头暴走，大家可以参照海贼王里头斧头蒙卡的样子。从1924年开始，弗洛伊德在接下来的6年都没抽烟，每天都很痛苦，弗洛伊德说："不可否认，我的身体健康要归因于这种放弃。但是，这太凄惨了。"后来他又复吸了，感觉上颚的肿胀都消失了，他高兴地说："要不是效果如此明显，我都不敢相信。"于是有个病人又给他带了50根雪茄，真是抽烟一时爽，一直抽烟一直爽。对此，弗洛伊德有他自己的说法，"当本能被压抑时，焦虑就产生了"。

关于这一点，兰克有些不同的见解。他在1924年出版的《出生创伤》中提出，出生创伤(Trauma of Birth)是焦虑的原因，婴儿在出生时离开了曾经舒适的环境，通过狭窄的产道，被成年人的大手揉搓，这个过程非常恐怖，佛家称之为"生老病死"中的"生苦"，所以人产生了回归子宫的想法。子宫中是一片黑暗的水，所以黑暗与水象征了人回归母体的欲望，很多浪漫者都跳水自杀，人也对美人鱼之类的东西充满向往。用兰克的这种理论来解释恋母情结，似乎也更能说服人。这让弗洛伊德有些头疼，开除了兰克的社长职位，从此兰克远走巴黎。三台柱彻底消失，这让弗洛伊德再次陷入思考。在1926年出版的《抑制、症状和焦虑》中，弗洛伊德修正了自己的早期观点。其实弗洛伊德在一战之前就承认早期创伤会影响之后的人生。在他唯一的一桩儿童精神分析案例中，他的病人，也是朋友的儿子——5岁的小汉斯害怕马，弗洛伊德分析后认为，这是他对于自己父亲权力的"阉割恐惧"。由于马和父亲都是雄壮的象征,而马又在他坐马车的时候给他过伤害,所以他把两种恐惧结合了。不过弗洛伊德终身都在为安娜进行精神分析,安娜后来也成了心理学家。弗洛伊德认为安娜18岁时"依然对性没有渴望",以此赶走了不少安娜的追求者,最后安娜终身未婚。为啥弗洛伊德认为大家都以性为驱动,就自己的女儿例外呢?因为小棉袄的父亲可不管什么心理学理论。

一战之后弗洛伊德好像没过上什么好日子,不过好事还是有的。1923年,弗洛伊德出版了《自我与本我》,这是弗洛伊德的最后一部爆款书。书中弗洛伊德把人格结构分为本我、自我和超我三个阶层。本我是先天的本能,是欲望所组成的能量系统,包括各种生理需要,可以理解为是心中的野兽,饿了就要吃,发情了就要性交,遵循快乐原则。超我是由社会规范、伦理道德、价值观念内化而来的,是从压抑本能要求进化而来的,是心中的圣人,追求完善的境界,可以分为理想和良心两部分,遵循道德原则。自我位于人格结构的中间层,它一方面调节着本我,一方面又受制于超我,遵循现实原则,就是你能够意识到的普通的自己。这三个角色中,本我蛮力最大,自我活得最累,也最无力,整天都在两头劝架,当本我和超我的冲突劝不好的时候,神经症就产生了。

以前精神分析都强调潜意识,而这本书直接上升到人格层面。很多潜意识的东西,其实都是"本我"造成的;自我对应意识,而超我可以对应前意识,他的道德标准决定冰山的哪个部分浮出水面。虽然这种对应不是百分之百的,但整体差不多。本我的英文名叫id,大家现在明白是什么意思了吧?这词在德文中是"Es",是弗洛伊德从好友乔治·果代克(Georg Groddeck)的作品中借来的。中国早期心理学家高觉敷(1896—1993)把id翻译成"伊底",源于一个冷僻成语"伊于胡底",直译过来就是"何处是尽头"。不过,弗洛伊德的这些观点当然也有不足之处,最大的一个被攻击点就是,他的这些结论大都是研究精神病人的结果,他的有些病人甚至认为自己不是人类(如鼠人、狼人等),这些理论能用到正常人身上吗?这里就要打个问号了。

第34回 玛丽公主义助恩师 弗洛伊德暮年历险

1925年,开头有狮子吼的米高梅电影公司负责人塞缪尔·戈德温认为弗洛伊德是"世界上最伟大的爱情专家",并请他就历史上的几个爱情故事(包括安东尼和埃及艳后)的剧本进行咨询。弗洛伊德表示对电影不感兴趣。然而,他非常欣赏卓别林,从他身上看到了自己年轻时的惨淡身影。

虽然拒绝了电影界,但同一年,弗洛伊德接待了一位特殊的客人——玛丽·波拿巴。她是拿破仑的三弟吕西安的重孙女,父亲叫罗兰·波拿巴,是个地理学家和植物学家,母亲是法国富商的女儿,嫁妆就有840万法郎。向玛丽求婚的人不是国王就是亲王,最后她嫁给横跨丹麦和希腊两国王室的乔治王子,至于为啥北欧和南欧的俩国家共用一个皇室,因为欧洲皇室之间经常通婚,不同姓的亲戚也有继承权。乔治王子他爷爷就是德国公爵,靠当丹麦王室上门女婿而成为国王,这在中国简直不可想象。1924年玛丽的父亲去世,留下6 000万法郎的遗产。你说都这个身份了,还有啥需要看心理医生的呢?当然是有难言之隐,这位玛丽公主深受性冷淡的困扰。1924年她还用化名发表了一篇论文,她测量了243位女性阴蒂和阴道间的距离并分析她们的性生活史后得出结论,认为两者间的距离和女性获得性高潮的难度成正比,其间距超过25毫米即容易性冷淡,于是她做了两次手术,发现还是不理想。她找到弗洛伊德之后,老弗说出一句至今还被引用的名言:"我做了30年咨询,依旧没弄清一个课题——女人到底要什么?!"

虽然没解决公主的问题,但是两人成了忘年交,公主日后成了弗洛伊德最忠实的学生。她把弗洛伊德的许多著作翻译成法语,

玛丽·波拿巴

并在1926年参与创立法国精神分析学会,推动精神分析在法国开枝散叶。当时巴黎大学医学院精神分析学专业有个大学生刚刚毕业,他叫雅克·拉康。由于经历了一战时期"一袋米要扛几楼"的痛苦,他对宗教失去了信任,转而成为弗洛伊德的粉丝。弗洛伊德在欧洲各国的影响力年年剧增,1928年《精神分析教育学期刊》的编辑门格博士和作家茨威格给许多名人写信,请他们为弗洛伊德获诺奖提供支持。爱因斯坦也收到了信件,不过婉拒了,他认为弗洛伊德只是个心理学家,不过"出于对弗洛伊德的杰出成就的敬慕,我决定不介入目前的状态"。这个梗后来在动画《超级科学伙伴》中也被用了。顺便插一句,其实爱因斯坦和弗洛伊德这俩犹太人大咖也是相爱相杀的典型。两人都反战,弗洛伊德也曾经想给爱因斯坦作分析,爱因斯坦直接拒绝:"我很遗憾不能满足您的愿望,因为我愿意在一个还未被分析的暗处待着。"对于爱因斯坦的科学发现,弗洛伊德说他走运,爱因斯坦强调没有调查就没有发言权,弗洛伊德说出了一句名言:"因为你研究的是数学物理,不像我研究的心理学,人人可插嘴。"

诺奖委员会也一直认为,弗氏精神分析无法通过科学实验检验,所以一直不颁奖。弗洛伊德的应援团有些急了,1936年法国作家罗曼·罗兰甚至推荐他获文学奖,依旧被否决,理由是:弗洛伊德的重要性是建立在其在治疗过程中的精神分析方法之上的,所以其文章价值应该交由医学权威来评估,球又被踢回去了。

1933年,纳粹开始迫害弗洛伊德,在柏林烧掉了他的著作,但弗洛伊德还挺有幽默感,说这是一种进步的信号,因为"要是放在中世纪,他们会连我一起烧了"。后来,出版公司的房产也被纳粹没收。他的追随者琼斯是英国宪章运动左翼领袖之一,劝他搬到英国去。但是老爷子比较固执,要与维也纳共存亡。

接下来几年可谓"知交半零落"。1937年,阿德勒在赴苏格兰阿伯丁做讲演旅行时病逝,是不是和前辈冈斯特伯格特别像?同一年,莎乐美也因糖尿病引发的尿毒症而去世。还是在这一年,不少于14位教授或诺贝尔奖获得者再次提名弗洛伊德,但还是没能成功。气得老弗说:"哪怕以后他们要给我颁奖,我也拒绝。"可是一直到死他都没得奖。

1938年老弗受到盖世太保传唤,因为身体原因不能亲自去,安娜替父出征,为了防止被拘留或侮辱,她还随身携带了巴比妥,这药超过500毫克就能要命。万幸安娜安全返回,弗洛伊德也意识到维也纳不能待了。可是想走没那么容易,多亏玛丽·波拿巴用巨额财产上下打点,在德军攻占维也纳三个月后,弗洛伊德才乘坐东方快车逃出奥地利,穿过欧洲大陆来到英国。不过弗洛伊德并没有带走四个妹妹,后来她们都死在了集中营,至于为什么这样,至今还是个谜。

当时很多犹太血统的人才都逃离欧洲,爱因斯坦就是1933年移居美国的。1936年,兰克也移居纽约,他一边修正弗洛伊德的观点,使之更适应工业化的美国,一边开始在美国推广他的"意志疗法"——他认为患者自身具备个人能力,治疗师只是一个积极的协助者,营造出一种情境,使得患者唤起他的积极意志,由此成长。他非常强调治疗师和病人之间的关系,用意志引导病人的自我精神分析,比弗洛伊德的观点积极很多。一个叫卡尔·罗杰斯的美国人很快成为他的粉丝,后来此人成为心理学第三势力的双雄之一。

弗洛伊德到伦敦之后受到官方接待,被安排在汉普斯特德的一座大房子里,这里后来成了弗洛伊德博物馆。弗洛伊德在女儿安娜的帮助下,开始整理自己的文集。伍尔夫夫妇从1924年起就开始做弗洛伊德作品的英国出版商,妻子维吉尼亚(又译弗吉尼亚)就是咱们之前提到的意识流作家。她在日记里写道:"1939年1月,他们见面了。"弗洛伊德是"一个有些神经质的干瘪老头:有着猴子似的温和眼神,动作很不灵便,时不时会抽搐,说话也不太清楚,不过人很机警"。大作家就是用词生猛,把弗洛伊德描述成猴子,不知道老爷子会怎么想。维吉尼亚有家传的精神病,自己也经常犯病,所以对弗洛伊德很感兴趣,但最终还是犯病跳河自杀了。而维吉尼亚的丈夫,对她不离不弃的雷纳德在自传中却说老弗"给我一种极其温和的感觉,能带来这样感觉的人,我此生遇见的不多,虽说温和,却让人觉得后面有股很强的力量……是个让人敬畏的人"。

可能他们不知道,就在这一年,弗洛伊德的生命也走到了尽头。这一年他依旧没放弃两件事——工作和抽烟。他出版了最后一部作品《摩西与一神教》,书的第一章就说摩西是埃及人而不是犹太人,这种颠覆性推断一下子又在犹太教和基督教的世界引起了轩然大波。可能他也意识到自己将不久于人世了，在这一年弟弟亚历山大的生日会上，他把多年收藏的雪茄烟送给弟弟，并说："我希望你接管这些质量上乘的雪茄，它们多年来随着我的流转而逐渐累积，你仍然可以在这种乐趣中放纵自己，而我已经不再可能。"

1939年9月23日，不堪病痛折磨的弗洛伊德对他的医生马克斯·舒尔（Max Schur）说，自己要走得有尊严，"现在对我而言，对我的治疗已经没有任何意义了，除了折磨再无其他"。医生在12小时内，先后为他注射了两次足以致死的吗啡剂量，弗洛伊德就这样用安乐死结束了自己的人生，死前他让子女们照顾好玛莎。五个星期后，他的徒儿兰克也撒手人寰。一年后，曾经决裂的威廉·斯泰克尔在伦敦服药自杀。

弗洛伊德在去世之后，依旧对后人充满吸引力。正如诺奖委员会所说的，他的理论在生物学上无法证明，可是也无法证伪，这就让后人不断为支持或否定弗洛伊德而开撕。他多年的追随者琼斯，被称为"弗洛伊德的梅林（亚瑟王身边的魔法师）"，从此致力于整理弗洛伊德的作品和传记，还获得了处理弗洛伊德私人信件的权利。有153箱关于弗洛伊德以及他的家人、患者、同事及作品的书信手稿被封存在美国国会图书馆。其中，有19箱要到2020年、2050年以及2057年才能公开，有8箱则是永久封存。当时很多名人都把手稿捐给这家图书馆，罗杰斯也把自己的所有作品捐给这里，而且没有任何限制，随便看。

第35回　新精分桃李满天下　克莱茵英国斗安娜

弗洛伊德去世了，精分派从此失去了一个强势的掌门人，你以为精分派从此不必内斗了？不，反而更厉害了，而且大部分参与者竟然是女性专家。

弗洛伊德去世后，琼斯发现自己不仅担任起整理遗产的任务，还要当调停人。理论上说，安娜·弗洛伊德（Anna Freud，1895—1982）应该是下一任掌门人，她1922年就因为一篇关于儿童幻想的论文成为维也纳精分协会的精分师，从此长期和父亲讨论专业精分问题，这点她甚至超过了母亲玛莎，因为玛莎一直觉得这些玩意是不正经的黄色作品。安娜还是父亲的私人生活助理和处理信件的秘书，她不仅继承和发扬了父亲的思想，而且还使之进入儿童分析、教育、抚养等领域。虽然她自己终身未婚，不过有了女友，并对女友的女儿做了分析。除此之外，她还研究自我防御机制，是游戏疗法的先驱，对儿童期和青春期的心理治疗功不可没。在美国评选的"20世纪最有影响力的心理学家"中，安娜排名第一百位。

安娜在对儿童的分析中，强调自我的重要性，不同于父亲认为自我防御是潜意识的遮羞布，安娜认为自我防御有调节社会需要和生物需要的积极作用。

安娜·弗洛伊德

她还提出"利他性放弃"（放弃自我而理解他人）和"认同攻击者"也算自我防御。后者后来成为斯德哥尔摩综合征的理论依据——被绑架者会对绑匪产生情感。1936年，在弗洛伊德80岁生日的那一天，安娜把自己的新作《自我与防御机制》作为生日礼物送给了父亲，这也奠定了她继承人的位置。不过由于弗洛伊德本人算是私营业主，那时候女性不上学的也可以理解，安娜并没有踏入正规院校，直到

1950年她才有了第一个文凭——父亲的老朋友克拉克大学授予的荣誉学位。后来安娜收了个比她还有名的徒弟,叫爱利克·埃里克森。

早在1926年,琼斯就把另一位女同行梅兰妮·克莱茵(Melanie Klein, 1882—1960)带回了英国。本来就和德国同行关系不太好的克莱茵欣然同意,从此一直待在英国。克莱茵从小和父亲不亲密,和母亲关系很好,因而当然不同意弗洛伊德的俄狄浦斯情结,她强调母亲角色的重要性。最终她背离了弗洛伊德的本能论,强调母子关系,发展出了"客体关系理论"。她的三个孩子中有两个早逝,自己和小儿子以及三个孙子的关系都很密切,这使得她对儿童精神分析也有了很大的兴趣。可是她跟安娜也有些不对付,例如,她认为游戏治疗时要把儿童当作成人;而安娜则认为治疗师要担任教育者角色。两位女士的分歧越来越大,后来克莱茵这边称为"伦敦学派",安娜这边称为"维也纳学派"。双方都认为琼斯应该站自己的队伍,这可真是太让人左右为难了。琼斯索性隐居乡下,在人生的最后几年潜心编写《弗洛伊德传》三部曲,长达1500页,直到1957年第三部才出版,次年琼斯突发心脏病去世。

克莱茵后来成了英国精分界一姐,她的客体关系学派就成了"英国学派"。克莱茵也提出了比较惊世骇俗的观点:例如婴儿刚出生就会从本我中产生积极的幻想,而且拥有好坏的概念——妈妈就是乳房,让自己吃饱的乳房就是好的,不让自己吃饱的就是坏的。婴儿分不清幻想和真实,所以奶嘴也能满足。随着年龄增长,还会有新幻想。而安娜和其父亲的观点则是,到了3—6岁的俄狄浦斯期,孩子才知道好坏。克莱茵甚至连俄狄浦斯期的概念都推翻了,她认为从出生到三四岁都是恋母期,这时不论男宝女宝,都在期待一段好关系,希望遇到好客体。克莱茵还提出了一个至今还很流行的观点——投射性认同。就是说人对于一段关系有个主观的推测,并且把对方往自己希望的那方面引导,最终对方就会变得和自己的推断一样。比如夫妻中的一方怀疑另一方出轨,天天各种查蛛丝马迹,最后另一方不厌其烦,就真的出轨了。常见的有依赖性投射认同(需要对方照顾)、权力性投射认同(需要对方服从)、迎合性投射认同(需要对方让自己迎合并且回馈自己)、情欲性投射认同(希望对方认为自己性感)。

克莱茵的门徒费尔贝恩（W. R. D. Fairbairn，1889—1964）甚至更激进，他认为人的动力（力比多）不是追寻快乐，而是与客体建立满意的关系。在他眼里，力比多是有理智、有目的的，而非混乱的愿望满足。所以他的观点又被称为"纯粹客体关系理论"。

可能内斗就是精分派的一个传统，克莱茵的另一个更著名的门人唐纳德·温尼科特（Donald W. Winnicott，1896—1971）也保持这一作风。在费尔贝恩痛批弗洛伊德的时候，温尼科特竟然站出来反对他说，虽然我们都不赞同弗洛伊德的观点，但大家毕竟都是精分门人。他本人同意弗洛伊德关于本能部分的理论，同时也强调环境的重要性。婴儿与母亲的关系就是第一个环境。由于温尼科特是BBC电台的常客，他将儿童的自我建构推广到了社会文化方面。后来他两次担任英国精神分析协会主席，与其追随者被称为独立的客体关系中间学派。

克莱茵

第36回　霍妮进军美利坚　传人文体多开花

正当安娜和克莱茵两位女士因公因私斗得不可开交时，另一位女性精分师也在美国开辟了战场，她就是卡伦·霍妮（Karen D. Horney，1885—1952）。霍妮是德国人，家里重男轻女，父亲经常说她又丑又笨。9岁时她小宇宙爆发，"我不能变美，但是可以变聪明"，19岁时她父母离婚，大学时认识已婚的奥斯卡·霍尼，24岁结婚，15年后他俩也离婚了。1909年，因为抑郁症和性问题的困扰，霍妮找到了弗洛伊德的弟子卡尔·亚伯拉罕进行精神分析。1919年霍妮开馆行医，但仅仅4年之后，丈夫得病，生意亏损，弟弟病逝，霍妮简直抑郁到要自杀。这之后她不但离了婚，还发表了大量反对弗洛伊德的文章。

弗洛伊德曾说女性的心理是一块黑暗的大陆，他关于女性性欲的推测也带有强烈的个人色彩（话说所有的精分大师都带有强烈的个人色彩）。霍妮对此进行了不留情面的批驳：你说女人有"阴茎嫉妒"？男人还有"子宫嫉妒"呢！男人有权力也不是因为有阴茎，而是因为社会文化对男人有固定认知，这点霍妮赞同阿德勒。霍妮这一通反对，不仅让她成为女性心理学先驱，还成了最早的社会心理学提倡者。

欧洲毕竟是老弗的主场，1932年霍妮转战美国，1934年她遇到另一位刚刚逃难而来的美籍德裔犹太精分师艾瑞克·弗洛姆（Erich Fromm，1900—1980）。弗洛姆本来是海德堡大学的哲学博士，后来又在慕尼黑大学学习了精分。他毕生都在修正弗洛伊德的观点。由于是人本主义哲学家，他非常强调爱的力量，而不是弗洛伊德强调的性冲动。弗洛姆认为："人类最大的需要就是克服他的

霍妮

孤独感和摆脱孤独的监禁,而这只有通过真爱才有可能实现。"还有句名言也是出自弗洛姆笔下:不成熟的、幼稚的爱是"我爱你,因为我需要你",而成熟的爱是"我需要你,因为我爱你"。这放在电影中绝对是经典台词。弗洛姆的研究让他成为精神分析社会学的奠基人之一,他和霍妮很快坠入爱河。

你以为之后就是神仙眷侣的生活了吗?不,霍妮继续了大姐大的硬核人生。两人在纽约同居数年,就是不结婚,最后还是分手了。对于精分师来说,每次灾难都是一个创作的机会,霍妮分手后经过自我分析,写了一本书就叫《自我分析》。由于和弗洛伊德的经典理论冲突严重,1941年霍妮被纽约精分研究所开除。霍妮哪能吃这个瘪,紧接着她就成立了美国精分研究所,自己当所长。

在美国和霍妮齐名的还有哈里·斯塔克·沙利文(Harry Stack Sullivan, 1892—1949),一个在纽约出生的爱尔兰后裔,在1936—1947年间,人称华盛顿学派老大哥。他不是弗洛伊德门派的成员,而是芝加哥大学医学博士,然后靠自学精神分析,成为第一个把人际关系理论引入精神分析的人。他的核心思想是:精神医学就是一种"人际关系学",个人的人格是由他出生后所接触的人及社会力量逐渐塑造而成的。人不仅有生物冲动,还有获得社会安全感的冲动。弗洛伊德强调潜意识无法测量,而沙利文则是测量狂魔,还在华盛顿参与成立世界顶级的独立精神分析学研究机构。他生前只出版了一本《现代精神病学概论》,却影响了几代美国人,死后追随者们还给他整理出了五本书。沙利文参与了很多战争相关的心理研究,例如二战期间的美军选拔,战后联合国教科文组织的帮助修复战争创伤的"紧张计划"等。经历这些的沙利文提出"需要和焦虑是人格发展的动力",自我的主要功能就是消除紧张焦虑以获得满足。如果自我得到满足,同时别人也赞赏,这部分自我就是"好我";自我满足而别人不赞同,那就是"坏我";损人不利己的那部分是"非我"。沙利文非常强调关系,甚至提出了"治疗师—患者"两人小组的概念,但或许是57岁英年早逝的缘故,他还缺乏完整的理论体系,提出的术语也非常难懂。

弗洛伊德在美国的"支持者"还是有的,1964年美国精分协会的主席海因兹·科胡特(Heinz Kohut, 1913—1981)就是其一。他也是维也纳的犹太人,

1938年获得维也纳大学的医学博士学位。他不仅出身上流社会,而且德智体美劳全面发展。在弗洛伊德坐火车逃离维也纳时,科胡特终于见到了朝思暮想的偶像,两人隔着车窗相互挥帽子致意。1940年,科胡特也逃到了美国,加入美国国籍,他成为芝加哥大学精神病学系的一名讲师,同时也是芝加哥精分研究所成员,参与临床实践。

第 37 回　拉康坚守法兰西　新秀再挺经典派

这么说，弗洛伊德的理论就由资深粉丝科胡特来传播了？事情没那么简单。1971 年，温尼科特临终前在记事本上写下祈祷："噢，上帝！让我死后如同生前！"他死后是不是如同生前咱们不知道，但是精分派的内斗传统，确实延续下去了。就在这一年，科胡特突然出版了自己多年憋着没说的理论《自体的分析》，从此开创了一个新的精分流派——自体心理学，开始挑战弗洛伊德了。他认为人格发展的动力不是性冲动，而是婴儿参照父母给的期待，塑造了自我。"如果早年的环境利于自我的形成，就能形成稳定、真实的自我。"当时科胡特和罗杰斯都在芝加哥大学工作，科胡特受了一些人本主义思潮的影响，认为在咨询中要通过感同身受（专业词汇叫共情）来建立信任关系，这和弗洛伊德的保持医患距离的精分截然不同。

埃里克森

安娜的美国徒弟爱利克·埃里克森（Erik H. Erikson，1902—1994）也提出了自己的重要理论。埃里克森的生父是丹麦人，他在埃里克森小时候就离家出走了，而身为犹太人的母亲又嫁给了一个犹太人，学校和犹太人教会都认为他是异端，所以他提出了青少年"同一性"危机的概念。如果青少年自己的心理和社会，或者自身主客观等方面无法统一起来，就会产生同一性混乱，无法顺利进入成年期。1933 年也是由于纳粹迫害，他迁居美国，将弗洛伊德的理论又拓展到了全年龄段，除了基本的五个阶段，他又加了青年期、成年期、老年期。每个阶段都有自己的任务，如果没完成就无法顺利进入下一阶段。如第五阶段两性期（12—20 岁），我们要完成同一性，避免角色混乱。这样才能进入下一个阶段青年期（20—25 岁），来获得亲密感,避免疏离孤独感。埃里克森的人生八阶段论,成为最受广泛认可的人格发展理论之一。1969 年,埃里克森在哈佛医学院担任人类发展学教授,就依此讲授"人类生命周期"课,深受研究生欢迎。

那么,弗洛伊德真的没有传人了吗? 大家还记得法国的拉康吗? 拉康生于巴黎,死于巴黎,可以说是个老巴黎人。他上学也是在巴黎大学,不仅学了精神分析,还学了文学和哲学。1929 年当过法医,1931 年正式成为巴黎最古老的精神病院——圣安娜医院的精神科医生。由于有文学功底,他把语言学和精分结合在了一起。1933 年,他与西班牙艺术家萨尔瓦多·达利(Salvador Dalí,1904—1989)等人交往密切,把精分与艺术结合,甚至拿出当法医的功底把精分与犯罪学结合,同时他还研究黑格尔的哲学,发表了不少文章。这一年他还旁听了法兰西学院亨利·瓦龙(Henri Wallon,1879—1962)的关于儿童照镜子的研究,受到了很大启发。于是在 1936 年 7 月 31 日下午,在捷克马里安巴召开的第十四届国际精神分析协会年会上,拉康发表了关于镜像阶段论的报告,第一次明确地提出镜像理论。他认为婴儿在出生后的 6—18 个月中,起初并不能认出镜子里的自己;后来才能区别自己的镜像与自己;最后才知道镜子里的镜像是自己的形象,并认识到自己与别人别物是有区别和联系的。在这个过程中,婴儿逐渐变成有情感和观念的人。这个理论成为拉康观点的基石,而且也和弗洛伊德关注的儿童到成年的过程不冲突。于是,1938 年,他成为巴黎精神分析学会的正式会员,和玛丽公主接头。

二战期间,拉康当了军医,可能是法国人天性浪漫,1941 年他还和法国后现代作家乔治·巴塔耶的前妻、犹太裔女影星西尔维娅·巴塔耶(Sylvia Bataille,1908—1993)弄出了一个私生女,导致老婆玛丽·路易斯提出离婚。1949 年,在苏黎世举行的第十六届国际精神分析协会大会上,拉康又发表了一篇和镜像有关的论文。1953 年拉康正式迎娶西尔维娅,还提出了一句著名的口号:"回到弗洛伊德!"可能是弗洛伊德此时已经没那么有影响力了。这一年他还当上了巴黎精神分析协会的主席,可是才干了半年就退出了,转而加入了在他之前退出的几个学者成立的法兰西精神分析协会。可是国际精神分析协会大会并不承认这个组织是它的分支,于是1954—1963年期间,每隔两三年,法兰西精神分析协会都要被国际精神分析协会拒绝几次,到最后国际精神分析协会甚至说,要除去拉康等人的名字才可以加入。好,既然如此,拉康成全你们。1963年拉康退出,次年成立巴黎弗洛伊德学派。对于美国那些表面上支持精分的科胡特之流,拉康提出过强烈批评,研究啥自体?潜意识才是最重要的。精神分析是咨询,而不是治疗。至于后来美国有好多实验人员用动物行为实验来推测人的心理,这在拉康看来完全和心理学沾不上边,"因为心理必然与语言、意义和价值观念相关联"。鉴于对弗洛伊德的强烈支持,拉康也被称为"法国的弗洛伊德"。由于对镜像研究很痴迷,拉康认为人观察到的万物都是人心中的镜像,是客观事物加上主观思想的扭曲,这就有一些东方宗教的意味了。此后拉康的思想越来越玄妙,不同于冯特结构主义的理性简化分类,拉康等人为心理结构研究加上了语言学的非理性因素,成为了"后结构主义"的代表人物。1970年后,他出现在多国的电视台上,被称为"二战后最具独立见解又最有争议的欧洲精神分析学家",甚至被称为尼采和弗洛伊德之后最有影响力的思想家。1980年1月,还是由于内斗严重,拉康宣布解散巴黎弗洛伊德学派,同年2月又组建新的"弗洛伊德主义事业"组织。1981年他再次解散组织,又成立了弗洛伊德事业学派;9月9日,拉康去世,终于不能再参与精分派的内斗了。后人也有些专门研究拉康的,拉康的理论也和弗洛伊德甚至荣格的一样,是出了名的难懂。

精分派的分裂显然对经典精分派是一大损失,可是对心理学乃至整个人类是大有裨益的,要不然我们现在就不能有这么多不同的心理疗法了。难怪有人说,20世纪是精分的世纪。虽说精分派人才辈出,但是没有一个人的影响力能够超过弗洛伊德的。弗洛伊德的姻亲侄子爱德华·伯奈斯成了公关之父,在美国让大众购买原本不需要的产品;弗洛伊德的孙子卢锡安(Lucian Freud,1922—2011)成为英国最伟大的画家,画出了很多"真实到丑"的油画,连英国女王伊丽莎白都要求他作画,最后还被画得老态龙钟。甚至在弗洛伊德死后几十年的2014年1月,还有小偷在伦敦戈尔德斯格林火葬场试图偷走一个公元前三世纪的希腊古瓮,里面有弗洛伊德夫妇的骨灰。瓮遭到了一定的损坏,还好没被偷走。相信不论多久之后，弗洛伊德依然是心理学史上不可忽视的明星，毕竟他是第一个深入探索人类思维领域的人，也是第一个从性心理学角度反叛当时的宗教和哲学权威的人。

不过，读了上述的这些故事，我们可能早就意识到，精分派的各位代表人物几乎都是因为自己的人生经历而创立理论，最后也免不了落入自己挖的坑当中，如弗洛伊德研究的性学，荣格的神秘学，阿德勒的自卑，霍妮的女权之路，克莱茵的亲子关系，埃里克森的角色混乱等。由于无法用实验检验，所以精分派也成了内斗最严重的一个心理大派。弗洛伊德的经典精分，埃里克森的美国学派，克莱茵的英国学派，科胡特的自体心理学，史托罗楼的主体间性心理治疗（这五个学派也被统称为心理动力学，后四个被称为现代精神分析），以及不承认自己是精分的荣格派、阿德勒派、霍妮派等，依然通通活跃在江湖之上。

第五部分　行为记

之前我们说过,第一次心理学战争是欧洲的结构主义和美国的机能主义之间的战争,是费希纳和布伦塔诺之间冲突的延续。然而到了第二次心理学战争的时候,布伦塔诺的思想同盟军又回到了欧洲,而提倡用物理法研究心理的那一派则到了美国,双方交换了战场。只不过双方的观点不再那么绝对了,而是互相吸收了"敌对思想"。

爱因斯坦说:"理论决定我们能观察到的东西。"这句话在心理学的圈子里体现得尤为明显,因为任何观察者都会在自己的前提下加工观察到的信息。因此,在强调中立、客观、理性、规律的逻辑实证主义"科研精神"的引领下,心理学在美国走向了另一条道路,它通过对动物和人类幼崽的大量研究,让心理学看上去更加"科学、可信、有成绩"。

第38回 巴甫洛夫研究反射　爱狗如命拒绝心理

东方朔被追认为相声界的祖师爷，可是他从来没说过自己是相声演员。同理，某个心理学派也追认了一位生理学家当祖师爷，他就是伊万·彼得罗维奇·巴甫洛夫(Ivan Petrovich Pavlov, 1849—1936)。巴甫洛夫出生于俄罗斯梁赞(俄罗斯州名，和咏春门叶问的师爷梁赞先生无关)一个拥有蒙古血统的家庭(七分之一的俄罗斯人都有蒙古血统)，与数学家安德雷·马尔可夫、诗人谢尔盖·亚历山德罗维奇·叶赛宁、宇航之父康斯坦丁·齐奥尔科夫斯基是同乡。本来巴甫洛夫是要子承父业做传教士的，可是19世纪60年代俄国思想界正风起云涌，伊万了解了达尔文的进化论，还接触到了和他同名的伊万·米哈伊洛维奇·谢切诺夫(Ivan Mikhaillovich Sechenov, 1829—1905)于1863年出版的《脑的反射》一书。书中认为有意识和无意识的心理都是神经反射，自然科学的唯物主义是可以解释心理活动的。谢切诺夫的观点后来被称为"客观心理学"或心理学中的自然科学派。这类书看多了，巴甫洛夫逐渐变得不信上帝了。

1870年，21岁的伊万考上了圣彼得堡大学，接触到了偶像谢切诺夫。最开始小伊万的专业是法律，后来又转了专业学习理学，大三时他的成绩开始突飞猛进，因为要做的实验太多，大四时他竟然主动要求留一级。1875年大学毕业后，巴甫洛夫想考医学博士，1878年就到了医院工作，并且有了一间没人要的破旧的生理实验室，据说又像门房又像澡堂。在接下来的几年中，巴甫洛夫在这里完成了硕士和博士论文。1879年他还结婚了，和妻子约定自己负责搞科研，妻子负责做家务。从此巴甫洛夫每周工作七天，除了每年暑假陪妻子到乡下生活时能闲一下，平时不打牌、不喝酒、不应酬，一直到70岁。

1883年，巴甫洛夫完成了博士论文，主题是"心脏的传出神经支配"，这篇文章不仅让他获得帝国医学科学院医学博士学位、讲师职务和金质奖章，还开辟了一个新的生理学分支——神经营养学。鉴于他的卓越贡献，1884年巴甫洛夫被政府派到莱比锡大学进修三年。这一年可是很神奇的一年，冯特在莱比锡的实验室开始有了名分，杜威博士毕业进入大学教书，弗洛伊德成为医院神经科负责人。

巴甫洛夫在莱比锡大学主要研究的是心跳，他发现心脏的快慢是由两种不同的神经控制的。现在我们把让人兴奋的称为交感神经，让人冷静的称为副交感神经。这两种神经合成自主神经或者植物神经，它是受了刺激就会自动反应，不受意识控制的，比方说突然被吓一跳就会心跳加速。回国之后，巴甫洛夫又开始研究神经与消化系统。之前的动物实验几乎都是在全麻状态下做的，做完了动物也就死翘翘了。由于非常爱狗，巴甫洛夫开始主攻健康动物的反应。养狗的人都知道，狗在吃食之前，看到食物的时候就已经流口水了，巴甫洛夫称之为"心因性分泌"。为什么会有这个现象呢？有同事就提议，你不是在德国接触过心理学嘛，咱们用内省法，假装自己是一只狗，来琢磨一下。巴甫洛夫毕竟是战斗民族出身，此时他说了一句名言——"如果有谁胆敢在我的实验室里使用心理学术语，我将毫不留情地开枪击毙他！"因为他觉得自己是个严谨的科学家，那些意识啥的都是伪科学，破坏科学的纯净性，和玄学有啥区别？虽然在其他心理学派看来，冯特已经够物理化了。

巴甫洛夫发现，狗只要嘴里进东西，就会分泌唾液，这被他称为"非条件反射"，只要是会吃东西的动物都有这个机制。但是如果在每次喂食之前给狗信号，不论是声光还是其他物理刺激，经过几次之后，狗一旦接触到这个信号，就开始分泌唾液，这叫作"条件反射"。如果在这个信号之前再加一个提醒信号，比如先响铃，后亮灯，就可以形成二级条件反射，再往上还能形成多级条件反射。条件反射成为后来行为主义心理学派的理论核心。巴甫洛夫还发现神经是有"欺骗性"的，胃部的迷走神经连着大脑，通常大脑通过它发信号给胃部，胃酸才会分泌。当他给狗的食管开个洞，又给狗的胃部开了个洞时，狗吃的食物全都从食管的洞口漏掉了，可是胃部的洞依然流出胃液；甚至在没有实物的时候直接刺激迷走神经，狗也会分泌胃液。所以巴甫洛夫提出，狗受到味觉刺激或者进食信号刺激，信号通过神经传到大脑，大脑再通过迷走神经传信号到胃部,让胃部做出分泌胃液的反应,这就是一个完整的系统。从 1901 年开始,他余生的三十多年,都奉献给了条件反射。

那么,这个推论对人是否管用呢？1903 年伊万的弟弟尼古拉失业在家,老母亲让伊万带弟弟做实验,巴甫洛夫表示有些为难,向老爹求助,可是父亲也说"你妈说得对"。巴甫洛夫觉得弟弟不是一个好的实验对象,弟弟也不想当小白鼠。但巴甫洛夫还是做了实验,用什么食物作为实验材料呢？弟弟说,咱们得用鱼子酱,不吃鱼子酱还算是老俄罗斯人嘛,再说鱼子酱吃着方便,优秀的食材不需要烹饪。巴甫洛夫说,咱们做实验是为了祖国,为了崇高的科学理想,不是为了享受,再说我自己都吃不起鱼子酱,怎么能拿来"喂狗"呢？争了半天,鱼子酱改成了面包片。实验步骤和给狗做实验一样,只不过三天后,伊万在摇铃铛之后没给弟弟吃面包,巴甫洛夫家族怎么说也是有彪悍的蒙古人血统的,弟弟一巴掌打断了伊万的鼻梁骨。老母亲去医院也没说好话,还指责伊万饿着弟弟。

巴甫洛夫的实验室

弟弟此时却上街四处宣扬,自己才是传说中的神经学大师巴甫洛夫,还亲身拿自己实验,那个伊万就是自己的记录员。伊万在报纸上看到这些,从病床上一跃而起,带着鼻子上的石膏重回实验室。接下来他选了一条公牧羊犬作为实验对象,从此兄弟俩再也没说过话。转过年来,巴甫洛夫因为对消化系统神经的研究,成为第一个获得诺贝尔生理学或医学奖的人,在获奖感言中他感谢了助手、牧羊犬甚至自己都不太信的上帝,就是没提弟弟。

巴甫洛夫在给狗做实验的时候,又发现了狗子之间也是有"性格差异"的,像泰迪、二哈、金毛、德牧的脾气就不一样。就像当年希波克拉底提出的体液气质学说一样,巴甫洛夫也把四种气质归结为神经活动的不同:如果一个人的兴奋和抑制能力都很强,其神经活动类型就是强型;如果兴奋的能力比抑制的强很多,那就是不平衡型;如果兴奋和抑制的转化速度很快,那就是灵活型。多血质的人(如燕青)高级神经活动强、平衡、灵活,巴甫洛夫称之为"活泼型";粘液质的人(如林冲)高级神经活动强、平衡、不灵活,巴甫洛夫称之为"安静型";胆汁质的人(如李逵)高级神经活动强、不平衡,巴甫洛夫称之为"兴奋型";抑郁质的人(如林黛玉)高级神经活动弱,巴浦洛夫称之为"抑郁型",这就是他的"高级神经活动类型学说"。巴甫洛夫的这一理论,让他的研究越来越靠近心理学了。

晚年时伊万开始关注精神病,他认为人的大脑皮层有两种应对刺激的系统:第一信号系统负责声光电等具体刺激。第二信号系统负责语言、逻辑、概念、推理等抽象信号,是婴儿在成长中逐渐形成的,也是人类特有的;动物没有这个系统,所以无法得精神病。但是第二信号系统在大脑的哪一块,巴甫洛夫还无法指出来。后来又有人把对抽象概念的进一步抽象化列为第三信号系统,不过这个概念过于玄学而没有那么大的影响力。

1917年,十月革命爆发了,老百姓陷入战乱,俄国顿时变成饿国,巴甫洛夫在自己吃不饱的情况下,依旧把面包分给实验室的狗吃,继续自己的研究。经过多年研究之后,巴甫洛夫对心理学的观点不那么激进了,他说:"只要心理学是为了探讨人的主观世界,自然就有理由存在下去。"不过他直到去世之前,都跟大家说追悼会上不要说自己是心理学家。尽管如此,巴甫洛夫还是启发了一个心理学派,这个学派成为和精分派分庭抗礼的第二势力。

巴甫洛夫

第39回　不良少年制霸街头　文武双全驯服百兽

大侦探福尔摩斯的助手名叫约翰·华生，而行为主义的开山祖师也叫约翰·华生（John B. Watson，1878—1958），只不过小说中的华生中间名是 H，而心理学家华生的中间名是 Broadus。于是一个段子产生了：福尔摩斯总强调"品质说明行为"（斯蒂芬·金《华生医生探案记》），而华生只关注行为，这就是他没有福尔摩斯高明的原因。

华生出生于美国的南卡罗来纳州，父亲是个暴脾气的小农场主，母亲则是个虔诚的基督徒。华生的童年并不快乐，他觉得自己没有自由，因而日后对一切宗教都很反感，虽然他小时候和耶稣一样学会了木匠活，锻炼了他的动手能力。13 岁那年父亲与人私奔，母亲卖掉农场，华生遭受同学歧视，动手能力极强的华生当然不吃这个亏，经常和人打架挂彩，甚至还和人鸣枪作战进过两次局子。

难道说，华生以后就走上全年恶人的道路了？那可不行，华生的妈妈所属的教派叫美南浸信会，正好有位教友是福尔曼大学的校长，16 岁的华生虽然成绩不好，但还是向校长毛遂自荐，最终通过批准进入这所大学。不过他并没有按照母亲的希望学好神学，而是转专业到文科，但这也不是啥黑点，毕竟心理学家几乎都转过专业。大学期间，他在希腊文、拉丁文、数学、心理学等课程上表现出色，还坚持勤工俭学，本硕期间都没谈对象。1900 年华生文科硕士毕业，当了一所一年级只有一个班级的小规模小学的校长，难道以后就走上带小学生玩耍的道路了？那可不行。华生请福尔曼大学的校长给自己写了推荐信，自己也给芝加哥大学写了自荐信，希望能免费入学。芝大的校长威廉·哈珀咱们也提过，是个不走寻常路的人，一看还有人脸皮这么厚，那就让他进来吧，分给杜威当学生！

杜威老师咱们也了解，主攻教育学和哲学，这华生可不乐意了，这不还是陪孩子玩嘛，华生成名后甚至说："杜威是个不可思议的人，我从来不知道他那时在说些什么，而且不幸的是，我至今还不知道他说了什么。"华生要学的是"纯粹的心理学"，又不想当哲学博士，于是他又把导师转成了安吉尔和生理学家亨利·唐纳森（Henry H. Donaldson，1857—1938）。后一位大家可能不太熟，但他是把得白化病的老鼠变成最常用的实验动物的人。后来华生也用小白鼠实验，只不过方向有些歪。华生在芝加哥大学读博期间勤工俭学，当过看门人、宿舍服务员、白鼠饲养员等，三年之后终于拿到了博士学位。他的博士论文是《动物教育：白鼠心理发展与其神经系统发育的实验研究》，文中指出白鼠的神经成熟程度和学习能力没关系。四年前桑代克刚宣布关于迷宫箱的研究，这类实验还是挺火的，华生的论文也受到了一致好评。

接下来，穷小子华生终于转运了，他留在芝大任教，成为当时芝大最年轻的教授。25岁的华生年轻又英俊，在一次监考中有位耿直的女生干脆不答题了，给他写了一封情书。这名女生叫玛丽，出自当时名门伊克斯（Ickes）家族，她哥哥哈罗德（Harold LeClair Ickes，1874—1952）是芝大1897届毕业生，后来当了罗斯福的内政部长，还上过时代周刊封面。有了这样的白富美追求当然没啥可犹豫的，1904年华生就结婚了，和巴甫洛夫拿诺奖是同一年。接下来几年华生在芝大一边教书一边做实验，建立了自己的比较心理学实验室，主要研究感觉输入、学习与鸟类行为之间的关系，还用猴子、鸡、狗、猫、蛙做实验，当然用得最多的还是白鼠。关于心理问题的成因，当时主要有两种观点。一种是体因性观点，如当过冯特助手的德国精神病学家埃米尔·克雷佩林（Emil Kraepelin，1856—1926）就认为生物因素（如疲劳、药物）是导致心理问题的原因。法国微生物学家路易斯·巴斯德（Louis Pasteur，1822—1895）也发现梅毒病菌入侵大脑会影响人的心理。另一种是弗洛伊德等人坚持的心因性观点，因为心理问题就是心理原因导致的。华生在接触这些观点之后，还是更倾向于前者。

华生的观点并非全部独创，早在古希腊时期，哲学家德谟克利特就认为："我们无法确知任何东西，只知道施加于我们躯体的力量给它带来的变化。"研究了巴甫洛夫的条件反射研究和法国无神论哲学家朱里安·奥弗鲁·德·

华生

拉·梅特里(Julien Offroy de La Mettrie，1709—1751)1747 年出版的《人是机器》后，华生越来越坚信人和动物也是机器，会在受到信号刺激后做出反应，至于心里咋想的不重要。当时美国刚刚完成工业化，社会急需高效培训、科学管理，华生这样的观点很符合美国国情。不过他的老师安吉尔是一位坚定的机能主义者，在听到华生说心理学应该观察外部行为而不是意识时，安吉尔批评他的观点"疯狂而无知"。

既然芝大的老师不太待见这个观点，那就去其他学校宣传试试。1908 年他去耶鲁大学演讲，首次提出了"心理学应该进行客观研究"的概念。约翰斯·霍普金斯大学此时也注意到了他，想要挖墙脚。华生在芝大已经做到了助理教授，还是很留恋的。可是约大一下子开出了 3500 美金的年薪和教授的职位，华生一看这边条件更好，当然就跳槽了。在这里没有安吉尔的批评，研究更加自由。在研究老鼠走迷宫的时候，他发现蒙眼、破坏嗅觉之后，老鼠经过短暂的适应期依旧可以像健全时候一样快速走出迷宫，于是他提出了"肌肉记忆"的观点，并认为学习主要就靠它，而不是意识。1912 年，中华民国元年，华生和安吉尔分别独立提出了行为主义者的概念。于是，1913 年华生在美国《心理学评论》杂志上发表了《行为主义者心目中的心理学》，强调在行为主义者看来，心理学纯粹是自然科学的一个客观的实验分支，要用客观的研究方法研究行为，比如观察法、报告法、测验法、条件反射法等，反对冯特的内省法。华生还说，人和动物并没有明确界限，喜怒哀乐和行为全都是条件反射，心理学研究的任务是找到刺激—反应之间的规律，这样就能根据刺激推知反应，根据反应推知刺激，从而预测和控制行为。这就是华生所谓的"刺激—反应"公式。这个概念其实是模仿桑代克的联结主义思想，但是桑代克的原词是刺激、印象和反应，华生把涉及心理内部的印象给抹掉了。此文一出，华生名声大噪，从此行为主义心理学派正式诞生，史称"心理学第二势力"。

第40回　华生化人为机　全国坚强如铁

1913年冬天，华生再次叫板机能主义，在哥伦比亚大学进行了八次行为主义演讲，并根据演讲稿于1914年出版了《行为：比较心理学导论》一书。在这本书内，他的行为主义心理学理论体系已初具规模。他认为，心理不过是轻微而内隐的行为，除最简单的先天反射外（如眼里进灰就会发生的眨眼反射等），一切行为都是通过条件反射后天习得的，心理学的任务就在于"预测和控制行为"。即使是所谓纯粹的思维和情感，其实也来自轻微的身体变化。思维是全身肌肉的变化，尤其是言语器官；情感则是内脏和腺体的变化，这一切都是程序化的。也就是说，除了你是肉做的，你和变形金刚那样的机器生命体没啥区别。不过华生虽然口头上反对内省法，但是他的口头报告法还是换汤不换药，依然继承了冯特的心理物理法研究。

虽然后来的肌电反应研究发现，思考时确实会有肌肉收缩，但是肌肉收缩并不能带来思考。但当时大家可不管这么多，心理学正在挣扎着脱离神学和哲学的怀抱，华生的观点一出，很多年轻的科研人员当然群起响应。1915年，不到38岁的华生被选为美国心理学会主席，这是他人生最高光的时刻。于是华生忍不住飘了，在偏激的道路上一发不可收拾。在1930年之前，华生都在美国心理学界长期霸屏，除了心理学研究，还拿出当年勤工俭学的优良品质，兼职当杂志编辑：他在1911—1917年是《动物行为杂志》的编辑，1911—1915年是《心理学评论》的编辑，1916—1926年是《实验心理学杂志》的编辑。

很多反对者就提出了质疑：巴甫洛夫和华生主要研究动物的条件反射，可人是高级动物，毕竟不是真的狗，这种动物拟人的研究真的有效吗？于是1916年，华生在约翰斯·霍普金斯大学菲律普斯精神病门诊医院开了个实验室，开始研究1岁以前的婴儿。母校福尔曼大学也因为华生的影响力，1918年授予他荣誉博士学位。1919年，华生出版《行为主义观点的心理学》，他认为自己距离真理越来越近了。在这本书中,华生再次强调:研究看不见的"意识"都是假大空,心理学不要研究感觉、知觉、思维之类的虚幻的东西,想要变得科学,就研究行为这样可观察得到的机体反应,而机体反应的本质是人和动物对于外界环境的适应。人的反应主要有四种:外显的习惯反应,如语言、交往;内隐的习惯反应,如思维(无声的语言)、态度;外显的遗传反应,如天生的眨眼反应、缩手反应;内隐的遗传反应,如内分泌系统和循环系统的变化。不过仔细想想看,很多他研究的东西就是把人类身上的词换成了机器的词,例如把错觉换成"信号反应错误"。但不爱研究内隐问题的他也提出,情绪是一种遗传反应,人有三种基本情绪:恐惧、愤怒和爱。只不过它们都有机械的原理——恐惧感是由突然失去支持或听到噪声引起的,愤怒是由身体运动受到阻碍引起的,而爱则是由抚摸皮肤、摇动和轻拍引起的。

1919年至1920年的冬天,华生用一个经典的实验验证了他的理论:外部条件反射可以影响情绪。他选了一个只有8个月大一点的孤儿"小阿尔伯特",他看起来比一般婴儿更加"镇定而被动"。当听到突发的噪音时,他还是会害怕,看来遗传的基本情绪还是有的。起初华生给他送去各种毛茸茸的小动物,如老鼠、兔子、狗等,小阿尔伯特并不害怕,伸手就抓。两个月之后,当婴儿一接触白色小动物的时候,华生就用铁锤猛敲一段钢轨,小宝宝当场吓哭。此后他一摸小白鼠,华生就打铁吓哭他,渐渐地小宝宝一看见白鼠就害怕,恐惧延展到白兔子、白狗甚至白色毛皮衣服和圣诞老人的白胡子。华生非常兴奋,告诉大家:你们看,婴儿会恐惧一个他之前完全不会害怕的东西,所以人的行为是可以像机器一样被制造出来的。当时美国人最看重实用主义,没人关注这个孩子会如何,而是关注华生的结论有什么用——最高兴的当然是那些父母,他们可以造出理想中听话的孩子了。

至于和爱因斯坦同名的小阿尔伯特,华生并没有修复他的心理创伤,所以一个段子产生了:爱因斯坦之所以小时候学说话晚,都是被华生吓的。没人知道小阿尔伯特的结果如何,几十年后还有美国人恶搞说他成为了一名皮草商人。华生的研究当然在后来遭到了批评,美国心理学会1979年公布了关于实验伦理的规定,严禁日后进行违反伦理的实验。直到 2009 年,有一项研究认为,小阿尔伯特 6 岁时就脑积水去世了。

在给小阿尔伯特做实验期间,华生还有个意外收获。他和自己的女助手兼研究生罗莎莉·雷纳擦出了火花,这是华生这辈子少有的动情时刻。有些没实锤的小道消息说,华生为研究不可描述之事中的心理,和有技术的女性工作者亲自实验,可是觉得好像吃饭散步,内心毫无波澜,所以华生说"性使人安静",竟然不小心赞同了死对头弗洛伊德。在和雷纳完成生命的大和谐之后,华生还写了很多让人看后脸红心跳的情书。雷纳家也是名门,罗莎莉是参议员的侄女。偏偏华生夫人玛丽拥有忍者级别的侦查能力,在一次伊克斯家和雷纳家的联合聚会上,玛丽假装不舒服,像超级玛丽钻水管一样潜入罗莎莉的卧室拿到了华生写的情书。好啊,有人还想模仿我的爱情之路,这怎么能忍,华生只能跟一个女学生好,那就是我玛丽!玛丽要求华生和小三断了,华生还是嘴硬否认三连。一看华生改不了,玛丽也忍不了了,索性放个大招,艺术就是爆炸!玛丽把情书直接交给校长,校长便勒令华生辞职,这和皇上赐大臣自裁没啥区别。华生从此结束了学术生涯。

第41回 出高校成功经商 新思潮垮掉一代

你以为从此华生就在心理学发展史上消失了？怎么可能，虽然当不成人民教师，打工还是可以的，这才是咱的核心技术。华生离婚后娶了雷纳，之后1921年去了全球第一家广告公司，成立于1864年的智威汤逊应聘，年薪10 000美元，远高于当教授的薪水。三年之后华生就成了副总裁，也成了当时广告业的领军人物。但是华生依旧到处演讲，在学院中宣扬行为主义。他的演讲内容被做成书出版，最著名的就是1925年的半通俗书籍《行为主义》。在这本书中，华生说了一句此生最著名的话："给我一打健康的婴儿，一个由我支配的特殊的环境，让我在这个环境里养育他们，我可担保，任意选择一个，不论他父母的才干、倾向、爱好如何，他父母的职业及种族如何，我都可以按照我的意愿把他们训练成为任何一种人物——医生、律师、艺术家、大商人，甚至乞丐或强盗。我承认这超出了事实，但是持相反主张的人已经夸张了数千年。"这简直和现在的某些成功学如出一辙，让各位望子成龙的家长们再也不用催孩子写作业，轻松躺赢，你说开不开心？

华生的这个观点，叫环境决定论。现在看起来很扯，但在当时可是相当洗脑。华生在广告业的洗脑成就就是最好的实力证明——你天生肯定不喜欢聒噪而重复地喊口号，但是很多广告就这样，反而让你印象非常深刻。那时候美国正在积极建设美国特色资本主义，有力和有利就是一切。于是华生为了培养更多变形金刚，1928年出版了《婴儿和儿童的心理学关怀》。可别被这本书的名字忽悠了。这本书可没有真正的关怀，而是告诉家长们不要过度关照孩子。如果孩子哭怎么办？很简单，要用"哭声免疫法"，假装没听见，千万不能抱，等不哭再抱，他们发现哭没用，就形成新的条件反射，遇到事情就不哭了。晚上也一定要培养孩子独自睡觉，千万不能哄，这样的孩子才能成熟快，早早懂事。如果孩子想要什么东西，父母也一定要延迟满足，先故意不给，然后提条件，让他们明白成年人的社会是要付出代价的。孩子不听话怎么办？很简单，打一顿就好，用一个恶性刺激与不听话的行为形成条件反射，棍棒底下出孝子。美国的父母们用华生的方法对待小宝宝，嘿，还真香，简直是一劳永逸啊。此后华生变身网红教育家，其思想统治美国育儿界近40年。

华生大力推广这些育儿法，当然也不能放过自己的孩子。雷纳正好在婚后给华生产下二子一女。孩子小时候确实很听话，华生也给他们很成人化的教育。孩子刚会讲话，妻子就教孩子"生殖器"的正确发音，以后又向他们讲这个东西的具体功能。华生认为，要交给孩子真实客观的性知识，所以他和老婆面对孩子的某些疑问，会不限于语言讲解，而是进行行为演示，你说这是多开明的父母。可是孩子长大后问题就来了，大儿子多次自杀，三十多岁时终于自杀成功；二儿子一辈子啃老，年纪轻轻就胃癌去世；女儿玛丽成了一个暴躁的酒鬼，多次自杀，甚至后来外孙女也像母亲一样集齐三大爱好：发飙、喝酒、自杀。华生的一个儿子评价他说："他没有同情心，情绪上也无法沟通。他不自觉地剥夺了我和我兄弟的任何一种感情基础。"华生这种构建一个没有感情的理想国的观点，不仅坑了自家的娃，还祸害了整整一代美国人。战后美国出现的"垮掉的一代"，正好是用华生育儿法养大的第一波孩子，他们性格暴躁，不修边幅，讨厌工作和学习，吸毒，纵欲，追求绝对自由，挑战传统价值。归根到底，都是从小缺爱导致的心理后遗症。这些人中还出了几位著名作家，掀起了"垮掉一代文学热"，如《达摩流浪者》的作者杰克·凯鲁亚克（Jack Kerouac，1922—1969）,《裸体午餐》的作者威廉·巴勒斯（William Burroughs，1914—1997），还有反学院派诗人欧文·艾伦·金斯伯格（Irwin Allen Ginsberg，1926—1997），这些人的文风一个比一个叛逆狂野，甚至后来还启发了朋克摇滚的出现，至今仍然有影响力。华生估计想不到，自己当年的一次劈腿，竟然一脚踢出了一个新世界呀。现代的研究表明，被华生育儿法养大的孩子，轻者患有睡眠障碍，重者患有人格障碍甚至精神分裂。几十年后，美国的父母才悔之晚矣，集体讨厌华生。

由于后半辈子不混心理学圈子，他留下的心理学八卦就不多了。他在职场确实混得风生水起，1928年他的年薪升至50 000美元，1930年超过了70 000美元。于是他在康涅狄格州买房置地，过上了有钱人的无聊生活。1936年，雷纳因为痢疾去世，华生58岁，每天醒过来看到不知道多少平米的豪宅，他除了工作对任何事情都没兴趣，反正和孩子也没感情。直至1945年，快70岁的华生才退休。

退休后的华生琢磨了一下自己这辈子，好像确实失去得挺多。人老了一般都没有那么偏激了，他也开始后悔自己年轻时候的观点造成的影响，可是已经太晚了。心理学界已经有一批华生的粉丝站稳脚跟。1957年，美国心理学会还没忘记他，给他颁发奖章。颁奖词为："至约翰·B.华生，他的工作是构成现代心理学形成和实质的重要决定因素之一。他发动了心理学思想上的一场革命，他的作品是富有成果的研究工作延续不断的航程的起点。"华生想到自己已经不做大哥好多年，每天面对冰冷的床沿，害怕自己一上台会忍不住掉眼泪，这不是破坏自己铁人的形象嘛，所以只好让儿子代他出席。第二年的9月25日，华生去世，享年80岁。在临终之前，他仍然对行为主义充满信心，认为行为主义心理学一定会成为未来的心理学领袖学派。

华生虽然不在了，可是他的极端环境决定论依旧有影响力。有位同在约翰斯·霍普金斯大学工作的后辈约翰·威廉·曼尼（John William Money，1921—2006）甚至认为，后天教育能塑造性别。1965年一对加拿大的双胞胎兄弟出生，分别叫布鲁斯（Bruce）和布莱恩（Brian），布鲁斯半岁时做手术不幸损毁了阴茎，曼尼博士就说服他们父母把布莱恩做手术变成女孩子，改名布兰达。这是一个证明自己观点的绝佳实验。他让布兰达接受女性化教育，甚至让这对不到10岁的双胞胎做类似成人的不可描述的姿势，美其名曰增强性别意识，笔者不由觉得这是为了满足自己的变态思想。双胞胎9岁时，曼尼宣布实验成功，还发表了论文，提出"性别中立理论"，主导了医学界三十多年。可是曼尼隐藏了许多细节，进入青春期之后，布兰达出现性别认同障碍，后来终于知道自己原是男儿身，便做手术改回性别，还改名大卫·彼得·利马。大卫23岁结婚的同时成为三个孩子的继父，可他一直有心理问题，2004年5月5日，大卫在忧郁症、经济困难和婚姻问题的影响下自杀。而布莱恩知道自己不是家中唯一的男孩时也出现了心理问题，同年死于过量服用抗抑郁药物，这也有可能是自杀。

华生及其信徒的实验在现在看来，简直是疯狂到没人性。可是在那个反对宗教势力的年代，华生等人推翻了人类的神圣性，人类变成了可以随意改造的机器，这已经不是对宗教界打脸了，简直是摔得稀碎，这让科研人员们看还是挺兴奋的。仔细想想，当时不仅仅是心理学界出现过很多疯狂的科学家，其他领域如生化、核能、电力等，是不是在二战和冷战时期也是奇葩实验扎堆？

不过，人不可能完全像机器一样，肯定有不稳定因素。所以华生的心理学也不可能一家独大，他的继承者们也发挥了心理学家内斗的传统，只是不如精分派斗得那么厉害罢了。华生的观点被称为古典行为主义，接下来就是新行为主义的时代了。

第42回　驯白鼠斯金纳扬名　玩鸽子新行为诞生

要说谁是影响最大的心理学家,读者们肯定会说是弗洛伊德。然而,2002年美国心理学会在会员中做了一个调查,排名第一的却是伯尔赫斯·弗雷德里克·斯金纳(Burrhus Frederic Skinner, 1904—1990)。虽然把所有时期的心理学家都算上,心理学史家把冯特排在第一,但是只算当代的话,心理学史家和研究生项目负责人都把斯金纳排在第一。那么这个在中国不太有名的斯金纳到底是何方神圣呢?他就是行为主义学派的第二代掌门人。斯金纳,名字 Skinner 可以理解为"瘦子",本人也确实是个瘦子。和其他学派不一样的是,斯金纳并不是华生的亲传弟子,甚至没有资料显示他跟着华生修习过。

斯金纳的祖父是个英国人,19 世纪 70 年代跑到美国找工作,一找就找到 90 岁去世,还没找到称心如意的工作。祖母对儿子的期待非常高,起了贵族名字,还叫威廉。威廉起初在宾夕法尼亚东北部的苏士克哈那城伊利铁路局当学徒,再做绘图员,业余读点法律,后来他到纽约市的一个法学院进修,最终成了一名律师,算是有地位了。威廉买了许多书放在家里,还娶了一个会弹钢琴的白富美大小姐。在斯金纳本人的描述中,她"聪明美丽、操持严谨、秉性忠贞"。小斯金纳看了不少书,母亲也严格要求他学好钢琴,或许他确实不是这块料,只学了几首莫扎特的曲子,每年学校有活动就弹这几首。不过妈妈确实很严格,斯金纳自己说:"有一次因为我说了一句坏话,妈妈就用肥皂水洗我的嘴。"母亲可能是个处女座,常常教育他要严守各种戒律,家里必须一尘不染。但斯金纳其实是个爱动手的人,斯金纳在自传中回忆:"我总是在做东西。我做了旱冰鞋、可驾驶的运货马车、雪橇和在浅池子里用篙撑来撑去的木筏子;我做了跷跷板、旋转木马和滑梯;我做了弹弓、弓和箭、气枪、用竹筒做的喷水枪;用废锅炉做成了蒸汽炮,这个蒸汽炮可以把土豆和胡萝卜射到邻居的房顶上;我做了陀螺、空竹、使用橡皮筋推动的模型飞机、盒式风筝、用轴和弦转动送上天的竹蜻蜓。我一再试着做一架能把我载上天的滑翔机……我曾经摘熟浆果挨户去卖，所以就做了个分选生熟浆果的浮选系统。我甚至用了好几年时间来设计一台永动机，可惜没有成功。"简直就是个活鲁班。1919年，中国爆发了五四青年运动，而15岁的斯金纳此时和几个小伙伴搞了个自驾游——驾独木舟沿河而下，漂流300英里，估计这些都是不能让他妈妈知道的事情。斯金纳还有个爱好是玩小动物，由于是在小镇中出生的，他可以在家附近捕鱼捉蛙，玩蛇玩蜥蜴，逮着啥玩啥。小学二年级时老师在他成绩单品行栏内写着"常打扰别人"，让他妈妈带着全家都恐慌了一把，这种紧张感他到老年还记得，长大后斯金纳也把书籍整理得连个折角都没有。但是这么让他紧张的妈妈，他却依旧认为她很好，看来斯金纳天生就有行为主义的慧根呀——不过我们不能这么说，先天理论不符合行为主义思想。斯金纳也没说错，为应对母亲的唠叨，他还制作了一个小装置，提醒自己要挂好睡衣。

斯金纳

除了母亲的高标准严要求，斯金纳的律师爸爸，也响应了妈妈的严格教育精神，为防止他犯错误，多次带他去参观监狱。奶奶是个虔诚的基督徒，也告诉他地狱就像火炉一样，如果他撒谎，就会被扔到火中。小斯金纳在中学和大学时都想当作家，1922年上大学学的也是英国文学专业，他在报纸上发表了十几篇文章，还得到过一个大作家的肯定。可是他并没有写出厉害的作品，在1977年的一次采访中，他说"当前作家对人行为的解释并不能让他满意，于是才选修了生物学"。他还读了巴甫洛夫的《条件反射》和华生的《行为主义》等书，这一读简直是相见恨晚，所以1926年他就到哈佛大学读心理学硕士，他的导师正好是波林。大学期间斯金纳的生活还是非常悠哉的，当了一个大户人家的家教老师，每周一次音乐会，和白富美们炉边谈话，可是上了研究生后，他就给自己定了一个非常严格的时间表：每天早6晚9地研究心理学和生理学，同时拒绝一切约会，不看戏不看电影。如果他妈妈看到这一幕，肯定激动万分。斯金纳年轻时本来很帅，不过后来变成了一个秃顶怪叔叔，可见脑细胞费了不少。可是在晚年时斯金纳却否认他的研究生生涯如此紧张，他说："我回忆的只是一种理想状态，而不是我实际经历的生活。"

1927年，英国著名哲学家罗素在其著作《哲学纲要》中赞美了华生的行为主义，"我想它包含的真理比大部分人所认为的要多，我认为将行为主义的方法发展到尽可能充分的程度是可取的"。斯金纳看到后很兴奋，我的品位果然没错。其实如果他晚接触罗素几年，就能看到罗素开始调转炮口批判行为主义了。

1928年，老前辈铁钦纳刚去世一年，波林当上了美国心理学会主席，斯金纳成了名师之徒。不过波林毕竟研究的是结构主义，华生力推的行为主义在他看来有些道反天罡。1929年，刚进入耶鲁大学任教的克拉克·赫尔（Clark Hull, 1884—1952）成为新行为主义的第一人，他提倡按照牛顿物理学模式进行定量分析，甚至还用上了微积分。举个例子，赫尔认为，学习的性质是刺激—反应的联结，这个从桑代克开始就没啥异议，但他将S—R公式修改为S—s—r—R公式，其中S是环境刺激，s是刺激痕迹，r是运动神经冲动，R是外部反应。赫尔还提出反应势能（或反应潜势）的函数公式 $sER = D \cdot sHR$，套用物理学的概念，

sER 是倾向性强度，D 是疑似从精分派借过来的内驱力，sHR 是习惯强度；也就是说需求越高越容易做某事，越是习惯越容易做某事，只是把一条本来很简单的大众公认的知识用没几个人能看懂的方式整出来了。这些公式后来在心理学教材上几乎看不到，难怪爱吐槽的波林说，这是一套极为"冗笨的"学说。不过赫尔的理论确实不好懂，毕竟在高等教育普及的时代也没几个人能弄懂微积分，还不如荣格的玄学更能让人接受，这使得他在行为主义第二波热潮中华丽丽地打了个酱油，二代掌门的位子还是留给未来的斯金纳。斯金纳的公式就简单多了，他的行为公式是：$R = f(S)$，这和 S—R 公式有啥本质区别呢？完全没有。所以接下来斯金纳修正了公式，变成 $R = f(S, A)$，A 是控制变量。

波林看到斯金纳这样浓眉大眼的人都要叛变，想到师父铁钦纳还尸骨刚刚寒，都不太想让他答辩了。斯金纳发挥了自己的口才，最终说服了导师，拿到了硕士学位。不过大概是华生的行为主义和冯特的构造主义都是用自然科学的方法研究心理学，科学人不打科学人，加之小伙子确实浓眉大眼挺招人喜欢，目前还没有长到未来那个眉毛和一半头发都掉光的形象。斯金纳当时的态度也不错，本就是文学学士出身的他还引用英国诗人胡德的诗——"她俯首承认自己的软弱，承认自己的罪行，温驯地把犯下的过错，由救主任意裁决"，弄得导师心软。于是在 1930 年，斯金纳在读硕士的第四年终于拿到学位，然后又爆了个猛的，一年拿到博士学位，并且留在哈佛大学任教。在进行博士论文答辩时，评委请他列举对行为主义的一些反对意见，可他一条也想不出来。

博士毕业后的他又继续自己的"罪行"，开始和曾经的导师唱反调了。当时哈佛大学刚刚建立了一个行为心理学的专业，斯金纳正好可以发挥自己的动手能力，他后来回忆说："他们也许以为，心理学里面的某种东西正盯着我哩，可是，事实是，我想干什么就干什么，随心所欲。"活脱脱一个坏小子，这是告诉大家，童年期的我又回来了！1932 年他发明斯金纳箱，用白鼠和鸽子做了很多实验。箱子中有个金属片一样的杠杆，只要按一下，就会有食物落入箱中。斯金纳把饿了一天的白鼠放入箱中，白鼠在无意中碰到杠杆后得到食物，几次之后，白鼠就学会了按杠杆获得食物。这叫作"操作性条件反射"，和巴甫洛夫的"经典性条件反射"区别开了,这是斯金纳这辈子最著名的一条理论。等等,你是不是觉得这个操作很眼熟,和桑代克的问题箱简直如出一辙。不过斯金纳还是有改进的,他把斯金纳箱连上一些设备,自动记录白鼠按杠杆的次数,这样就不用人盯着了。后来斯金纳还发明了很多种升级版的斯金纳箱。比如箱子中有灯,灯亮了按杠杆才有食物出现。于是动物们就学会了在灯亮时,按压杠杆以获得食物。

如果有好几种颜色的灯或者好几种颜色的杠杆,那就不能让色盲的白鼠来做实验了,而要用到斯金纳特别喜欢的鸽子。通过训练,鸽子学会了只有特定颜色的灯亮了才啄杠杆。通过这些程序,鸽子可以被训练做出一系列很复杂的动作。斯金纳还发明了一种概率型的斯金纳箱,鸽子在啄杠杆的时候按概率掉出食物。鸽子在啄杠杆之前可能会随机摇摇头,或者拍拍翅膀,围着杠杆转一圈,如果接下来按杠杆后刚好掉出食物,鸽子就会觉得这些动作是个必要仪式,每次按杠杆之前都要做一下,尽管实际上食物的出现是有概率的,和鸽子的动作毫无关系。斯金纳认为这就是迷信的来源,鸽子会认为做了这些动作之后更容易获得食物,人类也会如此,哪怕后来这个动作不那么管用了,还是不会放弃。于是,斯金纳不再相信祖母的话,而是变成了无神论者,当然这件事估计也不能让家里人知道。同时,斯金纳的研究也解释了赌徒的心理:由于没有办法预测下一次的奖励何时到来,但因为习惯于偶尔得一些奖励,动物和赌徒都会坚持不断地试下去,以期望在下一次尝试中得奖,输了想再赢,赢了还想赢。斯金纳甚至发现,哪怕投放饲料的装置已经完全关掉了,动物还是会不停地按杠杆,直到没力气为止,像极了玩老虎机的你。后来斯金纳还在箱子底部放了电网,按错了杠杆有可能受到电击,按对了就能停止电击,而且惩罚建立起来的行为模式,来得快去得也快。一旦惩罚消失,行为模式也会迅速消失。由此他得出一个结论,人是没有尊严和自由的,人们做出某种行为和不做出某种行为,只取决于一个影响因素——那就是行为的后果。这个观点可真是非常行为主义了,完全站到了康德的对立面。斯金纳的观点当时并不太受重视,可是没想到厚积薄发,至今哈佛大学的鸽子实验室也挺为他骄傲的。

第43回 强化论大杀四方 上电视怼天怼地

可能是在哈佛不受待见，1936年到1945年，斯金纳去了明尼苏达大学任教，先后担任讲师和副教授；1938年他干了件大事，出版了《有机体的行为》，总结之前的那些发现。当时出版商很不看好这本书，最后他的哈佛大学前辈托尔曼一通背书，由哈佛出资500美金，才印刷800本。虽然那时候书很便宜，但是这本书还是让斯金纳成为一个滞销书作家，4年才销售80本，就算后来他有些名气了，8年内也只卖出500本。估计谁也想不到，这本书被后来的学者誉为"改变现代心理学历史的巨著"。

斯金纳把做对给奖励叫做正强化或阳性强化，把做对后撤销已有的惩罚称为负强化或阴性强化。可能行为主义确实很适合广告学，当今很多商家都利用了这个理论，比如你用App点完外卖后可以得一个红包，这就叫正强化。注册会员可以免广告，这就是负强化。笔者上大学时曾用这个原理解释过为什么有人爱闻自己的臭袜子，那就是在小时候父母让他闻一下就给一颗糖，这叫正强化；不停打耳光，在无意中闻袜子之后就停止，这就是负强化。注意，负强化不是惩罚，惩罚是在做错或者下指示之后没做时才出现的恶性刺激，而负强化中的恶性刺激在做动作之前就有。

不同于华生量产机器人的路子，对于捣乱的孩子打一顿就好，斯金纳认为孩子的很多淘气行为非常值得鼓励，是有创意的表现。结合自己的经历，如果不捣乱，哪有今天的成就？于是斯金纳进一步把程序化和创造力两个看似水火不容的特质组合起来，把这种套路用到方方面面。他认为孩子学会说话、唱歌、玩游戏，本质上和鸽子学会操作小机械没啥区别，都是靠操作性条件反射把一些简单行为连接起来组合成一长串行为的集合——这叫作"勃起肌组观"，也翻译为"肌肉抽动心理学"。人类依然是一种特殊的肉体机器人，不过多个无意义的小动作会组成我们现在的有意义的复杂动作。斯金纳的这个理论显然不受当时的主流心理学界待见，没关系，那就去其他地方发展一下。

在 20 世纪 40 年代，斯金纳和两位研究生开始首次尝试将"行为矫正法"用于一些精神类疾病的治疗。精神病就像是程序出现了错乱，可以通过对正确行为进行奖励，一点点地把错误程序扭转过来。他在医院中安装了一些杠杆，如果病人按照指挥操作，就可以得到糖果或者香烟，或者其他有奖励性质的特权，如看电视、得到鲜花等。有些病人真的转好了。当时很多医院都很喜欢这个方法，它对一些病情严重的精神病人有作用。不过，从小不缺钱的斯金纳可能没注意，这个疗法成本太高，非常耗费时间和员工精力。至今这个方法还可以治疗一些不太严重的成瘾，如吸烟、暴饮暴食、社交恐惧等。

既然可以用于医院，那么也可以在军方试一下。1944 年，二战眼看要到了决胜时期，斯金纳暂时效力军方，提出训练鸽子为飞弹和鱼雷导航。可是军方比较没信心，没给他资助，毕竟苏联那边的反坦克自爆狗上战场之后就光往自家的坦克下面钻，斯金纳的这个"鸽子计划"看上去就和局座的海带缠潜艇差不多。后来的实验表明斯金纳的主意是有用的，不过这实在是对动物太残忍了。

军事家的道路受挫，并不能打败斯金纳，我管不了军方，还管不了我女儿吗？斯金纳夫妇把女儿放在一个斯金纳箱一样的育婴箱当中，现在看来就是个有很多奇妙玩具的高科技摇篮，也没有传说中拿亲生女儿做实验那么丧心病狂，斯金纳的女儿果然学到了不少技能。这在当时也是个爆点新闻，有人夸他是天才，有人骂他是魔鬼，不过由于有华生前辈"珠玉在前"，斯金纳也不会被骂得那么多。其实斯金纳倒是希望自己被骂得多一些，因为没有争议的名人不是名人。他那时候抓住了当时新兴的电视媒体，在第一次上电视的时候就说了一句能上热搜的话——"如果在烧掉自己孩子还是自己的书籍之间作出选择的话，我愿意先烧掉自己的孩子"。大小朋友们听了肯定有很多问号，接下来就听斯金纳解释自己的书籍到底为什么这么重要了。斯金纳之后受到各大电视台邀请，名气也大了起来。

斯金纳上电视之后，成了当时著名的综艺咖，他不仅接受访谈，还做动物训练表演。娱乐圈的人们不会放弃这个造势的机会，加之斯金纳也是那种"不嫌事太大，就怕事不大"的人，于是其他流派的心理学大神们就不幸躺枪了。对于四次登上美国时代周刊的弗洛伊德，斯金纳说他是个老色鬼，不是老流氓能说出"神经症的根源是童年与性相关的经历"这种话吗？显然斯金纳和弗洛伊德夫人的想法一样。而当时的另一名主攻儿童心理学的大师皮亚杰，则被他说成是老顽童，只会陪孩子玩。斯金纳还吐槽某些神秘主义的心理学家，把人格看作有独立意识的小个体，然后小个体都有自己的意识，这些小个体之间互相结合和斗争形成了人的意识——这似乎是让荣格等人躺枪。估计冯特要是和他同时代，也会被怼两把。不过斯金纳对于和自己门派相关的老前辈们还是保持一种有点油嘴滑舌的尊敬的。斯金纳火了之后，给桑代克写信说："显而易见，我只是继承了您的迷笼实验罢了。但是我过去却忘了把这个事实向我的读者言明。"咱们已经说过桑代克是位厚重长者，他并没有为难斯金纳，反而说："我能为您这样一位研究工作者效劳，比起我能建立起一个'学派'更加高兴。"

第 44 回　著书立说矫治行为　舌战黑粉榜上夺魁

1945年，印第安纳大学向斯金纳抛出了橄榄枝，他再次跳槽，担任印第安纳大学的心理学系主任。这就能让他满意了吗？当然不！1948年，斯金纳又回到哈佛大学，这次任心理学系的终身教授，从事行为及其控制的实验研究。这一年斯金纳还花了俩月完成了一本小说——《瓦尔登第二》，还有个乡土味十足的中文译名叫《桃源二村》，致敬了梭罗的《瓦尔登湖》。在这本书中，斯金纳构想了一个由一千户人家组成的理想化公社，没有私有制家庭，孩子从托儿所开始就住在学校宿舍，一直不和父母住在一起，所有成年人都相当于孩子的父母，所有孩子也都是成年人的子女。所有人都吃食堂，住公寓，根据自己的喜好选择想学的东西，到十六七岁就能自由恋爱结婚。这个乌托邦中没有金钱，一切基本需要都是免费的，大家只要完成自己的公分即可，脏活累活占得公分比较多。公社中有健全的医疗、教育、养老和健康保险机制，却没有监狱、毒品、精神病院、战争和犯罪，现在知道为什么翻译成桃源二村了吧？这是斯金纳最著名的作品，公社中的人类行为都按照操作性条件反射设置，最终打造出"美好的生活"。斯金纳的这本书虽然影响大，可是操作性条件反射很多时候并没有操作性。唯一的一个例子是，由八个人在1967年建立的弗吉尼亚双橡树公社，至今仍然存在。公社基本是自产自销的农场，最主要的经济来源是卖豆腐，并鼓励参观者捐款。公社的成员也可以随时离开，犯了大错的也会被驱逐。如今公社已经有一百多人，他们不谈论宗教和政治等意识形态，过着自由主义者的生活，人际关系也没那么和谐，早已经不像斯金纳当初设定的那样了。斯金纳的这部小说，本来被很多出版商反对，认为他有悖于人类的自由，刚开始也卖得不好，后来他变牛了，书又重印，总共卖了200多万册。

当了大学教授的斯金纳终于找到组织了，腰杆也硬起来了。不过他依旧没有忘记自己是个行为主义者，比如他写了详细的鸽子实验步骤给他的研究生们,包括如何把鸽子从笼子里取出来,又如何放回去。斯金纳这几年也越来越受学术界重视,社会科学出版物上引用他观点的次数越来越多,甚至达到了弗洛伊德的七分之一。不过美中不足的是,和弗洛伊德刚出道时类似,斯金纳似乎还是处于心理学的"主流之外"。

机会很快就来了,1953年斯金纳去女儿的学校餐馆,这时候他想到,既然可以训练鸽子打球、弹钢琴,那么也可以有办法让孩子们学会复杂的东西,而且比传统教学法更有效。学生要学的知识被拆解成一个个简单的小问题,答对立即给予肯定的奖励,这叫作即时强化,比延迟强化效果好,这就是"控制教学法"。听上去很完美是不是?可是这种方法要重新制定教材,这就成本太高了。斯金纳还开发出了一种教学机器,可以进行操作性教学,因此又被称为"教学机器之父"。可是也只在当时火了一阵,并不能形成风气。因为大家发现,斯金纳的方法只能教知识,不能培养思想和品德,这些可是需要榜样来示范的(后文的班杜拉会着重强调这一点),师生互动有时候比单纯的传授知识重要。直到后来计算机普及之后,很多学校才重新用类似的方法教孩子学知识。可是斯金纳不在意这些负面评价,这年他还出了一本书《科学与人类行为》,书中依然主张人是肉身的机器,受自然法则支配。他不像华生那么激进,而是在肯定遗传素质作用的同时,强调后天环境对有机体行为的塑造,包括自我、思维和社会化等。后人对这本书的评价极高,认为这是一本行为主义心理学教材。

接下来斯金纳笔耕不辍,1957年出版了《言语行为》,他宣称这本书将产生巨大的影响,可是当时也不太有人买账,直到1998年和2008年,基于言语行为的两种体系才被建立。在斯金纳的时代,批评这本书的人不少,既然斯金纳认为语言是按照程序教出来的,为什么很多没有被家长刻意教说话的孩子也学会了说话呢?同年有位后辈艾弗拉姆·诺姆·乔姆斯基(Avram Noam Chomsky, 1928—)就出版了《句法结构》一书,认为不论你是什么民族,人脑中天生就有一种待激活的语法,这些语法融合了所有语言的共同点,公开和斯金纳叫板。直到1968年《言语行为》再版的时候,乔姆斯基还是追着批评他,虽然自己也被人反对,不过没关系,长寿是最大的战斗力,如今2022年依然健在的乔老师已经成了"语言学界的爱因斯坦"。

虽然充满了争议,1958年美国心理学会还是授予斯金纳"杰出科学贡献奖",不过斯金纳表现得非常淡泊名利。他用略带自嘲的口气说:"我对别人的影响远不如我对老鼠和鸽子——或者作为研究对象的人的影响重要。"但是他紧接着又说:"我从没有在任何时候对(我的工作的)重要性产生过怀疑。"放到现在,绝对能上脱口秀的舞台。斯金纳还说:"对于这些所谓的荣誉,我感到很是害怕或者深为不快。我常常放弃会占用我的工作时间,或者过度强化其具体方面的一些荣誉。"1968年,斯金纳的另一代表作《教学技术》出版,同年获得美国国家科学奖——这是美国最高级别的科学奖励。斯金纳显然尝到了很多甜头,谁说行为主义只能研究知识?我们接下来整点高级的,谈谈政治。1971年,斯金纳的一部看似非常哲学的书《超越自由与尊严》出版,美国心理学会基金会授予他金质奖章。在这本书中,斯金纳提出:"人根本不可能有绝对的自由与尊严,人只可能是环境的产物。因此,人类面临的首要任务是设计一个最适合自己生存的文化与社会。"当时的副总统皮罗·西奥多·阿格纽(Spiro Theodore Agnew,1918—1996)看了之后,说斯金纳是一个"攻击美国社会基础规则的极端激进分子,和对民族心理进行激进手术的鼓吹者"。还好美国当时正处于越战、冷战、黑人运动和石油危机的夹缝中,政府的支持率也很低。

1974年,斯金纳退休了,这一年他的《关于行为主义》出版,差不多总结了之前的观点。退休之后他依然经常去办公室,回复粉丝来信,接受采访,写自传,同时和黑粉隔空对骂。有人批评他的结论不科学,统计学上超过30个样本才有意义,斯金纳只研究几只动物,怎么就能得出结论呢?斯金纳并不低头,回怼说:统计学将"巨大数量的无懈可击的数学浪费在了巨大数量的错误百出的资料上",看上去很美,其实还不如我这个靠谱。

1989年,斯金纳被诊断出白血病,不过他依然坚持工作。他有个小爱好,就是统计自己观点的被引用率,也是这一年,他说自己的引用率第一次超越了弗洛伊德。1990年,斯金纳又有几件大事,8月10日在美国心理学会作报告,学会授予他"心理学毕生贡献奖";8月17日,他还在撰写《心理学能成为一种研究精神的科学吗?》，8月18日就逝世了，享年86岁。

如今，在美国心理学会的几次评选中，斯金纳的影响力都超过了弗洛伊德。不过，晚年依旧坚持行为主义的斯金纳或许想不到，时代变得那么快，他坚持一生的理论，最先从内部被打破了，打破新行为主义的主义，叫新新行为主义，虽然他们很多时候还是被称为新行为主义。

第45回 班杜拉巧玩充气娃 行为派再遭大改革

1961年,美国斯坦福大学托儿所的36对男童女童参与了一个非常容易被媒体批评的实验。这些孩子被分成三组,分别进入一间有不倒翁娃娃、玩具锤子和玩具枪的房间,第一组看了成年人打娃娃的暴力视频,第二组看了没有暴力的视频,第三组什么都不看。果然学坏很容易,看暴力视频的孩子也有样学样地拿着锤子和枪对娃娃暴力相向。设计这个实验的人是阿尔伯特·班杜拉(Albert Bandura,1925—2021),他是新新行为主义的代表人物。

行为主义发展到斯金纳这一代,似乎已经把强化俩字玩出了所有花样,接下来还能研究啥呢?细心的读者或许已经发现,华生认为人是严密的机器,而斯金纳认为人是受外界刺激后偶尔会有自己灵感和学习能力的机器,那么顺着这个思路推一下,下一步就要认为:人是有很强的主动学习能力的。于是班杜拉的社会学系理论就诞生了。

班杜拉1925年出生于加拿大的艾伯塔省,和漫威的金刚狼是老乡,这个省的风光很别致,很多电影都是在此取景,如李安的《断背山》、凯文·科斯特纳的《与狼共舞》、诺兰的《星际穿越》、成龙的《上海正午》。班杜拉本人也是长得很有电影缘:鼻子大得像成龙,镜框黑如伍迪·艾伦,头顶秃如清宫戏,下巴方得像《飞屋环游记》。可惜的是,2021年,老先生去世了,享年95岁,还差1个多月就到96岁了。

1949年,班杜拉毕业于温哥华的不列颠哥伦比亚大学,获文学学士学位。这个大学的名字看似很乱,就像武当山少林寺一样,不过温哥华所在的省就叫不列颠哥伦比亚省,一般简称BC省。毕业后他就到了爱荷华大学学习心理学,1951年拿到硕士学位,1952年拿到博士学位,三年本硕连读,绝对是年少有为不自卑,笔者看到手头积压的稿件,尴尬地赶紧喝了口白开水。

在没毕业之前,班杜拉就构思了社会学习理论的基本想法,他认为心理学家应当"把临床现象用经过实验验证的方式加以概念化",这样才更接地气。1953年他去斯坦福任教,后半生几乎没换地方。在这里他接触了赫尔学派的尼尔·米勒(Neal E. Miller,1909—2002)和约翰·多拉德(John Dollard,1900—1980),这两人都是威斯康星州人士,都在耶鲁大学工作,米勒还是1932年从斯坦福大学毕业的硕士,正好是班杜拉的老校友。

这米多二位可谓心理学界的双子星座,是一个非常厉害的组合,1939年就合作出版《挫折和攻击》一书,分析了弗洛伊德关于挫折导致攻击的思想,并提出了挫折—攻击假设,即遇到某种阻碍后都会产生一种攻击的冲动。幸亏行为主义学派不像精分派那样门第森严,否则他们这是妥妥的叛徒行为。两人把两只白鼠放在笼中,给铁笼通电,白鼠会互相攻击,好像认为是对方引来的电击;若将其中一只白鼠拿走,则另一只白鼠会攻击旁边站立的无辜的橡皮娃娃以泄愤。

班杜拉

两人还研究小婴儿被喂食和性格的关系,认为如果孩子常常处在主动状态下被喂食,他们长大后积极主动的概率大;如果孩子常常在被动状态下被喂食,那么他们成为被动的人或感情淡漠的人的概率大,归根到底都是强化。

1941年,两人合著《社会学习与模仿》一书,提出社会学习与模仿理论,班杜拉认为该书对他提出理论模型作出了极大贡献;1950年,两人又合著《人格和心理治疗:关于学习、思维、文化的分析》一书,把弗洛伊德的早期思想与赫尔的学习理论结合起来,创建了一个结构体系,全面阐述人格、心理治疗等复杂的问题。这对班杜拉产生了巨大影响,作为一个凡事不拖延的人,必须要在别人做出成果之前把这个问题研究到极致!1959年,班杜拉也找了个搭档理查德·沃尔特斯(Richard H. Walters,此君由于名字过于普通,现在已经查不到相关资料了),出版了《青少年的攻击》一书,这是他第一次出书,感觉还不错。接下来1961年就有了他一生中最著名的实验,史称"波比娃娃"实验。在实验中班杜拉还指出，由于孩子倾向于模仿同性的父母，所以男生肢体攻击多，女生语言攻击多，整体上男孩的攻击性大于女孩，因为大部分文化中攻击都被当作男性行为；而非攻击性的榜样也能对孩子的攻击行为起到抑制作用。

班杜拉通过这个实验提出了观察学习理论，也叫模仿或者建模。观察者在看到榜样的行为之后，会发生四个过程：注意、记忆保持、重演复现和动机阶段，简称"住持腹肌"，班杜拉的发型倒是挺符合住持，就是不知道本人有没有腹肌。在注意阶段，自我概念低的人，也就是俗称没有主心骨的人，容易模仿别人，其身边的人或者其认可的人是最容易被模仿的，而且预期能带来好结果的行为也最常被模仿。

1963 年，班杜拉再次和沃尔特斯合作出版了《社会学习与人格发展》，这本书解释了观察学习的原理，还介绍了"替代强化"的概念。也就是说，看到榜样做某事之后受惩罚，那么观察者也会形成强化。现在很多人驯狗就用这招，拿着玩具狗捣乱，然后揍玩具狗一顿，家里的狗就会老实很多，俗话说"杀鸡给猴看"。除此之外，自我强化也有用，就是自我评价和监督。

接下来几年班杜拉主要研究攻击行为。1971 年出版《心理学的示范作用：冲突的理论》，1973 年出版《攻击：社会学习的分析》，1977 年出版《社会学习理论》。不过看看斯金纳口中的学习过程，除了重演复现环节，其他三个怎么看都很"非行为主义"，显得太不像机器了。由于这些研究，1972 年班杜拉获得了美国心理学会颁发的杰出科学贡献奖。1974 年，班杜拉当选美国心理学会主席。

这个时期的其他行为主义学者都在研究什么呢？1967 年，米勒进行了内脏学习实验。他先让动物的运动肌肉全都失灵，用刺激大脑"愉快中枢"作为奖赏的办法，使动物的心率和肠收缩发生了预期的变化。也就是说，动物和人是可以通过某种方法，控制本以为不可能受意识控制的内脏的。另一位美国心理学家，即哈佛大学的斯坦利·米尔格兰姆（Stanley Milgram, 1933—1984）更狠，1961 年直接做了一个人类的权力服从实验。该实验让一组学生控制变压器电击隔壁的另一组学生。被电的其实都是托儿，会假装很痛苦并请求操作者停手。但是大部分学生还是在老师的要求下一步步将电压调到最大。实验结束后,那些电人的学生竟然有一大半都不觉得内心有愧。该实验一直持续到1964年。1974年,斯坦利在《服从的危险》一文中告诉大家:纳粹或许就是这样练成的。1971年菲利普·津巴多(Philip G. Zimbardo, 1933—   )组织的"斯坦福监狱实验"就是受到此电击实验的启发,实验的结论是:环境的压力会让好人做出可怕的事情。后来这个实验还被拍成电影,津巴多也当上了美国心理学会主席。

而班杜拉似乎走上了截然不同的一条路,1977年他被称为认知理论之父,因为他又从自我强化的概念中衍生出自我调节理论:自我调节包括自我观察、自我反应和自我判断三个基本过程。他通过实验发现,自己奖励自己的儿童和得到外界奖励的儿童都能完成无奖励儿童的两倍的任务。

通过自我调节,他又衍生出交互决定论:这是一种由个人因素(Personal)、环境因素(Environment)和行为因素(Behavior)三者相互作用的社会认知论,简而言之就是环境通过个体影响行为,个体也能和环境相互影响。再深入推演一下,如果环境决定人,为什么同一个老师教的学生良莠不齐?因为行为也会反过来影响个人。因此他又提出了"自我效能感"的概念——考得好的人尝到甜头,有了成功的行为,他就越来越愿意学习,而总是失败的人,就会越来越不愿意学习,所以有理想的人千万别一上来就挑战高级目标,这样会毁掉自己的自我效能感。除个人成败的经验之外,影响自我效能感的还有别人的经验、言语劝说和情绪方面的激动程度。你看,班杜拉一直在强调内部因素的重要性。

班杜拉的新新行为主义,早已不单纯是本门的行为主义思想了,还融合了20世纪后半叶才兴起的认知、人本等其他流派的武功,这让他在行为主义式微之时,还能在江湖上拥有一席之地。转眼间班杜拉的研究已经过去了60多年,他的理论被引用了20多万次。

第46回　行为派大战精分派　二掌门争执先后天

精神分析和行为主义，看起来是水火不容的两个门派。几乎在所有重大问题上，它们的解释都是完全相反的。这也让它们二者掀起了有史以来规模最大的一场心理学战争。

人的心理更受先天因素还是后天因素影响？站在精分派来说，本能部分，也就是本我，那绝对是最强大的，弗洛伊德的支持者霍尔也说："一两的遗传胜过一吨的教育。"可是站在行为主义者的角度，尤其是华生的角度，后天因素才是最重要的，先天因素顶多提供你眼睛进灰会眨眼，手上受伤会缩手之类的小功能，没有后天教育，你啥都不是，和其他普通的动物没有本质区别。至于情绪，那也都是内脏和腺体的变化而已。你看，他们其实都认为人是一种动物，只不过要看这个动物的部分重不重要。双方都极力证明自己是对的，然而大量的实验结果都让行为派被啪啪打脸，毕竟人不是机器。不过类似电击实验和斯坦福监狱的实验倒是得出结论：人会被环境干扰，而且是质变性的干扰。此时如果是精分专家看这些实验，肯定会说，不是这些人被干扰了，而是他们潜意识里本来就有的原始攻击性被释放出来了！所以这个先天后天的问题好像是个死结了。

不过办法还是有的，就是研究同卵双胞胎，他们的基因是一样的。1930年，美国遭遇经济危机，很多穷人生了双胞胎养不起，就把其中一个送人。后来的各种追溯研究发现，同卵双胞胎的性格相似度最高，甚至比一同生长的非同卵兄弟或姐妹的相似度更高。明尼苏达大学的小托马斯·鲍查德（Thomas Jr Bouchard）从1979年一直研究这个问题到2000年以后，他把双胞胎的生理心理指标测了个遍，而且双胞胎的寄养家庭并没有极端贫穷或者富裕，也没有极端暴力的，这个有科学支持的结论基本是板上钉钉了。好，这一局精分派略微获胜，虽然他们的解释也不是从基因差异角度来说的，而是基于生物本能说。

那么，人性本来是善还是恶呢？精分派当然认为人性本恶，1930年弗洛伊德在《文明及其不满》中这样说道："人类并不是希望被人爱的仁慈生物，也不是在遭受攻击时最善于保护自己的仁慈生物；相反，他们属于那种被认为在本能天赋中，攻击性占最大份额的生物——结果，对他们来说，邻居不仅是可能的帮助者或性对象，而且还是这样一种人，他引诱他们满足对他的攻击，引诱他们毫无报酬地剥削他的工作能力，引诱他们不经许可地在性欲上利用他，引诱他们掠夺他的财产，引诱他们侮辱他，引起他的痛苦，折磨或杀害他。"所以，人不仅仅对其他生命很坏，打根上说对自己也很坏，有死本能嘛！由此引发的精分派治疗观通常是，通过梦的解析、自由联想、谈话等方式找到当初让你受挫的事情，然后把它宣泄出来。

而行为派则认为人是一张白纸，善恶都是学来的，即便人性之间有差别，这个差别也不大。他们觉得人性就是很多习惯的集合，服从于环境决定论，从马哲角度来说这叫机械唯物论。由此引发的治疗方法基本都是通过改变习惯来改变人格，也就是"塑造一个新的条件反射"——人之所以会有心理问题，就是因为建立了不好的条件反射，我们再给加个新的就行了。由此他们形成了系统脱敏法、模仿学习法、行为强化法、放松训练法、角色扮演法、厌恶疗法、满灌疗法等，非常短平快。网瘾戒除治疗大师杨永信的电击疗法就是厌恶疗法的一种，让学生把上网和电击的痛苦形成条件反射，他就不敢上网了。精分派一看就急了，控制与压抑只能使本我的需要不能随意满足，表面上看是好了，实际上不是更受挫嘛！果然，被华生的理论塑造过的孩子们长大后变成了垮掉的一代，而且一个人小时候容易形成新的反射，长大后就不容易改掉了。总体来说，就是行为主义的疗法速度快，效果明显，适合量产；而精分派的类似侦探游戏的疗法偏重于分析，时长不定，或许能持续几十年，但是能更好地理清心理轨迹。

虽说精分和行为两派都有巨大漏洞，但是精分派整体的斗嘴水平似乎高一些，不但对内在行，对外也不弱。行为派过度强调肌肉和神经、腺体的功能，可是这把人体最复杂的器官——大脑往哪放呢？这在生理学上就说过不去嘛。而且明明是心理学，非要叫行为主义，在他们看来，说一个心理学家是行为主义者,那就是骂人,等同于天津人吃煎饼果子夹鸡柳,四舍五入就是"邪教"。当然以斯金纳为代表的行为派也经常吐槽精分派,精分派的学说本来就不是科学,既不可证明,也不可证伪——你剖开大脑给大家展示一下,哪里是本我的脑区?哪里是自我的脑区?既然对大脑的功能都不了解,那你精分派装什么生物学大咖?

本来两派不在同一个大陆,顶多只是偶尔怼一下对方。可是有位战争狂人改变了这个局面。希特勒一上台,以犹太人为中流砥柱的精分派被迫迁出欧洲大陆,落脚英美。希特勒掌权的那十二年,弗洛伊德学派有大约50人移民到了美国,给这个年轻的国度带来了理论基础。他们拿起了弗洛伊德老爷子的老本行精神病学,在这里站住了脚跟,还制定了医学院的教材,包括《精神疾病诊断与统计手册》最初的两个版本。战后,美国的心理医学界几乎被精分派统治,都用精分理论来治疗病人。不过他们也把精分派的一些比较极端的思维带到了这里,到20世纪50年代的中期,美国医院有一半的病人被诊断出精神不正常。此时,精分派和行为派那个惊人一致的问题就显示出来了——他们都认为,心理问题是由童年创伤引起的。大众普遍认为自己的童年创伤是华生的锅,这让战后几十年精分派在美国如鱼得水,心理医生供不应求,很多心理医生从医院出来自立门户。1954年美国医学院的学生中有八分之一都选精神病学专业,比例达到了前所未有的高度,可以说让精神病学这个比较冷门且令人讨厌的学科成了当时的网红。1966年自称用了弗洛伊德方法的分析师比例高达75%。他们坚信,表层情感并不真实,都是经过移情、合理化、否认等防御模式加工过的,潜意识中的情感才是真实的。精分派对情感的强调让美国人进入了一个特别浪漫的时代,看看那个年代的美国电影,比如玛丽莲·梦露的,就可知一二。这也导致斯金纳坚持的行为主义观点(史称"强行为主义")后继无人,而班杜拉等人则开始走"弱行为主义"的路线。和班杜拉齐名的还有目的行为主义的创始人爱德华·托尔曼(Edward C. Tolman, 1886—1959),不过说他是行为主义学派的人,就稍稍有点名不副实,咱们先挖个坑,下一部分再填。而新扎根美国的精分派霍妮、沙利文、弗洛姆和埃里克森等人,也没那么强调生物本能了,开始承认社会文化因素的影响力。

在论述这些斗争的时候，笔者从历史脉络中发现了一个小彩蛋。精分派与行为派之争，看似是欧洲和美国交换战场，但实际上却另有玄机。欧洲人有深厚的哲学底蕴，他们的关注点是怎么能"说得通"，而美国作为新兴国家，忙着搞实业，关注点一直是怎么能"更有用"。所以不管是采取偏物理还是偏哲学取向，他们的关注点都没有变。由于美国的实用主义精神，所以在学校、军队等需要量产的地方，行为主义依旧大行其道；而精分因为过于复杂，更适合长期的一对一辅导，促进个人思考，所以能霸占高端诊疗室。这让两派暂时打得难解难分，最终的结果是，双方的传人都开始接纳部分对方的观点。其实，精分和行为在治疗层面也有共同点，那就是不论在催眠或者行为训练之前，都要先进行放松，所以从这个角度来说，二者是有共同的生物学基础的。

虽然在搞科研的人眼中，精分是彻底的非主流；在精分师自己看来，培养一个精分师也非常麻烦，弄不好他也自立门户，还和自己对骂，导致精分师的人数很难实现大批量增长，但是人们依旧无法抵挡精分这"该死的魅力"。波林就在《实验心理学史》中说："如果谁想在今后三个世纪内写出一部心理学史而不提弗洛伊德的姓名，那就不可能自诩写了一部心理学通史。"要知道弗洛伊德本人是不搞实验的。

至今很多人提起心理学，还会认为"心理学就是精神分析"，因为它不但玄乎，而且收费高，那种解谜般的乐趣也会让很多咨询师和来访者欲罢不能，简直和灵修一样，行为主义那顶多算是"大老粗一样的训练"。不过，20世纪60年代已经是精分派在美国的最后一个辉煌期了，不仅内部的分析师们都多多少少在修正弗洛伊德的观点，新行为主义也依然可以在此时撑住门面。可他们想不到，马上一个无招胜有招的新门派就要登场，大有一统江湖之势。

第六部分　完形记

　　大学导师们经常说，搞科研只需要三样东西：钱、人和政策。20世纪初，心理学的重心已经逐渐转移到了三样都不缺的美国。而此时统一不久的德国也开始大力发展经济，一跃成为欧洲第一富强国家，让自己也满足了搞科研的三要素。此时，整个德国的意识形态，也在强调统一和主观能动性。

　　于是，已经去世了一百年的康德又被重新搬了出来，他的观点"人的经验是一种整体现象，不能分析为简单的元素"，又被德国的一些心理学家拿来作为理论基础。而物理、生理、心理三门抱的科学家马赫也强调一元论，因此在他的哲学观中，他也不屑于构造复杂的哲学理论体系。类似的科学家、哲学家还有很多，在这种氛围的影响下，德国出现了一个新的心理学派。

第47回　施老师接手布神父　三剑客结义德意志

2008年,笔者在河师大第一次进入心理学的课堂,初入武林当然要了解一下江湖上都有哪些门派,将来也好互相标名道蔓儿。讲到第五个门派的时候,我们老师普通话不怎么标准,讲成了"河师大"心理学。要知道河师大刚刚成立了心理学科,竟然在江湖上还有一席之地,这简直不是惊喜,而是惊吓。后来我们才知道,原来这说的是德国的格式塔心理学。

故事要回到1865年,我们的老熟人布伦塔诺收了个徒弟叫卡尔·施通普夫,这是他早期收的弟子之一。施通普夫来自一个医生家庭,还是个音乐小天才,有着和林肯相似的标志性胡子。布伦塔诺非常器重他,还让他到哥廷根大学跟随《医学心理学》的作者鲁道夫·赫尔曼·洛采(Rudolf Hermann Lotze, 1817—1881)学习,施通普夫在这里拿到了博士学位。1968年毕业后,他继续追随布伦塔诺,可惜第二年布伦塔诺就丢了工作,这段故事咱们已经讲过了。

1870年施通普夫重返哥廷根大学,正好认识了来自莱比锡的费希纳和韦伯,这二位前辈给了他启发,即可以用科学方法研究心理学。不过接下来几年他还是一直用哲学方法进行研究。1871年,普鲁士首相奥托·冯·俾斯麦建立德意志帝国,德国终于结束了各立山头的状态,新国家建立之后,各个岗位急需人才,因此1873年施通普夫回到符兹堡大学,补了布伦塔诺留下的空位。1875年,施通普夫不忘初心,开始捡起童年爱好写《音乐心理学》,乐谱当中也蕴含一些数学原理,这就能用上心理物理法来研究了。但是现在的单位并不能满足他。1894年,施通普夫应聘于柏林大学。柏林可是当时欧洲最能欣赏音乐的大城市,柏林大学也是德国学术氛围最浓的大学,施通普夫在此一干就是27年,他在这段时间出版的作品是前25年的5倍之多。

既然是布伦塔诺的徒弟,施通普夫和冯特就不是一个阵营了,冯特最得意的技能是拆分,那咱们就反过来。施通普夫还和冯特的对头威廉·詹姆斯成为跨越大洋的亲密笔友。之前我们提过施通普夫和布伦塔诺共同教出了现象学之父胡塞尔，1900年胡塞尔把他的作品《逻辑研究》献给施通普夫，这部作品令施通普夫大受启发，这种把现象和心理结合在一起的研究方法，给后来的格式塔学派打下了基础。

在接下来的10年中，施通普夫收了三个徒弟，他们就是格式塔心理学三剑客，分别是：1902年拜入门下的马克斯·韦特海默（Max Wertheimer，1880—1943），1904年又转到符兹堡大学跟了屈尔佩；1905年加入的库尔特·考夫卡（Kurt Koffka，1886—1941），1908年毕业后当了屈尔佩的助教一年，之后去了法兰克福大学；1907年加入的沃尔夫冈·苛勒（Wolfgang Köhler，1887—1967），1909年毕业后也去了法兰克福大学。后两位的博士毕业论文都是老师最喜欢的声学心理学。施通普夫估计想不到，这三个徒弟将来会成为心理学史上罕见的铁三角，堪比木叶村的猪鹿蝶。

三人中的大师兄韦特海默的长相非常有特点，他的上嘴唇有十分浓密的小胡子。他10岁的时候收到的生日礼物就是一本斯宾诺莎的哲学著作。他在屈尔佩手下拿到了博士学位，论文主题是用词汇联想进行犯罪测定，毕业之后他又换了几个工作，大多和实用的临床研究相关，毕竟德国当时急需建设型人才。1910年夏天他在坐火车的时候，发现窗外的景物似乎动了起来，于是激动地中途下车，买了个玩具动景器，就和中国的走马灯或者翻书动画小册子差不多，在旅馆房间里就"实验"了起来。不要觉得他这个实验很不正式，慢慢地你就会知道，格式塔学派的实验都比较好玩。这年秋天他就到了法兰克福大学弗里德里希·舒曼（Friedrich Schumann，1863—1940）的实验室当助手。这个舒曼不是那个音乐家，但是来头也不小，是号称心理学第三人的格奥尔格·埃利亚斯·缪勒（Georg Elias Müller，1850—1934）的弟子。缪勒有一个寿星一样的大脑袋，继承了心理学第二人艾宾浩斯的记忆研究，自己也深受费希纳和洛采的影响，1881年他还在哥廷根大学建立了第二个设备齐全的心理学实验室。

韦特海默在法兰克福大学和两位师弟考夫卡、苛勒碰面，两位师弟也对他所说的似动现象非常感兴趣，于是三人互为被试做实验，最终得出结论：当两

韦特海默

条线段的呈现时差在 60 毫秒时,就仿佛一条线段从一处跳到另一处;如果大于 200 毫秒,看起来线段就是相继出现;小于 30 毫秒,效果就是同时出现。霓虹灯、胶片放映等都是利用了这个原理。于是 1912 年三人一起在《心理学期刊》上发表了《似动现象的实验研究》,这标志着学派的诞生。既然有学派,就要确定教义:这个学派的三人都是施通普夫的学生,布伦塔诺的徒孙,那么主旨当然是反对冯特。冯特最爱拆分,那么咱们就强调不能拆分,直接研究整体的经验和行为,这也正好符合当时德意志帝国整体统一的口号,非常"政治正确"。既然是反冯特,冯特反康德,那么格式塔学派就挺康德。康德曾说过,人只能认识现象,不能认识真正的物体,世界给人呈现的是杂乱的材料,人要靠头脑中的先天经验把它们组织起来,形成一个整体的不可拆分的现象。这也是该学派的核心主旨。既然人只能认识现象,那么研究方法当然是用胡塞尔的现象学了,也就是"研究过程要借助直觉"。

另外,既然三人都是施通普夫的学生,声学研究肯定少不了。要问声学研究谁最牛,马赫先生拔头筹!再一看老先生的作品,发现他同时还是一位哲学家和心理学家,正好强调感觉是一切科研的基础,又反元素主义。韦特海默还想到了他在布拉格大学听过课的一位老师——另一位布伦塔诺的徒弟克里斯蒂安·冯·厄棱费尔(Christian von Ehrenfels,1859—1932)发展了马赫的观点,他在 1890 年的音乐知觉研究著作《论形质》里,提出了"格式塔"的概念——知觉是对一个"形质"的体验。举个例子,虽然一个长方形由四条线段组成,但是四条线段不等于长方形。再比如,一支曲子是不能拆成一个个音符的,它就是一支整体的曲子,拆开或者重组就不是这支曲子。你看一本书,也不能说它就是一个长方形封面包着一堆有字的纸张。三人一看这个概念,觉得十分称心如意,这个学派就叫格式塔了!汉语有时翻译为完形心理学或者整体心理学,但是都不如直接音译更流行,更贴切,就像可口可乐不能叫二氧化碳糖水一样。

苛勒对冯氏心理学的评价比詹姆斯口中的"黄铜仪器"还原始，说他们是"泥砖心理学"，那些所谓心理元素的分类都是人为的，不能说明任何心理实质。

后来这三人在师父所在的柏林大学做了很多研究，所以这个学派又叫柏林学派，这也是德国建立的第二个重要心理学派。可是，这三人有两个都不太算德国人，韦特海默出生在当时属于奥匈帝国的布拉格，还是犹太人；苛勒出生于今天的爱沙尼亚，当时算是沙俄，只是父母是德国人；考夫卡倒是柏林人，可是母亲是犹太人，虽然不信犹太教，而是个新教徒。这三人的身份介绍并非故意凑字数，以后会大大影响这个学派的命运。

第48回　苛勒岛上逗猩猩　兄弟齐心旺完形

　　1911年，考夫卡在德国黑森州吉森大学找到了工作。1927年之前，他一直都在进行一系列名为"对格式塔心理学的贡献"的研究。而年龄最小的小师弟苛勒，1913年受到普鲁士科学院的任命，前往大西洋加纳利群岛上进行类人猿的心理研究，三毛的老公荷西就是在这片群岛潜水溺亡的。苛勒去的特纳利夫岛位于非洲西北海域，属于西班牙殖民地，是这片群岛中最大的一个。谁知道他刚到这里一年，一战就爆发了。作为一个德国人，没人送他回国，苛勒被困在这个岛上走不了了。两位师兄都加入了军队，韦特海默在军队进行声学研究，而考夫卡在军中的精神病医院从事大脑损伤和失语症患者的相关研究。

　　因祸得福的是，苛勒在这个岛上还有意外收获，他不但躲过了一战，还躲过了西班牙大流感——这次被称为"西班牙女士"的要命流行病波及全球5亿人，死亡人数有可能达到1亿，受害的主要是欧美国家，这场流行病让一战提前结束了，之前我们在弗洛伊德的篇章中就提到过这次灾难。结束之后还是有不少烂摊子要收拾，所以苛勒在岛上一待就是7年。也正是这7年，成就了他一生中最伟大的实验。

　　黑猩猩作为和人最接近的动物，只分布在非洲，这让很多常驻欧美的专家没法深入研究它们。苛勒的这次隔离简直是天赐良机。为了研究黑猩猩的智力，苛勒设计了各种小难题。例如在一个房间中放几个箱子，天花板上吊着一串香蕉，黑猩猩若有所思一阵后，会将箱子叠起来，然后站在上面够到香蕉；再如在铁笼外放一串香蕉，给猩猩两根棍子，其中一根是空心的且比另一根粗一些，猩猩会把两根棍子连在一起，挑到远处的香蕉。

　　苛勒在拿一只叫萨尔顿的公黑猩猩做实验的时候发现，刚开始它站在一个箱子上够不到香蕉，气得直叫，后来在某个节骨眼上它突然停下来，将箱子叠在一起，就成功吃到香蕉了。之前学界比较有影响力的观点是桑代克的试误学

苛勒的黑猩猩

说,即动物在经历多次失败后会偶然发现正确的方法。于是苛勒提出了"完形-顿悟学说":解决问题分为四个阶段,分别为准备、酝酿、顿悟和验证。准备期需要整理经验,收集资料,明白所提问题的价值。酝酿期往往比较长,需要在脑中进行各种思维发散。顿悟期又叫启发期、明朗期,就像阿基米德当年发现浮力定律一样,创造力往往是某一刻突然爆发的,就像"踏破铁鞋无觅处,得来全不费工夫"一样。验证期则是最后的完善和检验。苛勒的这个观点,大有南派禅宗的味道。当时奥地利最著名的经济学家约瑟夫·熊彼特(Joseph A. Schumpeter,1883—1950)在1912年提出了创新理论,在欧洲特别有影响,苛勒的研究正好能为创新理论提供心理学基础。不过和南北禅宗一直在争论到底是渐悟还是顿悟一样,桑代克和苛勒的学说也一直在引发讨论,当年反冯特的那股劲儿好像又不太强烈了,毕竟咱们要给屈尔佩一点面子嘛,人家屈尔佩可是有名的老好人。另外,苛勒还认为顿悟就是领会到自己要干什么,明白动作和目标的关系,这个观点后来启发了一个本门学徒托尔曼。

苛勒还发现,如果需要木棍时,黑猩猩手边恰好没有,它还会去木箱上拆掉一根木条当棍子用,这叫作学习的变换理论或迁移理论,也就是所谓的举一反三。苛勒进一步做了一个小鸡啄米的实验。起初训练小鸡在纸下找米,深灰色纸下有米,浅灰色纸下没有。小鸡学会去翻深灰色纸以后,再把场景换成深灰色和黑色纸。70%的小鸡会去直接翻黑色纸,而幼儿也会做类似的动作,所以他们学习的不是"深灰色纸下有食物",而是"更深色的纸下有食物"。学习学的是事物之间的关系,而不是学习相同点,这就是学习迁移的"关系转化说"。1917 年,苛勒出版了《猿猴的智力》,这本书让他在圈子里一下子变成了红人,很多大学都准备好聘书坐等他回国。

不过也有消息声称,其实苛勒早就可以回国了。岛上的其他德国人都走了,就剩下他,表面上是在研究猩猩,实际上是在观察同盟国的船只,再通过发报机传到德国。不过苛勒说自己用发报机是给德国传稿件的。苛勒一直没承认这事,间谍的指控也一直没实锤。后来一提起这段时光,苛勒就觉得非常厌烦,每天和黑猩猩在一起,用东北话说:"我看我就像个黑猩猩。"

1920 年,苛勒终于回到德国,并在柏林大学任职,第二年就和考夫卡、韦特海默等人创办刊物《心理研究》,这以后就是格式塔学派的论坛了。这一年考夫卡还出版了一本《心灵的成长:儿童心理学引论》,当时的格式塔学派简直是蒸蒸日上,甚至吸引了美国的注意,考夫卡受邀为美国《心理学公报》写一篇关于格式塔的论文。还是在 1921 年,一个叫库尔特·勒温(Kurt Lewin,1890—1947)的年轻人进入柏林大学任教,他也是施通普夫的弟子,1910 年入门,后来成为格式塔学派的中流砥柱,甚至可以自成一派。也是在这一年,苛勒还被哥廷根大学的缪勒钦点为继任者;眼看刚到手的人才又要外流,1922 年施通普夫自己也离休,让苛勒也接自己的位子,苛勒马上把韦特海默拉来一起工作;考夫卡在美国发表的《知觉——完形说引论》引起巨大反响;韦特海默这一年也在《心理研究》上发表《格式塔理论研究》第一篇,由于反响不错,次年又发表了第二篇。此时冯特刚刚去世,格式塔学派俨然已成为德国心理学界的老大,心理学界的新星靠着猩猩崛起了!韦特海默就像学派的大脑,引领主旨思想;考夫卡擅长写作，成为学派的喉舌；而苛勒动手能力最强，是学派中的实干家。这三个人也从来没在公开场合批评过对方，格式塔学派成了心理学界少有的没有内斗的学派。

也还是在1921年，阿道夫·希特勒当上了纳粹党的老大，一股种族主义风潮开始在德国蔓延……

第49回 希特勒狂扫欧洲 格式塔辗转美国

如果没有希特勒打乱欧洲各行各业的剧情线，格式塔学派或许可以成为欧洲实验心理学的老大，甚至有可能在其他心理学领域和精分派拼一把。但之前我们说过，三人的民族成分会影响他们的后半生。

1924年，在美国已经小有名气的考夫卡最先进军新大陆，受邀到康奈尔大学当访问教授，就是铁钦纳曾经任职的大学。1927年，他出任美国麻省史密斯学院心理学教授，这可是美国最大的私立女子文科学院，考夫卡在此主攻知觉实验研究。早在1923年韦特海默就发表过一篇论文，提出了知觉组织原则，德语音译为"普雷格郎茨原则"，主要描述了对多个分散物体的感知规律。我们就拿阅兵举例子：第一条是相似原则，士兵们身高、服饰相似，会被分为一类；接近原则，距离近的几人会被分成一类；闭合原则，我们会把方阵脑补成一个完整方形，而忽略士兵之间的间隙；第四条名字比较高大上，叫共同命运原则，比如士兵们同方向运动，我们也会把他们感知为"一个方阵"，而不是多个"单兵"。而考夫卡又给直觉加上了四大特性：整体性就是对韦特海默的几个原则的总结；选择性就是我们会先把认知对象和背景分离，比如看广场上有士兵的图片，会优先关注士兵，而不是广场；理解性就是我们会通过经验来描述面前的对象，例如有人说月牙像香蕉，有人说像小船，有人说像镰刀；最后一个是恒常性，人识别颜色、亮度、大小、形状的时候都有恒常性，比如白色的皮肤在蓝光灯下发蓝，但是你不会真把他当成蓝皮人，远处的人变得很小，你也不会以为他真的很小。格式塔学派对于感知的研究，对理解错觉的产生机制很有用，基本上一提错觉就绕不开格式塔，之前说的"似动"也是一种错觉。

加入美国国籍后，考夫卡的同事形容他是个害羞、不自信、其貌不扬的小个子，但是和大部分内向人士不同的是，这人的嗓门很大，在大家眼中很古怪。考夫卡的研究虽然不多，但是他后半生都致力于格式塔学派的传播。1935年他出版了《格式塔心理学原理》，基本总结了他一生的成果，也让格式塔这个学派正式在美国的心理学界拥有一席之地：谈及婴幼儿的发展时，他认为是先天和后天的共同结果，站在了弗洛伊德和华生的中间区域；而且也没忘了整体的概念——婴儿是先做整体反应，再做细化反应。记忆是个有组织的系统，遗忘是因为干扰；人格也是一个整体，在此他还引用了小师弟勒温的"场论"。可惜的是这本书太深奥，没能让格式塔学派真正在美国掀起大风大浪。仅仅6年后，他就因心脏病在麻省去世，这时候二战还没结束呢。

大师兄韦特海默1929年当上法兰克福大学的心理系主任，1933年希特勒成为德国元首，开始大力搞事情，韦特海默见势不妙，当年就跑到美国，任教于纽约社会研究新学院，像许多犹太专家一样，他也入了美国国籍。他在美国收了一个其貌不扬的徒弟，就是我们提到过的马斯洛。不过大师兄的身体也越来越差，1943年9月底他完成了唯一的专著《创造性思维》，10月12日就突然去世，死因还是心脏病，他的书在1945年才出版。韦特海默的作品不多，他认为语言就像一个会背叛人的工具，会把整体分割成不同的部分再重组成不同的表达。所以他自己写书也重写了很多次；好的表达方式其实就是在寻找一个好的完形。1988年，他的儿子迈克尔替他接受德国心理协会授予的冯特奖章。

三剑客中的苛勒其实1925年就去过美国的克拉克大学讲学，那年霍尔刚去世一年，美国人对欧洲的新事物还是很感兴趣的，苛勒又在海岛上研究了7年类人猿，这多浪漫、多有冒险精神，于是苛勒成了美国的大明星。既然这么受欢迎，那肯定要回馈一下粉丝，德语和英语在一个语系，但德语比英语复杂得多，德国人学英语就像国家一级厨师做炒鸡蛋一样，于是1929年苛勒出版了英文版的《格式塔心理学》，这本书促使格式塔在美国甚至全世界打出名号。1934年苛勒再次受邀去哈佛大学演讲，但是他还是没决定去美国发展，毕竟咱是真的德意志人，和两位有犹太血统的师兄不一样。当时哈佛大学的心理学系主任波林也不同意他留下来，因为"引入闵斯特伯格和麦独孤的错误不能再犯了"。闵斯特伯格算是冯家门的叛徒，一心跟着机能主义搞应用；麦独孤又是研究社会心理的，再加上苛勒研究猩猩也不算是严格的实验，在波林眼中都是不务正业,科学心理学这下危险了!联想到波林之前被斯金纳等叛徒气得够呛但依旧选择原谅他们,这回屡次受委屈的老好人突然变强硬,也就可以理解了。

但是很快苛勒就发觉德国乃是非之地,他1935年去芝加哥大学做了一阵客座教授后,写了一封反对希特勒的公开信,然后马上定居美国,任你希特勒在欧洲只手遮天,也奈何不了我在大洋彼岸。苛勒在宾夕法尼亚州担任斯沃莫尔学院的心理学教授,和两位师兄都跨省,三剑客组合再也难以重现辉煌。1940年,苛勒又有了新的研究方向,并出版了《心理学中的动力学》。1946年,美漂11年的苛勒终于拿到美国国籍,格式塔的三个德国人终于正式变成三个美国人,可惜另外两人均已作古。接下来的日子苛勒顺风顺水,1947年当选美国国家科学院院士。1956年获得美国心理学会杰出科学贡献奖。1958年退休,但依旧在各处宣讲,还时不时回母校柏林大学访问,促进两岸心理学沟通。顺便说一句,德国战败后柏林大学被一分为二,美苏分占西东,西德的叫柏林自由大学,东德的叫柏林洪堡大学,作为美国人的苛勒当然去的是西边的。1959年苛勒当上了美国心理学会主席。1967年美国心理学会准备授予他奖章时,他已经病逝在美国新罕布什尔州。1969年,他的遗作《格式塔心理学的任务》才出版。

除了三巨头,格式塔学派后期的代表人物就是小师弟勒温。他也是犹太人,出生在普鲁士波森省(今天在波兰境内),从小在乡村长大。1910年勒温成为施通普夫的学生,还兼修数学和物理学,这些知识为他日后的特殊理论打下了基础。1914年本来他就能毕业,但因为一战干扰,1916年才拿到学位。一战期间他在德国陆军服役,1917年因受伤还拿到过铁十字勋章,养伤期间他写了一篇关于战争形式的论文,首次提出了场论概念。他发现在战场上,人的个性和善恶都不存在了,自己这边就是好人,敌方就是坏人,每个人都被自己所在的集团定性。因此他认为,一个人就是一个心理场,又叫心理生活空间,所有的心理活动都在场中发生,行为也由场决定,场包含个体和环境两个因素。于是他提出一个函数公式:$B = f(P \cdot E)$,B是行为,P是个体需求,E则是心理环境。由于他的观点用了数学中拓扑学的概念,所以又叫拓扑心理学。勒温从场论角度反对了行为主义的学习概念,认为学习要从整体情境入手,不能单看一两个要素，更不能单看肌肉反应。他的观念甚至影响到了彼岸的老前辈铁钦纳，老爷子于是融合了完形和心理物理法，提出了系统心理学。可惜1927年铁钦纳就去世了，关于系统心理学的书还没完成。

一战结束后，勒温入职柏林大学，他的课程深受学生们欢迎，1927年他成为教授。1929年他去耶鲁大学参加国际心理学家会议，第一次在美国刷了一下存在感。当时铁钦纳的《系统心理学绪论》终于由弟子拿之前的论文整理完成并出版。我们的老熟人波林正在研究错觉，1932年他请勒温到斯坦福大学访问半年，1933年波林发表了一篇系统心理学的论文。访学结束后，勒温发现德国对纳粹的迫害日益严重，铁十字勋章也不能救他，于是干脆把家搬到美国，在康奈尔大学任教两年。1935年他到爱荷华大学儿童福利研究站工作，做了很多儿童实验社会心理学的研究。1939年他提出团体动力学概念，又叫群体动力学，主要研究小团体，包括团体氛围、成员之间关系和领导的影响等。1942年勒温建立了社会问题心理学研究会，在当时的心理学界大放异彩，让他一跃成为"美国社会心理学之父"。他1944年受聘到麻省理工学院，1945年创办群体动力学研究中心，理论实践双开花，深入研究战后的移民、黑人民权、青少年犯罪和儿童教育等尖锐的社会问题，还催生了团体治疗、社会福利等行业，在之后的20年影响了美国的方方面面。勒温提出变化是团体的基本特征，由此衍生出他的社会改变计划：解冻—流动—重冻，就像改变冰块形状一样改变一个团体。

同时，作为犹太人，他还担任美国犹太人社会向导委员会的主任。可惜的是，有可能是工作太繁忙，1947年勒温就在麻省去世了，死因还是心脏病，享年才56岁。20世纪60年代之后，美国开始关注个人发展，团体心理研究几乎处于停滞状态，勒温也被大家遗忘。幸运的是，1945年勒温曾在中心培养了一名助手莱昂·费斯汀格（Leon Festinger，1919—1989），他在1980年又捡起团体动力学，和一帮曾经在1960年编写过《团体动力学：理论与研

勒温

究》一书的老哥们又出版了一本《社会心理学回顾》，号召重新发现勒温的潜力，实现团体心理学的伟人复兴。顺便提一句，费斯汀格还有个特别鸡汤的法则：生活中的10%是由发生在你身上的事情组成的，而另外的90%则是由你对发生的事情如何反应所决定的。换言之，生活中有10%的事情是我们无法掌控的，而另外的90%却是我们能掌控的。这句话至今还在各种励志文章中频频出现。

另外需要注意的是，所谓的"格式塔疗法"，其实和格式塔心理学没太大关系，而是柏林大学的精神病医学博士弗雷德里克·皮尔斯（Friedrich S. Perls, 1893—1970）发明的，他接触过一些格式塔学派的知识，强调心理治疗要追求完整性，而人最大的问题就是内心支离破碎和残缺。我们可以通过对自我和环境的观察来自我调整，同时关注当下，表达对过去的悔恨等，顿悟、闭合等概念也经常被他引用。1926年他在法兰克福脑损伤士兵研究所工作，还接触过弗洛伊德、荣格、阿德勒等人，因此精分派的投射、内化、压抑等概念也被他纳入自己的理论中。由于皮尔斯也是犹太人，1933年受纳粹迫害来到荷兰，1935年搬到南非，1946年搬到美国，1951年和两位合伙人——诗人古德曼与斯金纳派的赫夫林合作出版《格式塔治疗：人格中的兴奋和成长》，1952年在纽约建立格式塔治疗研究所。他曾经把一本格式塔疗法的小册子给苛勒看，遭到了苛勒的尖锐批评。很多人说皮尔斯是挂羊头卖狗肉，用格式塔的术语来说精神分析甚至存在主义。至于啥叫存在主义，咱们下一部分再填坑。

如果学心理学多年，你会发现，在第一天老师提到的七大门派中，格式塔的存在感最低，把它放到中国的古典小说里，还不如《西游记》里的白龙马，差不多相当于《红楼梦》里只出场过没几次的妙玉吧。可能就是因为没存在感，所以它连个正儿八经的中文译名都没有，一般就直接音译成"格式塔心理学"，有时候硬要翻译一下，就是"完形心理学"——可是这个名字并不完全准确，所以出镜率比本来就不高的"格式塔心理学"更低一些。相比较于其他的心理学门派，完形学派的基本心法是"不能拆"，因而能表达和研究的东西就相对比较少。韦特海默作为完形学派的创始人，也被人批评有些极端，只研究自己想研究的东西。

由于过度强调完整性，他们的观点也很容易让人先入为主，甚至让本门的概念非常晦涩难懂，就像勒温的场论，猛一看还以为是和爱因斯坦的统一场论有啥关系呢。他们的实验也没有严谨的定性定量，这都让他们的结论很片面，不太适合在美国这个年轻的国家大力发展。虽然完形学派强调整体的研究显得有些荒谬，但是却意外启发了另一些超出实验心理学的东西，而受到启发的这人还是马斯洛。

第50回 托尔曼反复跳槽 新理论倾向折中

托尔曼

后人提起托尔曼,最常吐槽两件事:第一是他长得像冷血的疯狂科学家,第二是他的研究取向非常混搭,明明自称是新新行为主义的代表之一,可是实际身份却有些模糊——虽然自称是行为主义者,但是此人却又是格式塔学派的亲传弟子且没反叛,所以也放在本部分。爱德华·托尔曼(Edward C. Tolman,1886—1959)其实是美国人,生于学霸大省麻省的牛顿市,父亲是麻省理工学院的第一批毕业生,母亲是桂格派基督徒,没错,桂格燕麦片就是这个教派成员的产业。母亲总给小托尔曼灌输和平主义思想,长大后他成为反战主义者。托尔曼的哥哥理查德·蔡斯·托尔曼(Richard C. Tolman,1881—1948)也是个学霸,长大后成为加利福尼亚理工学院的物理化学兼数学物理教授,还是曼哈顿计划的科学顾问之一。

兄弟两人从小就擅长理工科课程,后来都考入了麻省理工学院。按照这个节奏,托尔曼将来或许也会和哥哥一样变成科学家,可是他打心眼里对工程技术不感兴趣。1910年他读到詹姆斯的《心理学原理》,终于找到了人生的方向,就像小智找到了皮卡丘,就决定是你了!

1911年,托尔曼大学毕业,他还报了哈佛大学的暑期班,一个是哲学课,一个是罗伯特·耶基斯(Robert M. Yerkes,1876—1956)的心理学导论。耶基斯一生致力于包括人在内的多种动物智能的研究,他的研究为托尔曼的心理学生涯埋下了种子。于是当年秋天,托尔曼开始在哈佛大学读研,报了哲学和心理学专业,读博的时候导师正好是德国来的闵斯特伯格。导师想必给他介绍了很多德国的各种美好,于是托尔曼决定去德国做交换生。

托尔曼去了德国黑森州的吉森大学,这是德国最古老的大学之一,成立于大明万历三十五年,也就是公元 1607 年。1901 年首届诺贝尔奖得主威廉·伦琴就曾在此任教,而托尔曼的师父则是考夫卡。当时托尔曼是一边学德语,一边学心理学,要知道,德语和英语虽然都是日耳曼语系,但是德语的语法可是比英语难得多。

格式塔心理学让托尔曼的后半生都认为,心理学要研究整体行为,不必非要拆分成生理和心理因素。可是 1915 年他回哈佛大学完成博士论文的时候,标题还是"好坏气味对记忆的影响"。这个研究方向显然不能让他满意,毕业后他在位于伊利诺伊州的西北大学任教,研究学习干扰、联想等问题。然而 1918 年他却因为支持桂格派的反战思想而吃了炒鱿鱼,学校还给他扣了个缺乏教学成就的帽子。这种狗血事件在托尔曼今后的人生中还会重演。顺便说一句,1916 年他的导师闵斯特伯格就去世了,哈佛大学没了心理学教授,4 年后曾在伦敦大学教授精神哲学的英国人威廉·麦独孤(William McDougall,1871—1938)担任此职务。此人非常反对机械的行为主义,1905 年就提出了以本能为动力的行为主义,因此他的学说又称为策动或目的心理学。1908 年麦独孤发表了《社会心理学引论》,一不小心开启了"社会心理学元年"。麦独孤的学说日后会成为托尔曼理论的重要组成部分。

刚刚丢工作的托尔曼又在加州大学伯克利分校找到了工作,这个分校可以说是世界上最牛的分校了。在这里还有个小插曲,托尔曼赏识的一名中国学生郭任远(1898—1970)非常推崇极端的行为主义,1921 年就写了《取消心理学中的本能说》的论文,并发表在了美国《哲学杂志》上。大家发现他比华生还激进,因而称他为超华生行为主义者。1923 年郭任远博士毕业,回国后本来准备去北大任教,路过上海时,复旦校长李登辉(1872—1947,不是台湾地区那个)请他留在母校,从此小郭成了中国的华生。他为了证明本能不存在,做了一个猫鼠同笼的实验,小猫和小老鼠从小一起长大,竟然能变成朋友。那吃饭总是本能吧?郭任远把蛋壳弄成透明的,发现小鸡胚胎会随着心跳振动而点头,所以他认为鸡出壳后也有点头的习惯,偶尔碰到地上的米粒才形成条件反射。那些所谓的本能，并不是先天的，而是胎儿期的经验。郭任远虽然激进，但是依旧是中国心理学和生理学启蒙的重要人物，他的学生之一就是中国克隆之父童第周。

视角再回到美国，托尔曼此时开始提出"反分子"的概念，倾向于从宏观的角度来分析行为——虽然要通过研究行为来得出结论，可是要注重整体行动，而不是一个个小动作，这可以说是很格式塔了。于是1923年秋天，他深感自己的格式塔功力不够，就又回到吉森大学继续学习。

二次学艺出师后的托尔曼继续回到伯克利分校任教，并在那里拥有了自己的实验室。1930年，他开始做这辈子最著名的老鼠走迷宫实验。很多心理学家最著名的实验都是自己的早期实验，托尔曼也不例外，这一系列的实验还让他成为将认知过程和行为过程相统一的第一人。

他在迷宫的终点放上食物，先让老鼠自由探索，之后再通过移动迷宫中的活门改变迷宫结构，他发现老鼠总是会选择最短的一条道走，而且有食物奖励的老鼠比没有食物的学习得快。于是他提出了"认知地图"的概念，认为学习的本质是对位置的学习，学习也不是简单的机械反射或者试错，而是学习某种能达到目的的符号行为，简称"目标—对象—手段"，还弄了个公式 S—O—R，O 是中介变量，代表内部变化。是不是很眼熟？表面看上去和伍德沃斯的一样，同时也和所有行为主义相关的研究一样，都是在不停地玩这个公式。

同时，托尔曼还发现，没有食物奖励的老鼠虽然学得慢，但也会越学越好，所以外部强化并不是必需品。托尔曼认为是老鼠的内心有期待，这就是内部强化，和班杜拉的理论差不多。不过托尔曼进一步提出一个概念，这种靠内在强化支撑的学习叫"潜伏学习"。这是托尔曼极为自豪的一个独创理论。

1932年托尔曼出版了《动物与人的目的性行为》一书，在书中他阐明了自己的立场："我总的立场是行为主义的立场，但是一种特殊的行为主义。"他反对华生的机械行为主义，觉得要研究客观事物不一定非要排斥思维，华生那种单纯认为只有刺激和反应的观点才是不客观的。托尔曼主张，行为主义者要观察行为规律，并且还要解释其中的原理。他发现干渴状态下的老鼠在迷宫中找水就能学得很快，但是如果在第10天把终点处的水换成食物，它们的期待就被打破了,学习也就变慢了。如果只有刺激和反应,那这件事就解释不通。

根据他的理论,老鼠的期待会帮助老鼠在脑中建立一个完整的地图,即便迷宫道路出现了变化,它还是知道奖励的位置在哪,会走最短的路线找到目的地,由此他得出一个很哲学的结论——学习是对环境适应的过程。托尔曼的这些观点显然已经和行为主义相去甚远,所以他的观点又被称为目的行为主义。由于总强调符号学习,后来改为符号学习论或符号格式塔论,这些都太强调认知内容了,这让托尔曼一跃成为认知行为主义的奠基人。在很多咨询中,因为经典的行为疗法太狠,所以认知行为主义正好有用武之地。托尔曼的实验室也因一系列的迷宫实验成名,至今在伯克利分校仍是金牌部门,成为认知心理学研究的中心。

彩蛋:《动物与人的目的性行为》这本书是托尔曼最重要的作品,但他却在扉页写上"送给挪威的白鼠",很多人指责他不严谨,可是这并不能影响这位学术怪才。

第 51 回　大怪才吸纳格式塔　小透明引发新门派

有些奇怪的是，虽然托尔曼如此受到格式塔学派的影响，但是他并没有在美国大力推广格式塔学派，他最关注的依然是行为与认知，而最主要的研究方法就是要抠一抠刺激和反应之间的中介变量了。

最初，托尔曼把中介变量划分为需求变量和认知变量两类，前者就是动机，后者则包括对外界的知觉、再认等。由于中介变量不能被直接观察到，所以要通过实验间接地推断出来。例如，他以动物被剥夺食物的时间来定义饥饿程度。

托尔曼有两大偶像，其中之一就是同样位于麻省的勒温，后来受他的影响，托尔曼将"生活空间""心理场"等概念引入自己的理论体系，又把中介变量划分为三大类：需求系统、行为空间和信念-价值体系。需求是肯定有的，这个不能改；行为空间就是认知变量，包括对自己能力的评价，还包括对目标的价值、距离等的判断；信念-价值体系就是给目标排个顺序，用托尔曼的话说，弄一个"符号排列矩阵图"。拿吃饭对比，需求就是你的饥饿程度，行为空间就是你胃口有多大、食物有多远，信念-价值体系就是你认为的这个食物的美味程度。三个变量综合影响了你的进食过程。托尔曼借此解释在一定情境下，动物为何及如何产生一定的行为反应。不过托尔曼还不满足，最终他弄出了一个更复杂的公式，$B = f(S, P, H, T, A)$，其中 P 是迷宫的变化，属于环境变量；H 是遗传特征，T 是先前的训练，A 是年龄，这三个都是个体变量。此外，托尔曼还研究了麦独孤的策动心理学、吴伟士的动力心理学，可谓是博采众长。可是行为主义是不研究内部动机的，于是有人认为当时的美国实验心理学界是行为主义的天下，托尔曼自称行为主义只是权宜之计。不论如何，托尔曼凭借他的一系列研究成为美国心理学圈子的领军人物，更是在 1937 年成为了美国心理学会主席。

我们之前说托尔曼已经研习了冯特门人闵斯特伯格、机能主义的詹姆斯和伍德沃斯、格式塔的考夫卡和勒温、行为主义、麦独孤等的精髓,就好像杨过学会了西毒南帝北丐全真教的武功,就差东邪的了。这位东邪正是托尔曼的两大偶像之一:弗洛伊德。这可是行为主义学派的死对头,但是没办法,人家就是这么有魅力,想研究动机怎么能不看精分的书呢。1942年,托尔曼出版了《导向战争的驱动力》一书,从精神分析的观点指出是人类的驱力导致了战争。当时正值二战这个国际大热点,托尔曼受父母的宗教观影响,坚持和平主义,希望消除战争。为实现这个理想,从1942年起,他在战略勤务局服务了两年。

战争结束之后,已经功成名就的托尔曼竟然又遭到两个人的批评。为首的名叫肯尼思·斯彭斯(Kenneth W. Spence,1907—1967),自称是新赫尔主义者,他从1938年开始就是爱荷华大学的心理系主任,班杜拉见了也要叫声老师;另一个叫利皮特(Ronald O. Lippitt,1914—1986),是勒温的学生,提出过"愿景"概念。这两位名字都很像足球运动员的心理学家很反对托尔曼的独门武功——潜伏学习。托尔曼一看,这怎么行?如果我是杨过,这就是我的黯然销魂掌,于是在1949年他发表论文《学习的方式不只一种》,为自己撑腰。

此时又一个英国人再次改变了托尔曼的人生。他就是被誉为20世纪最伟大的经济学家的约翰·梅纳德·凯恩斯(John Maynard Keynes,1883—1946),此时虽然人已经仙逝,可其理论还在影响着美国政府,最让政府认可的就是"政府要增加权力"这一点。当时加州大学要求教职员工们签署誓约效忠政府,托尔曼认为这侵犯了他们的公民自由和学术自由,他就像漫威内战的美国队长一样,组织其他反对的教员公开拒签。这一年,他还入选美国文学和科学协会会员。

事情还没完,1950年初,美国右翼参议员约瑟夫·麦卡锡(Joseph R. McCarthy,1908—1957)开始搞了一件大事情,他到处宣扬反共言论,还说美国到处都是共产党间谍,甚至国务院里有一大半的人都是间谍,简直是在美国搞了一场大肃反。托尔曼这样的"不忠诚"行为当然就很严重了,于是这一年他被加大开除。托尔曼并不是唯一的受害者,我们熟悉的卓别林、马克·吐温、史沫特莱、钱学森,都在这场浩劫中受到了打压。二战名将乔治·马歇尔直接被麦卡锡骂得辞职回老家。这几年托尔曼只能凭着在圈子里的声望,辗转在芝加哥大学和哈佛大学任教。这段时间他还加入了美国公民自由联盟,倡导学术自由。1951年,托尔曼的学生们为他出了文集,既然还有这么多人支持咱,第二年托尔曼就发表了自己的自传。

1954年,麦卡锡得罪了军方被撤职,1955年加州最高法院给托尔曼平反,托尔曼回到原岗位,可是一年之后他就要退休了。但是托尔曼这样的大家可不能轻易被学校放走,还依旧被大家关注着。1957年他获得美国心理学会杰出科学贡献奖,颁奖词是:托尔曼创造性地并不懈地追求心理学多方面资料的理论整合,而不只是它们较受限制的与可修正的方面的整合;在不丧失客观性与规律性的前提下,推动了理论从心理学的机械与边缘,进入心理学的核心;通过主张把有目的的整体行为作为分析单位,从而把"人"还给心理学——这些都在他的"目的认知学习论"中得到了最明确的阐释。

1959年,托尔曼正式退休,并于同年11月19日在伯克利去世。在他去世前不久,加州大学刚刚授予他名誉博士学位。为了纪念他对心理学的贡献,1963年伯克利分校将新建的教育与心理学系大楼命名为托尔曼堂,并把他的肖像悬挂在这座建筑的门廊上。

当时有很多心理学家都比较赞同托尔曼。托尔曼的弟子们也骄傲地自称新托尔曼学派,批评华生是边缘主义,而自己的师父则是中心主义。不过托尔曼也有一些受批评点,他没有严密的理论,对内隐机制没有明确的解释,提出的概念也非常玄乎——普通人谁能蒙对符号学习、潜伏学习、认知地图这类词是啥意思?这都是托尔曼牺牲自己的头发想出来的。说难听点,就是犯了唯心主义错误,和荣格遭黑的地方一样。另外,托尔曼的实验基本都是用动物做的,这也是行为主义心理学共同的一个短板:你怎么保证动物的反应就和人的一样呢?

行为主义的诞生,最初是为了预测和控制行为,而不在意如何解释行为的内部机制，托尔曼明显在这条路上跑偏了，毕竟美国人更关注的始终是如何"有用"。他的弟子们也没逃出凌乱、模糊、唯心的缺点，各派的理论都学，其实就是搞折中主义。不过这似乎给了大家另一点启示，多研究一下认知方向，是不是也可以呢？不仅托尔曼、班杜拉等自称行为主义者的心理学家开始从内部打破行为主义的堡垒，也有少部分人开始宣扬"心理主义"，也就是要研究内部意识，至少是从记忆入手。于是，格式塔学派在心理学上最大的历史性功绩——复活康德并引发第三势力，悄然开始布置起一场大戏。

第七部分　人本记

　　一战和二战将欧洲打成了一个烂摊子，也让哲学家们开始思考一个问题：作为道德代表的上帝似乎是不存在的，而魔鬼一样的恶人和厄运则真实存在于世界。作为世界上的一个存在，个人要如何度过危机？围绕这一主题引发的各种哲学观点，不管是有神论的还是无神论的，统称为存在主义。思想界大咖萨特和他的情人——女权创始人波伏娃就是其中的代表。

　　二战后的美国，虽然成了世界最强，也没有受到二战的大范围波及，但也忙于处理冷战、韩战、越战等一堆事情，政府大力发展军工建设，集体主义大行其道。世界上其他地区好像也差不多是这个节奏。而异军突起的存在主义的哲学观，激发了人内心隐藏的希望，那就是追求"自私"的个人幸福，在操作层面就是实现各种"人性化"管理。在这样的背景下，人本主义诞生了。关于"人本主义"的解释很多，心理学领域所谓的人本主义，其实就是以人作为万物的尺度，追求人类的利益，其核心内容是：为自己负责，关注当下，自己最了解自己，自己可以成长。至今很多人本主义心理学者都不认为人本主义是一种疗法，而是将其视为所有心理咨询乃至科研的"伦理底色"。

第52回　婴儿缺爱　哈洛虐猴

提起心理学界的著名实验,有个快板词一直在圈内被津津乐道:巴甫洛夫的狗,桑代克的猫,斯金纳的箱子,班杜拉的宝宝;华生的婴儿吓哭了,苛勒的猩猩够香蕉,托尔曼的白鼠迷宫跑,哈洛的猴子需要抱。前面几句描述的各种揉捏动物和小孩子的专家我们已经介绍过了,但是都不如下面这个狠,他就是虐猴狂人哈洛。

哈利·哈洛(Harry F. Harlow, 1905—1981),原名哈利·以色列,出生于美国爱荷华州,和很多心理学家一样,他的长相也非常有特点,额头大得几乎占半张脸,堪比怪物弗兰肯斯坦。哈洛从小就比较孤僻,在学校不太合群,和父母的关系也不亲近。他小时候经常独自画各种怪兽,画完之后就用粗线条把它们斩开。这在某些专家眼里,绝对是有反社会倾向的问题儿童。

可就是这个问题儿童,还考上了斯坦福大学,导师正是智商测试专家、斯坦福-比奈智商量表的编写者路易斯·特曼(Lewis M. Terman, 1877—1956)。这位教授的来头也不小,1923年当选美国心理学会主席,1928年当选美国国家科学院院士,人称"智商之父"。1926年,特曼和学生对300位历史名人的早期智力进行估算,其实就是根据名人传记的细节替名人答题。结果发现爱因斯坦在名人中得分一般,只有160分,而高尔顿则高达200分。特曼还做了一个特慢的研究,研究天才的成长,从1921年开始持续近百年,特曼还让自己的孩子报名了。当然特曼的孩子也确实是人才,儿子弗里德里克·特曼(Frederick Terman, 1900—1982)后来成了斯坦福教授,还有个更厉害的绰号是"硅谷之父"。特曼还有个女儿,经测定其智商高达155分,比爱因斯坦低不了几分。

特曼很欣赏哈利·以色列,让他把那个犹太风格的姓改成哈洛,后来还把女儿克拉拉嫁给了他。特曼在贺信中写道:"我很高兴看见克拉拉卓越的遗传物质和哈利作为一个心理学家的生产力的结合。"听上去很有科研精神,宛如森下下士附体。

1930年哈洛在斯坦福大学博士后毕业，之后就职于威斯康星大学麦迪逊分校，虽然叫分校，但这可是威斯康星大学的旗舰校，是被称为"公立常春藤"的好学校。哈洛本想学斯金纳研究老鼠，可是学校把实验室撤了。于是哈洛就学巴甫洛夫，想训练猫在听到铃声后跳出笼子，不跳就在笼子里放电，可是这个实验太成功了，猫一跑就窜到了大街上，养猫的都知道追猫有多难。哈洛又换了笨笨的青蛙，可是青蛙太笨，也有可能太懒，不电它就不跳。哈洛郁闷地和几个朋友打扑克，有人推荐他去动物园看大猩猩找个乐子。

在逛动物园的时候，哈洛觉得猴子是个不错的研究对象，就在一个废弃厂房建立了灵长类实验室，从此后半辈子专心研究猴子了。哈洛的实验对象是恒河猴，也就是我们最常见的普通猕猴，和人类有94%的相似基因；通过它们可以推演人类的心理，这种研究方向叫比较主义心理学。哈洛本想研究猴子的学习行为，可是他发现一个奇怪的现象：为了防止猴子得传染病，幼崽和母亲会被分开饲养，这种饲养方式叫作产妇剥夺，是为了让它们早日适应人为的逆境。没有妈妈的小猴虽然吃喝不愁，但总是目光呆滞，紧紧抱住铁笼中的毛巾，每次给它们换毛巾，就像要它们命一样，失去毛巾的小猴会非常痛苦，甚至咬自己自残。即使把小猴们放在一起，它们也不会玩耍。

按照当时流行的行为主义理论，婴儿其实并不是特别需要母亲，哭就是为了吸引注意，所以华生还发明了"哭声免疫法"。再参考另一位行为主义大师，也就是痴迷高大上名词的赫尔的需求减降论，小猴或婴儿需要母亲，是因为母亲提供食物；当吃饱之后就不太需要了。如果其他人喂奶，幼崽也会"有奶便是娘"。可是这显然不符合哈洛的观察。于是哈洛做了一个铁娘子（Iron Maiden）实验。铁娘子又叫铁处女，本来是欧洲中世纪的一种刑具，一个铁立柜内侧有很多尖刺，犯人放进去就会被扎一身窟窿，甚至好几天才会死。哈洛给笼中的小猴做了一个铁丝网编的类似铁娘子的假猴妈妈，并在假猴妈妈的胸前放着奶瓶，旁边还有个绒布做的假猴妈妈，然后坐等看小猴更喜欢哪个。

如果行为主义说得对，那小猴肯定更喜欢铁妈妈，可现实却让人大跌眼镜，小猴基本都趴在绒布妈妈身上，只是饿了才去吸铁丝妈妈胸前的奶瓶，甚至有的小猴下半身盘在绒布妈妈身上，上半身伸过去吸铁丝妈妈的奶瓶。哈洛又把一些会吓到小猴的玩具，比如会叫的玩具狗放入铁笼中，小猴会马上抱紧绒布妈妈。哈洛又把绒布妈妈放到旁边的笼子中，继续用玩具吓唬小猴，小猴就眼巴巴看着绒布妈妈；如果绒布妈妈被放到看不见的地方，小猴就在墙角缩成一团，吓得尖叫，也不去抱铁丝妈妈。根据这个实验，哈洛得出结论，只有奶水绝对无法让孩子健康成长，母爱的核心是接触带来的安全感。哈洛为了验证这一点，做了很多邪恶的铁丝妈妈，有的会吹出寒风，有的会伸出尖刺，有的会发出怪声，可是如果让猴宝宝只和它们接触，即便母亲很邪恶，猴宝宝还是会紧紧抱住铁娘子不肯离去。由此我们可以看出：坏妈妈也比没妈妈强。

另外，绒布妈妈的脸非常简单，后来哈洛又做了"面具实验"：给它安上一张非常酷似真猴子的脸，反而把小猴子吓得不轻。哈洛得出结论：第一张熟悉的脸，就是我们心中最可爱的脸。这或许就是小猴后来无法与同伴正常接触的原因。看到这里，读者一定会和笔者一样，觉得这糟老头子坏得很。可接下来他还有更坏的实验——强制繁殖实验，借此研究这些猴子是否可以养育后代。

哈洛

那些无法社交的猴子自然无法交配，公猴不会去追求母猴，而母猴会极力反抗追求她的正常公猴。哈洛于是做了一个"强暴架"，把母猴绑在上头，让正常公猴去做不可描述的事情，最后让 20 只母猴怀孕。最终生产后，7 只母猴都不管自己的亲生骨肉，8 只经常殴打孩子，有 4 只甚至杀死自己的孩子，只有一只笨拙地尝试喂奶。这说明，缺爱的童年会将不幸代代相传。

为什么有了绒布妈妈还是不行呢？哈洛又带着学生们做了一个会摇摆的绒布妈妈，这样带出的猴宝宝长大后基本正常。1958 年，哈洛当选美国心理学会主席,他在华盛顿的年会上发表了名为"爱的本性"的演讲:他认为母爱包含接触、运动和玩耍三个要素,能促进灵长类的脑部神经发育。在演讲的最后,他提出了他的研究所具备的实践价值:之前很多孤儿院都只给孩子喂食,禁止接触孩子,导致婴儿的死亡率很高,如果多和他们进行接触性互动,就能改善这一现状。独立并不是靠狠心练就的,反而是母亲在附近的时候,孩子最容易有安全感,敢去探索外界;而母爱不够的猴子,反而难以融入猴群。

哈洛在演讲中多次强调爱这个字,这在当时的心理学界非常罕见,大家一般都用"服从、一致性、认知"之类的词。在一次研讨会上,有人问他所谓爱是不是亲近,哈洛非常不留情面地说:"可能你所理解的'爱'就是'亲近',感谢上帝,我还不至于这么弱智。"之后哈洛又做了两个更残忍的实验。第一个是长期无母实验,小猴连铁丝妈妈和绒布妈妈都没有,只给食物。8个月之后,将小猴放入有铁丝和绒布妈妈的笼子,当受惊吓时小猴也不会拥抱任何妈妈,只能抱着自己。它们长大后进入猴群,被欺负时也只会撕咬自己自残。最终哈洛发现,如果小猴出生的头90天都是无母状态,以后就无法和任何猴子建立关系。猕猴的90天相当于人类的6个月,所以哈洛提出:产假最少6个月。1960年,当时的精神病院开始用药物抗抑郁,哈洛又开始第二个更残忍的试验——拿猴子幼崽试药。他发现药物的作用一般,反而毒死了很多小猴子,以此证明了抗抑郁药的危害。同年,他获美国心理学会颁发的杰出科学贡献奖。

哈洛的实验非常残忍,使他常年高居"动物保护组织最讨厌人士黑名单"头几名。他自己也说,对实验动物毫无感情,压根就不喜欢动物,只需要它们帮他发论文。也正是如此,他才能面不改色心不跳地做出这一系列的实验。这也让他获得了一个"猴子先生"(Monkey Man)的称号,猛一看跟超级英雄漫画人物一样。他的妻子克拉拉无法忍受他,带着两个孩子离开了他,而哈洛本人好像也有抑郁症,成了一个经常酗酒的人,也不怎么管自己的博士生马斯洛。1971年,他的第二任妻子因癌症去世,他也去医院做了电击治疗,出院后他做了一生中最臭名昭著的实验:绝望之井。他制作一个个漏斗一样的黑箱子,将小猴子们倒吊在其中,井底有食物,但是小猴子出不来,也没有任何回应。两年之后,猴子被放出来，出现了严重的抑郁性精神病，即便放出9个月之后，它们仍然只会呆呆看天空。这两个实验得出的结论是：养育者不能和孩子长期分离，否则容易出现心理问题。

1981年，深受帕金森病折磨的哈洛走完了一生，临死之前他抖个不停，就像当年被他折磨过的小猴子们一样。毫无疑问，他是个冷血的人，可是他的实验，让广大民众知道了爱的重要性，让垮掉的一代不至于养育出垮掉的下一代。用中国的话说，他损了自己的福德，换来无数孩子的幸福。

让我们把视线再拉回到我们的心理学战场。之前我们说过，心理学追根溯源就是一个问题：反不反对康德。20世纪上半叶，在美国最有影响力的行为主义和精神分析都是反康德的，认为人受制于环境或者本能，反正就是不自由。而格式塔在美国的发声，让比较追求实用的美国人又开始犯嘀咕，没准之前的两大势力都有漏洞呢。

第53回　移民区苦儿命多舛　马斯洛童年展奇才

上回我们说到，哈洛用非常有争议的方法研究爱，最直接受影响的当然是他的学生了。哈洛常年酗酒不怎么管学生，反而让一个高智商的学生有了充分的自由，一跃成为美国心理学界的龙头，这位就是马斯洛。马斯洛的长相非常有特点（很多心理学家都很有特点），简直让人过目不忘，他上唇有浓密的小胡子，类似《神仙老爸》的扮演者冯淬帆的小胡子；大鼻子小眼睛，笑起来也憨憨的，和中国著名心理学家、当过国际心理科学联盟副主席的张侃有些撞脸。

亚伯拉罕·哈罗德·马斯洛（Abraham Harold Maslow，1908—1970）出生在纽约布鲁克林区，这里可是个移民大熔炉，咱们熟悉的美国队长就是在这儿出生的爱尔兰人。马斯洛的父母是当时俄国的犹太人移民，老家在基辅的一个犹太人聚居区，因为在欧洲受排挤才勇闯新大陆。马斯洛是家中七个孩子里的老大，在愚人节这天出生。他的父亲是个酒鬼，母亲是父亲的表妹，又迷信又暴躁，经常孩子们有一点错误，就大喊"上帝将惩罚你"。马斯洛说自己从未体会过母爱，他曾经从旧货店淘到几张心仪的唱片，母亲看到后毫不留情地把它们踩碎；有一次他带两只小流浪猫回家，母亲竟然当着他的面活活把猫打死了。他的坑娃老爸也经常当着别人的面给他补刀，说："难道亚伯不是你们见过最丑的孩子吗？"成年后马斯洛说，自己对于爱、人道主义、善良等东西的追求，都不是源于爱，而是相反的让他憎恶的东西。马斯洛母亲的粗暴行为只起到了那么一点正面作用，就是让马斯洛日后成为一个坚定的无神论者。更惨的是，马斯洛上学时发现学校里只有少数的几个犹太人，异教徒、长得丑、身体弱、家中穷，倒霉事几乎全都拼到他身上了，这样的马斯洛从小就是个胆小且卑微的男孩子，以至于长大后，在每次演讲之前他都会很紧张。那时候他没有任何朋友，只能在图书馆多读书。马斯洛回忆自己的童年时说："抑郁、沮丧、寂寞、孤独、自怨自艾等一直陪着我。"

幸运的是，马斯洛智商极高，从5岁时就经常去街区图书馆，低年级的时候学历史，接触到和自己同命不同姓的亚伯拉罕·林肯，人家多次失败，最后还是成功当上美国总统，这让马斯洛找到了人生的榜样。1922年，马斯洛的一家亲戚从苏俄搬到纽约。13岁的表妹贝莎·古德曼几乎不会说英语，马斯洛毛遂自荐，每周都去拜访表妹家教她英语，表妹的父母也都是积极阳光的人。马斯洛在这里体会到少有的温暖，表妹成了自己唯一的异性朋友，还进入了自己所在的高中。也是在这一年，马斯洛的高中老师推荐学生们读"社会丑事揭发派 (Muckraker)"作家厄普顿·辛克莱（Upton Sinclair，1878—1968），让马斯洛对这个世界的阴暗面有了很多思考。

因为犹太人没啥地位，马斯洛的父母想让他去纽约市立学院学法律，这样就能登上人生巅峰。1926年马斯洛上了大学，学了俩礼拜就烦了，开始关注其他科目。三个学期后他转学到同在纽约州的康奈尔大学，这个大学大家还记得吧，就是铁钦纳的单位。马斯洛接触之后，觉得铁钦纳的理论并不能让他满意，因为结构主义"与人无关"，更像是在研究一些物理属性，没有啥能够应用到社会发展的地方。于是他又回到了纽约市立学院。此时他读了心理学界另一位颜值低的著名大师——阿德勒的作品，得到了超越自卑的启示。

马斯洛

其实，马斯洛转学还有一个重要原因，就是他发现自己坠入情网了。他爱上了贝莎，不知道这段感情要何去何从，智商高的人就怕这点，所以要离远一些。可能一切都是天意，他再次回到了纽约市立学院，这时候作为一个丑陋的小伙子，该怎么面对天使一样美貌的表妹呢？

贝莎的姐姐安娜这时候发起神助攻，推着马斯洛让他吻了妹妹，贝莎随后也回吻了他。这是马斯洛的初吻，后来他说这是他的第一次"高峰体验"，感觉满天的星星都亮了。1928年，那年马斯洛20岁，贝莎才19岁，大学还没毕业，马斯洛不顾家人的反对，毅然决定和贝莎结婚。还是在这一年,他转学到威斯康星大学的麦迪逊分校。后来他回顾说,他真正的人生是从结婚和到麦迪逊上学开始的。从此马斯洛就像学会了神功秘籍的武侠主角一样,走上开挂的人生,不仅事业有成,而且和妻子恩爱一生,还生了三个孩子。当然,马斯洛的婚姻也不可能一点问题都没有,他在一篇日记中写道,他和妻子之间"存在着持续的沮丧,深深的失望……"按照精分派的观点,童年缺爱会让人成年后缺乏爱的能力,在爱情中变得很神经质,要么死死抓住对方,要么不断更换伴侣。但是马斯洛深深地接纳了自己曾有过的缺失、正在经历的失望和随之而来的未知的感受,并跳出了这个漩涡,他提出:爱情是无所求的,一个人对另一个人的倾慕,并非是为了得到某种补偿或安慰。后来他用存在主义哲学的观点,把这个叫作存在性爱情:也就是对事物的本来面目的爱,对所爱者的本质怀有无私的尊敬,而不是为了满足自己的欲望。毫无疑问,马斯洛的爱情可以称得上伟大二字。

第54回　遇佳人好运接连　倒霉鬼出手惊天

1929 年，美国遭遇了大萧条时期，看过《金刚》的都知道那时候老百姓们有多窘迫。马斯洛的父亲丢了工作，不久之后又离了婚，还花光了所有积蓄，只好和大儿子一起生活。这让父子俩可以重新修复关系，一直到父亲再婚到去世，马斯洛都说父亲是自己的好朋友。

最开始马斯洛还比较认可华生的行为主义，可是慢慢地心中的天平开始偏移了。在麦迪逊分校，马斯洛一口气读到博士，1931 年成为哈洛的第一个博士生，哈洛这时候还是单身，而且只比他大 3 岁，两人亦师亦友。1932 年哈洛的研究小组在《比较心理学杂志》发表了《从狐猴到长臂猿：灵长目动物的延时反应测试》，把马斯洛列为作者之一，尽管他并没有参与撰写。在与猴子打交道的日子里，马斯洛找到了自己的人生目标：让世界变得更美好。

这期间韦特海默也给马斯洛上过课，他的整体论对马斯洛影响很大，马斯洛称这位老师"拥有完美的人格"。另一位 20 世纪少有的女性学者也指导过马斯洛，她就是鲁丝·福尔顿·本尼迪克特（Ruth Fulton Benedict，1887—1948），你可能没听说过她，但是一定听说过她的作品《菊与刀》。这位美女姐姐不仅是人类学家，更是文化心理学派的代表人物，本人也是在结婚之后不久就变成当时很受争议的女同志，成为同志维权的先锋人物。1946 年她当选美国人类学会主席，这可是历史上第一位女学会主席。由于她长期研究跨文化，马斯洛在她这里认识到社会文化对心理的影响，同时也对荣格的"自我概念和自我理论"有了新的理解，这后来促成了他的看家武功——对于人性和需要的"层次理论"的创立。

马斯洛每天都在不打扰它们的情况下，观察不同种类的 35 个灵长目动物，对猿猴的支配权和性行为进行研究，并在 1934 年完成了他的博士论文：《支配驱力在类人猿灵长目动物社会行为中的决定作用》。他提出，高等社会化动物种群中对于"支配感"的追求,似乎来源于一种内驱力,即"自信心"或者"优越感",而不仅仅是通过外部的攻击行为获得的。这篇论文不仅让他留校任教,还一下子吸引了桑代克的注意,老先生马上在哥伦比亚大学给他准备了一份博士后奖学金,要挖他来这里当自己的助理。这段故事咱们之前在桑代克的故事中也提过,老先生无私地帮助马斯洛,马斯洛也在此学到了行为主义的心法,毕竟桑代克启发了斯金纳。桑代克给马斯洛的智商测试让马斯洛很惊讶,没想到自己那么聪明,之后每次在受到反对想退缩的时候,他都会给自己打气:"我可比对方聪明多了。"

不过马斯洛也不能一直当助理,1937年,他来到纽约城市大学布鲁克林学院当副教授。这一年对于读者们来说并不陌生,这年鬼子就进了中原,不久之后世界各国都进入战斗状态,这时候马斯洛期待世界和平的梦想就更强烈了。他觉得,是时候发展一个完整的人类动机理论来解释这一切了,即人到底想要什么?人为什么要追求某种目标?满足什么才能感到幸福?为了弄清这个,他访谈了近百名妇女和15个男人(可能是当时的男人大部分都比较忙,所以才比较少),还写了一篇论文:《支配情绪、支配行为和支配地位》。在这篇文章中他暗示人类有生物内核,虽然受到社会文化影响,但不会被清除。这个人类固有的动物特征,引发了他对人类动机的研究。

一说起动机,精分派对此非常有发言权,人本身就有很多"邪恶的"动物本能,所谓人性也是经不起推敲的。可是1940年马斯洛与贝拉·密特曼合著《变态心理学原理》的时候,却坚持用一整章论述正常人格,这在当时是难以想象的。马斯洛列出了十几个正常人格表现出的品质,比如爱与被爱的能力、自尊和自我认识等。弗洛伊德揭示了人性中邪恶、病态的一面,马斯洛则展现出了人性中积极、健康的一面。马斯洛在书中写道:"希望科学最终可以将价值观问题作为研究对象。"

在布鲁克林的这段岁月,另一件事也对马斯洛影响深远——他的第一个孩子出生了。看到可爱且潜能无限的孩子,马斯洛说:"任何一个亲自养育过孩子的人,肯定不会相信行为主义那一套。"马斯洛认为,不管是行为主义的因果公式,还是往上推的元素主义还原论,都是不靠谱的机械主义。正是在布鲁克林这片贫穷而神奇的区域,马斯洛结识了从欧洲搬过来的苛勒、考夫卡、霍妮、阿德勒、弗洛姆等业内大师,也让马斯洛愈发武功精进。如果说有个人被前辈关照的程度能超过托尔曼,那非马斯洛莫属。这段时间马斯洛是快乐而充实的,而且非常受学生欢迎,很多学生也愿意找他做心理咨询。

1943年,马斯洛出版了《人类动机理论》,并在这本书中提出了"需要层次理论",这是他几乎后半生一直在研究的东西。他认为,人要生存,就肯定有内部需要,如果需要没满足,就会产生动机,从而影响行为;如果满足了,这个需要就不能作为激励工具。比如有个人吃饱了,你再拿美食诱惑他,就不给力了。人的需要按照一定顺序逐级上升,就像盖房子一样,先满足低层的,再满足高层的。最底层的是生理需要,就是吃喝拉撒睡、呼吸、内分泌、性这些。生理需要在所有需要中最重要,也最有力量,这点和弗洛伊德的观点基本一致。第二层叫安全需要,就是对安全感、秩序、稳定环境的需要,如果没满足就会出现焦虑和恐惧。为什么吃喝和性比保命还重要呢?因为所有生物都会冒着生命危险从窝里跑出去找食物和伴侣。之后还有归属和爱的需要、尊重需要。这几层需要直接关系到生存,必不可少,所以又叫缺失性需要。为啥不叫"不可缺失性需要"呢?马斯洛说,当你感到有这些需要的时候,主观上就可以体验到缺失感。所以想要心理健康,这些需要一定要满足,低层需要不满足的话,高层需要也满足不了。现代社会吃喝拉撒睡基本人人都能满足,也基本没啥特别容易出现的意外致死事件,所以还有啥不满足会引发心理问题呢?如果弗洛伊德能活到这本书出版,一定会给马斯洛大大点个赞,怎么样,我说心理问题都是那啥的压抑,没错吧!

不过弗洛伊德也别高兴太早,低级需要一般都能自给自足,除了引发大部分心理问题的那个。马斯洛也认为人类的需要不仅仅是本能,因为吃喝拉撒睡也都有心理因素,不能像动物一样随便,所以他称之为"类本能"。接下来还有一个高级的需要,又叫生长性需要,这就和动物本能不沾边了,而是需要良好的社会大环境。它就是最高级的自我实现需要,没几个人能达到。马斯洛相信人有超越动物的潜能,本能中有实现自我价值的愿望,想要治好心理问题,也是要满足这些需要的。这点颇有点格式塔疗法的范儿。

如果最后自我实现了,就有可能出现"高峰体验"。这种体验是自我实现时一种短暂、开阔、无我的极乐体验,仿佛天人合一,它有四大特征:内部冲突实现协调整合、个体达到最佳状态、忘我状态和超越日常需要、感恩感和回报性的大爱。宇航员登月、作品获奖、竞选成功,都有可能获得这种感觉。至于宗教上的开悟或感动算不算,那就见仁见智了。还有一种类似高峰体验的幸福感,持续时间比较长,没有高峰体验那么剧烈,马斯洛称之为高原体验。马斯洛也提出,刻意追求自我实现是没用的,精神成长通常来源于痛苦的经历,而不是来源于肯定的、美丽的、可爱的经历。因此他提出"最低点体验"(Nadir Experience)的概念,也就是我们说的最倒霉的时刻,强调面对死亡的体验对自我实现的意义。

马斯洛的需要层次观点,其实非常受他的犹太同胞马克思的影响,只不过马克思是三层需要:生存、享受、发展,顺序也是要先实现低层的,再实现高层的。你再看马斯洛的五个层次,是不是对应着原始社会、奴隶社会、封建社会、资本主义社会、共产主义社会?接下来10年马斯洛基本都在研究这些问题。1945年中期,他在笔记中表明自己要深入研究优秀人物的特征,"尽管一切都相当困难,并且存在相当多的问题。我要对难以克服的困难保持清醒的认识,然后毫不畏惧地勇往直前"。这是不是有些威廉·詹姆斯再世的感觉?当然他还有一个和詹姆斯相似的点,就是身体不好。1946年他不得不去乡下疗养,在这段日子里他读了很多名人传记,在阅读中,他发现了自我实现者似乎共有的两个重要特征:对于隐私的强烈需要和易于产生神秘体验。他还觉得感情健康的人比心怀焦虑的人更能够用准确的目光看待世界。他准备做几个实验证明,自我实现者拥有更强大的对心理和物理世界的洞察力。他还认为,生活的真正成就来源于我们自己的高级需要的满足;已经自我实现的人,不但充分发挥个人特质,也对周围的生命非常博爱,大有天人合一的境界,也就是传统文化中所谓的"觉悟者"。马斯洛兴奋地写道:"自我实现的人是谦卑的、超然的(非自我中心的)、幽默而富于创造性的。他们能够接受不完整性,并超越理智与情感、自我与社会、神秘与现实、男性特质与女性特质等二元对立状态。他们乐于助人，工作效率高，并且自发地致力于社会问题的解决。"这个概念后来也遭到了很多误解，比如将自我实现和自恋联系到一起。

1954 年出版的《动机与人格》，成为他的扛鼎之作。除了进一步阐述需要层次理论，他还提出了"问题中心论"，也就是黑猫白猫，抓住老鼠就是好猫，方法本来都是中性的。还有从格式塔借鉴过来的"心理整体论"，这当然是继续反对行为主义和元素主义的，不用多说。在治疗方面，他强调良好人际关系的重要性，这显然是沿用了新精分派的观点。在这本书的附录中，马斯洛提出了一百多个人本心理学的研究创意，例如人们怎样才能变得聪明、成熟、仁慈？人们怎样才能学会使自己适应新情况？后来这部著作被公认为是 20 世纪 50 年代心理学领域最重要的成就。放到现在肯定会被成功学大师反复引用。

马斯洛刚提出这些概念的时候，很多美国的主流杂志都拒绝发表他的文章。当时行为主义才是"最科学"的，或者研究精分也算是很高大上，而马斯洛这样鸡汤的观点实在不能让主流心理学界赞同。马斯洛的理论确实有纰漏：需要的归类有时候是重叠的，很多复杂的人类需要都难以清晰地放在马斯洛的金字塔模型中——如搞对象，你说到底算是生理需要还是爱与归属感的需要？两种需要各占百分之多少？你怎么解释有些革命家吃不饱饭还要为全人类谋福利？满足需要的标准是什么？从这些角度说，马斯洛的漏洞，都在于太强调个人的内在力量，可以扣一顶"过度自我中心"的帽子，"我命由我不由天"，你以为大家都是热血动漫男主角呢？

别人可能不是开挂的主角，但马斯洛是。1956 年 4 月马斯洛等人发起并创立了人本主义研究会，讨论了"人类价值的研究范围问题"。次年 10 月，他又组织了"人类价值新知识"研讨会，颇有《新世纪福音战士》的"人类补完计划"的影子。1958 年，英国学者约翰·库亨（J. Cohen）在其著作《人本主义心理学》中为马斯洛摇旗呐喊，首次介绍"人本主义心理学"的基本主张，这个词以后将会震动整个心理学界。同一年，安东尼·萨蒂奇（Anthony J. Sutich，1907—1976）等人创办了《人本主义心理学杂志》，这是一本内部刊物，还不能公开销售。

1959年，马斯洛主编了《人类价值的新知识》一书，被称为人本主义心理学史上的里程碑之作。这也应了他之前希望研究价值观的愿望。整个20世纪50年代，成为人本主义心理学的崛起时期。也是在1959年，马斯洛开始越来越多地接触东方文化，这帮助他在以后提出了很多有关"超越"的心理概念。他从铃木大拙那里听来了禅宗的概念，但是他认为宗教中的激动和超越者的高峰体验并不是一回事。想要获得神秘的激动，用致幻剂也可以，他在1964年发表的《宗教、价值观和高峰体验》中详细描述了这些观点。不过马斯洛也借鉴了不少佛教的观点，比如他的自然人性论，用一句佛教名言描述就是"人人都是未开悟的佛"，人性本善，而恶念是后天受挫导致的。

第55回　第三势力初开宗　第四势力立门户

1961年春天,《人本主义心理学》杂志正式创刊,马斯洛担任编辑。詹姆斯·布根塔尔(James F. T. Bugental, 1915—2008)发表了论文《人本主义心理学:一个新的突破》。这位也是美国存在主义心理学的主要代表之一和心理治疗家。1958年,布根塔尔接触了罗洛·梅(Rollo May)的《存在:精神病学和心理学的新方向》,开始大力推广存在主义疗法。存在主义强调人的存在价值,主张人有自行选择其生活目标及生活意义的自由,重视现实世界中个人的主观经验及主张,强调人须负责其自由行动所产生的后果。我们知道人本主义本来就是从存在主义派生来的,因此友军的加盟让人本主义的组织一下子变得十分壮大。后来存在主义心理学更是成为人本主义心理学的两大取向之一,另一个取向是马斯洛提出的超个人心理学。可能是为了回应布根塔尔,1962年马斯洛出版了《存在心理学探索》来介绍人本主义。还是在这一年,在加利福尼亚州的艾瑟林学院(这里是后来的心理学大师萨提亚的母校),美国人本主义心理学会成立了。

不过可能是这个学会的人一直太少,直到1963年夏天,75位人本主义心理学家才在费城济济一堂,美国人本主义心理学会成立大会正式召开,布根塔尔为第一任主席。马斯洛虽然不是主席,但也是先驱之一。1964年,学会又在康涅狄格州召开大会,这次阵容更强大,不光有马斯洛,还有其他大咖如罗杰斯、罗洛·梅、奥尔波特、彪勒、凯利等出席。其中,罗杰斯咱们之后要大书特书。罗洛·梅1932年参加过阿德勒的暑期研讨班。奥尔波特(Gordon Willard Allport, 1897—1967)是现代个性心理学创始人之一,他的导师是麦独孤,1922年奥尔波特去柏林大学读过博士后,深受格式塔三剑客的影响。彪勒(Karl Buhler, 1879—1963)是德国人,当过托尔曼的老师,1907年师从屈尔佩。凯利(George Alexander Kelly, 1905—1967)是罗杰斯的好盟友,主攻临床治疗,反弗洛伊德和华生。总之这次大会没外人，它标志着美国心理学界对人本主义心理学的正式承认。1965年，有报道说：一种有影响的第三势力心理学出现了。

在江湖上正式标名挂号，这就完成了马斯洛的抱负了吗？当然不行。1967年，马斯洛担任美国人格与社会心理学会主席和美国心理学会主席。其实他也很惊讶，没想到上千人投自己的票，自己从一个不受待见的孩子，变成了被很多优秀同行认可的大人物，颇有鸣人当上火影的味道。当然，当了老大就要做出一番更大的事业，带领伙伴们再创高峰。在1967年出版的《关于科学的心理学：一种探索》一书中，他批评了传统心理科学太依赖统计学和方法论，从而"使人性及其巨大的可能性以一种可怜的片面的形象出现"。接下来他和萨蒂奇经过多次讨论之后，认为咱们不能光关注个人发展，要放眼人与外界的联系，这个领域已经超出自我关怀了，因此被称为"超个人领域"。于是在《人本主义心理学》杂志1968年第1期上，萨蒂奇撰文称："心理学当中的第四势力，超个人心理学正在形成。"马斯洛也在同年再版的《存在心理学探索》的序言中写道："我认为，人本主义的、第三种力量的心理学是过渡性的，是向更高的第四种心理学发展的准备阶段。第四种心理学是超越个人的、超越人类的，它超越了人性、自我同一性和自我实现等概念，是以宇宙为中心，而不是以人的需要和兴趣为中心。"你看，就是这么有抱负，公司刚上市，屁股还没坐热乎，就要开分公司；咱不但要当第三势力的创造者，还要继续开创第四势力。

可是，所谓的第四势力太模糊，马斯洛只是说我们需要某种"大于我们的东西"作为我们敬畏和献身的对象，至于是什么，他也没说清楚。宗教家看到这个肯定很高兴，这不是号召大家重新信上帝嘛！但是马斯洛的观点只是让人本主义成为有广义一神教信仰特点的心理学，包含了对人最终极的关怀，可没说任何关于圣经的东西。20世纪70年代之后，东方文化，如瑜伽、佛教、道教等开始受到美国人关注，因此很多心理学家融合了这些东西，让超个人心理学显得越来越高大上，号称要"超越自我的时间和空间限制"。目前这个分支还没有系统的理论，由于经常追求"精神能量"，又被台湾地区学者翻译为"精神心理学"。

1969年，美国人本主义心理学会改名为"人本主义心理学会"，由此成为了国际性学术组织，这标志着该流派的兴起。同年《超个人心理学》杂志也创刊了，马斯洛虽然已经患了心脏病，但依旧为创刊号撰写了两篇文章：《人性能达的境界》和《超越的种种含义》。在文中他反对中立于行为和精神的实证主义，主张重新研究神圣化、精神化的东西，反对行为主义反对得非常彻底。马斯洛也在这一年离开了大学，成为加利福尼亚劳格林慈善基金会第一任常驻评议员，从象牙塔走向社会，同时向大家继续介绍超个人心理学中的"超越性需要"概念，也就是自我实现之后的需要，又叫存在性需要。可是他没说清楚这种需要和自我实现有啥区别。他写的关于超越性需要的文章在生前也没发表，后来经美国作家兼心理学家爱德华·霍夫曼（Edward Hoffman）的编辑，收入《洞察未来》一书中。顺便说一句，这位霍夫曼还写过阿德勒传，为本书提供了不少参考资料。这一年马斯洛还根据需要层次理论提出了一个 Z 理论，发表在《超个人心理学》杂志第 2 期上，为了超越当时的 X 和 Y 理论。X 和 Y 理论是美国行为学家道格拉斯·麦格雷戈（Douglas McGregor, 1906—1964）于 1960 年在《企业中人的方面》一书中提出的。这位麦格雷戈在 1937—1964 年期间在麻省理工学院任教，教心理学和工业管理，和勒温是同事。他提出的 X 理论假设人天生懒惰，就是为了赚钱才工作；而 Y 理论假设人性本善，可以通过激励积极工作。麦格雷戈自己认为，Y 理论比 X 理论更有效。而马斯洛认为，Y 理论描述的是"仅仅实现心理健康"的自我实现者，还有一个 Z 理论，描述一种"超越性的实践者"，他们可以在工作中自我实现，经常有高峰体验，比那些不经常有高峰体验的 Y 要牛很多。他在这一年还发表了论文《Z 理论——两种不同类型的自我实现者》，在其去世后被收录在《人性能达的境界》一书中。马斯洛指出："超越指的是人类意识最高而又最广泛或整体的水平，超越是作为目的而不是作为手段发挥作用，并和一个人自己、和有重要关系的他人、和一般人、和大自然，以及和宇宙发生关系。"

细心的朋友可能发现，马斯洛这一年提出的观点都是其死后才在书中出现的，因为他的生命即将结束。不过马斯洛在最后几年并没有急流勇退，早在 1967 年，他就提出了缺失性需要和成长性需要中间还有个"存在性需要"，包括创造、美、率真、意义、服务、学识的长进和社会的进步等。1970年马斯洛又修正了他最有代表性的理论,在原有的五种需要层次的基础之上,又增加了两种需要——认知和审美需要。这算是把存在性需要具体化了,形成人类需要的七个层次,可惜并没有被广泛接受,至今我们还是主要使用五层次的需要理论。

注意,马斯洛并没有加上超越性需要,这让这个理论显得更加神秘。可是马斯洛没机会给我们解释了,1970年6月8日,马斯洛在家中的泳池边散步时,突然因心力衰竭逝世,死前没有发出一点声音,年仅62岁。他的一位学生说:"我还没有遇到过像他这样早逝但却永生的人。"马斯洛或许不是史上最伟大的心理学家,但绝对是最自信的一个,他曾经说过:"一个人能够成为什么,他就必须成为什么,他必须忠于自己的本性。"

可惜马斯洛走得太早,如果他能活到8月,就能看到国际人本主义心理学会成立,并在荷兰首都阿姆斯特丹举行首届国际人本主义心理学会议。如果他能活到1971年,就能看到美国心理学会设置人本主义心理学专业委员会,作为美国心理学会的第32个分会。这两件事标志了人本主义心理学获得美国及国际心理学界的正式承认。到1975年,美国已经有281个单位加入了人本主义心理学发展中心,其他13个国家也有50多个与人本主义心理学有关的学术组织与机构中心。1987年,在中国也出现了"马斯洛热"。人本主义心理学成为至今依旧活跃在江湖上的两大主流之一。

马斯洛还给我们留下了一个小彩蛋:在他生命的最后几个月,积极了一辈子的马斯洛意识到,人肯定有不完善的一面,即便那些"自我实现者"也有不完美的地方,对于完美的期待是错误甚至危险的。即便是所谓的神仙眷侣也不是真正完美的婚姻关系,只是"能接纳对方的丑陋和缺点"。在去世的前一天,他还拒绝朋友的邀请,说自己在思考"有关人的邪恶问题"。如果马斯洛能多活几年,会给我们带来什么惊喜呢?我们无法知道,只能把它称为心理学史上的一大永远的遗憾了。

第56回 小天才邻里多奇人 罗杰斯斗胆约海伦

马斯洛去世得太早，导致他的很多理论都没来得及说清楚，而且他最大的贡献也是理论，不是实战，就像是军师，而不是战斗员。那么人本主义心理学如果真的想在江湖上"能打"，也就是"能为广大民众解决问题"，要怎么办呢？这个空缺就由罗杰斯来填补了。

卡尔·兰塞姆·罗杰斯（Carl Ransom Rogers，1902—1987）是人本主义学派中和马斯洛齐名的头面人物。他比马斯洛还大6岁，出生在芝加哥西郊的橡树园村，现在已经变成了小镇。别看这个小镇只有五万多人，却是人杰地灵，就在罗杰斯出生的三年前，20世纪最伟大的美国作家之一欧内斯特·米勒·海明威也在此出生，美国四大建筑师之一的弗兰克·劳埃德·莱特（Frank Lloyd Wright，1867—1959）和《人猿泰山》小说的作者埃德加·莱斯·巴勒斯（Edgar Rice Burroughs，1875—1950）也是这里的居民。

罗杰斯的父母都是最早移民美洲的英格兰人后裔，父亲和母亲还是青梅竹马。和马斯洛以及很多心理学家一样，罗杰斯的母亲也是个虔诚的教徒，他的父亲在威斯康星大学就读时也当过学校基督教青年会的主席，因此家中基督教的氛围很浓厚，遵守严格的教条。罗爸爸是个土木工程师，经常到全国各地做铁路、桥梁之类的项目。为了生意，最终他们在芝加哥生活。虽然他有两个哥哥、一个姐姐和两个弟弟，分别是莱斯特、罗斯、玛格丽特、约翰和沃尔特，可孩子们似乎并不像葫芦娃一样团结，小时候他体弱多病，经常被两个哥哥嘲弄。4岁时他的家人开始教他认字，没想到他很快就能阅读大部头的《圣经的故事》，并为自己出自一个基督徒家庭而高兴。5岁这一年罗杰斯家有了更大的房子，橡树园村也合并到了市区，这可是一个高端地段，住着医生、律师、银行家、商人和其他专业人士等中上层阶级，这里被当地人称为"一个摒弃浮华、畏神敬主的地方"。这里还有独特的法规，禁止任何形式的饮酒、赌博、性病和节育广告，禁止出现未经审查的电影和拳击赛。禁止未成年人晚上八九点后在没有成年人的陪同下出门，甚至不许玩玩具枪，处处都是一股浓浓的修道院风。不过也有特立独行的人，住在罗杰斯家附近的小学同学海明威就是个特例，人称"粗鲁的欧尼"，结合海明威长大后的种种混不吝事迹，看来果然是三岁看到老。罗杰斯因为身体不好，6岁9个月才上小学，可由于学习很好，马上就跳到了二年级。和他同级的有个女孩叫海伦·艾利奥特（Helen Elliot），她说罗杰斯非常不合群，因为放学后罗杰斯总是不和大家一起玩，而是回家喂鸡、卖鸡蛋。虽然同学们没有很喜欢他，但是教师们都非常看好罗杰斯，谁叫他总是拿年级第一呢。

罗杰斯喜欢读冒险类的书籍，这遭到父母的反对，他们可是一直要求每个孩子都干家务的。他经常因读书入迷而忘记干家务，因此被兄弟们嘲笑为"心不在焉教授"。他的兄弟和姐姐都说："卡尔是我们当中最敏感的，其实我们的嘲笑并没有那么严重。"可罗杰斯60年后还耿耿于怀，坚持认为是兄弟们嘲笑姐姐的男友导致姐姐终身未婚。

十二三岁时，他们全家迁到芝加哥西部的农村，在田园中的青年期并没有让罗杰斯更快乐，反而让他变得孤僻、独来独往、自我约束。17岁时，他进入威斯康星大学学习农学，算是马斯洛的校友。本来准备毕业后回家继续修理地球的，可是在大二的时候，他转到了历史专业，想研究基督教历史，以后做个牧师。罗杰斯进入大学之后依然十分害羞，连约个女孩都不敢，恰好他发现海伦·艾利奥特也是他校友。后来罗杰斯大着胆子约了几个女生，经过对比他发现，海伦非常吸引他，虽然小时候那次搬家的分别让他毫无感觉，但是现在的海伦"温柔、坦白、有思想"，只是不太擅长学术，这让罗杰斯替她感到羞愧。罗杰斯是个典型的学霸，正好给海伦讲各种知识，而海伦教他跳舞，弥补他的社交短板，两人的友情与日俱增。

时间到了1922年，即中国五四运动后的第3年，当时流行的言论，一方面是宗教信仰自由，一方面是反对迷信。很多学生认为"现在的基督教及基督教会，就是资本主义经济侵略中国的先锋队"。教会和学生的冲突愈演愈烈。为了缓和气氛，清华大学主办了第十一届世界基督教学生联盟大会，罗杰斯作为美国的 10 名代表之一,到中国一下子进修了半年。

没想到开会的消息一放出来,反基督教的呼声反而更高了。1922 年 3 月 9 日,中国社会主义青年团机关刊物《先驱》发表上海各校"非基督教学生同盟"宣言,抗议 4 月 4 日清华大学的会议,号召广大青年学生和工人起来反对帝国主义的这种"学生同盟"。全国各地的爱国学生和教育界爱国人士积极响应。被围困在清华的世界基督教学生同盟成员们也不都是朴实的年轻学生,其中有不少老油条,他们开始和反对派对骂,你说我基督教不好,我就污蔑各国的解放运动,攻击共产主义。这些言论又引发了更多声讨基督教的檄文。中国的知识界几乎一边倒,蔡元培建议以美育取代宗教;陈独秀则主张以科学代替宗教。这就弄得代表们很尴尬,也动摇了罗杰斯的宗教信仰。在一次讨论"为什么做牧师"时,他发现自己不能说服自己,于是他改变了职业方向,从此世界上少了一位牧师。

在这异国他乡又受到排斥的半年期间,他给海伦写了很多书信,一封比一封热烈。可他回到校园之后,却发现海伦已经离校开始社会实习,找了一份商业艺术家的工作,两人只好继续写信。海伦一开始还不确定要不要嫁给罗杰斯,但最终还是被他的真情打动,答应了他的求爱。罗杰斯后来回忆说:"她告诉我她已经能肯定对我的爱并愿意嫁给我的那个晚上,我不得不搭乘又脏又挤的火车连夜赶回学校上课,但我对此毫不在乎。我已经飞上了天堂,在云中漫步。她爱我!她爱我!那是我永远无法忘记的一次高峰体验。"罗杰斯的父母不反对两人恋爱,但是反对两人结婚,理由是还没有完成学业。罗杰斯也不怕,在大学最后两年做生意挣了一些钱,正好可以供两人读硕士。于是他在拿到学士学位两个月后就和海伦结婚了,那时候他父母还是没同意。可罗杰斯晚年说:"现在回头看看,这是我们所作的最明智的决定之一。"此处有个略显尴尬的彩蛋:两人都是头一次接触男女之事,本来以为懂的知识不少,可是一上场发现还是毫无经验,罗杰斯后来说他们两个在此事上"极其天真"。

到此为止,罗杰斯的人生好像和心理学还没有任何关系,可是人生就是一盒口红,你不打开永远不知道下一支是啥颜色。

第57回　夫唱妇随勇闯纽约　接触临床新创咨询

为了不让父母再成为阻碍，两人在新婚几个月后，决定搬到一千英里外的纽约，也就是人称大苹果市的地方。他们觉得这个主意非常绝妙，于是在美国租了一间非常小的房子。到了纽约的罗杰斯还是没放下老本行，上了纽约联合神学院，也有翻译成纽约协和神学院的。这是美国最有声望的神学研究生学院，也是美国基督教自由思想的重要中心，提供多种文学、哲学、宗教学的硕士和博士学位，同时还和哥伦比亚大学联合开设某些专业。哥伦比亚大学我们已经不陌生了，那可是心理学的根据地之一，尤其是机能主义心理学。罗杰斯接触心理学之后，觉得当咨询师比当牧师更有意思，于是 1925 年选修了心理学，主攻临床和儿童方向；1926 年正式转入哥伦比亚大学研习临床心理学与教育心理学，并在 1928 年获得硕士学位。

罗杰斯两口子都是半工半读，妻子选修了心理学，罗杰斯也向她学习艺术，两人虽然辛苦，但还是有很多时间讨论买不起的书和看不起的演出。罗杰斯发现，血气方刚的他对于夫妻的亲密行为非常热衷，而妻子却总是像看视频不三连的观众一样说"下次一定"，罗杰斯认为这是一个严重的问题。正好研究生院的一名博士生要进行已婚男性的性行为研究，于是罗杰斯便和这名博士生汉密尔顿正式会谈了几次。罗杰斯发现他竟然都不知道妻子是

罗杰斯

否有高潮，同时他也了解到，看似私密的问题，其实也可以自由地交谈一下。顺便说一句，这个研究是后来成为著名性学家的阿尔弗雷德·金赛（Alfred C. Kinsey，1894—1956）教授的先行研究的一部分。罗杰斯提心吊胆地和妻子谈论这事儿之后，发现并没有那么恐怖，反而让双方的关系更加美满了。

毕业的当年,他受聘于纽约州罗切斯特市的防虐童协会,在儿童社会问题研究部工作,仅仅两年后就当上了主任。罗杰斯在工作的同时也没闲着,顺便考了个博,1931年就拿到了学位,论文主题是关于儿童人格的测量问题。

罗杰斯在协会一干就是12年,工作涉及很多儿童问题,包括儿童的学习、成长等方面。罗杰斯的第一个心理学贡献就是他的学习观。他把学习分成两类:一类是无意义学习,类似于心理学上的无意义音节的学习,要记住这些非常困难,而且没有生气、枯燥乏味、无关紧要、很快就会忘记。罗杰斯认为这类学习只涉及心智,是一种"在脖子以上发生"的学习,不涉及感情或个人意义。也就是我们常说的机械学习,学习者不会全身心投入。另一类是意义学习,不仅涉及知识,更涉及各方面的经验。往大了说,把逻辑与直觉、理智与情感、概念与经验、观念与意义等都结合在了一起。这样的学习,能让我们变成一个完整的人。也就是说,让人更完整的学习,才是有意义的学习。罗杰斯通过这一理论,批评行为主义教育法对身心的割裂。他认为,不能让孩子的身体在学校里,而情绪却只能在校外表达,让完整的孩子进入学校,才能增进学习。此外,他还批评行为主义只看结果的毛病,他认为每个人的行为和自我概念相关,人不能从属于环境,人是会自由选择生活的,行为主义的环境决定论非常扯。

罗杰斯还提出了"以人为中心"的学习方式有十条原则,第一条是"人类生来就有学习的潜能",这和马斯洛的思想不谋而合。罗杰斯认为,个体总是在得到无条件的积极肯定和积极自我肯定时,才能发展自我意识。在此基础上,罗杰斯提出了"自由学习"和"以学生为中心"的知情统一教学观,旨在培养"躯体、心智、情感、精神、心力融汇一体"的人。这种教育能促进变化和学习,培养学生适应变化的能力和知道如何学习。这在提倡量产的行为主义大行其道之时,简直是逆流而上。

人生走了近一半,可罗杰斯好像依旧和心理咨询没有太大关系,除了上学时那次当被试受访谈的经历。其实,他在协会的工作还包括犯罪儿童的诊断和治疗,1935年到1940年期间他还在罗切斯特大学授课。1939年,他的第一本著作《问题儿童的临床治疗》问世了。接下来他又进行了一个五年计划,1940年他成为俄亥俄州立大学的临床心理学教授,1942年出版了自己的第二本书《咨询与心理治疗:新近的概念和实践》,从此在临床圈子中打出自己的名头。1945年他再度跳槽,回到老家所在地的芝加哥大学,并建立了"心理咨商中心"。其实这就是心理咨询中心,只不过有位台湾地区的校友抢先翻译成这样了。芝加哥大学也是机能主义的大本营之一,不过这时几位老前辈的年纪都太大了。罗杰斯在任职期间发明了新的心理咨询工作理念,并利用职务之便,进行相关的研究去验证方法的有效性。

同样是在这一年,布根塔尔在劳森陆军总医院当心理医生,受到了罗杰斯咨询和心理治疗的影响。后来他和马斯洛、罗杰斯、罗洛·梅共同成为人本主义心理学的奠基人。布根塔尔的存在主义心理学认为,个人理想的存在方式便是真诚,这和罗杰斯明显一致,只不过他又深挖了一步:真诚是人类的一种存在状态,如果一个人的存在和他生活的世界是协调的、一致的,那么他的存在就是真诚的,否则便是非真诚的。人一旦陷入非真诚的状态,也就是"寻找一种虚假的安全感",就会出现神经症,因为虚假的安全感就是"放弃了自己的存在",因此布根塔尔又将神经症称为存在神经症。真诚不同于为了保持健康的适应,两者的区别在于,真诚是存在主义概念,是主动的,适应是病理性概念,是被迫的。真诚具有信念、献身、创造性与爱四个特征,而抵抗心理治疗的时候则会产生卑微感、责备感、荒谬感和疏远感。比起精分和行为疗法,包括存在主义在内的人本主义咨询师更关注来访者的主观感受,相信他们有能力承担自己的问题,最终找到最适宜的"存在方式",而不必"治愈症状"。由于上述贡献,1946年布根塔尔当选美国心理学会主席。

之前我们介绍过的两大势力——精分派和行为派都有自己的咨询方法,精分派像侦探一样找潜意识中的病根,而行为派则是通过建立新的条件反射来修正行为。而罗杰斯等人提出的心理咨询方法和它们完全不一样。罗杰斯的治疗观念和学习观念一样,也是"以人为中心",确切地说是"以患者为中心"。治疗者不是一个权威,而是一个帮助被治疗者自我理解并修复的角色。在他的工作中,作为中心的被治疗者会享受到三个福利:被治疗师设身处地地理解;平等坦诚地沟通交流;被无条件地积极关注,也就是信任、接纳、倾听、期望和支持。鉴于上述特征,罗杰斯的这套方法又叫"非指导性疗法"。如果说,前两大势力的治疗过程都有比较固定的武术套路的话,罗杰斯的治疗方法就完全是无招胜有招,就像和他同姓的美国队长史蒂夫·罗杰斯一样,其格斗特点就是更高、更快、更强,并且全面保护每位在他面前遇险的纳税人。1951年罗杰斯出版了《当事人中心治疗:实践、运用和理论》,详细介绍了他的独特技术。

第58回　罗杰斯舌战斯金纳　两大派决斗光明顶

罗杰斯的咨询方法看似很简单，有人吐槽他说："就是一边听你吐苦水，一边嗯嗯，一个小时之后竟然好了。"但是别人很难做到罗杰斯这样举重若轻，因为他塑造了一个安全而富有智慧的气场，让那些因为难以适应环境而产生内心冲突的人找到了一个避风的港湾——这就是他所谓的"态度比技术重要"。对此他解释道："如果有人倾听你，不对你评头论足，不替你担惊受怕，也不想改变你，这多美好啊……每当我得到人们的倾听和理解，我就可以用新的眼光看世界，并继续前进……这真神奇啊！一旦有人倾听，看起来无法解决的问题就有了解决办法，千头万绪的思路也会变得清晰起来。"罗杰斯的理论很善良，因此在1955年的美国心理学会年会上，新行为主义学派的斯金纳和他进行了一场同台辩论。大家也知道，心理学圈子中各门派一贯互相看不顺眼，但平时基本是在媒体上隔空骂战，即便见面也是维持塑料情，比如弗洛伊德在美国那一段。因而两大掌门人面对面交锋，还是史上头一次，其轰动程度简直堪比漫威世界内战——擅长搏击的美队罗杰斯对战全身机械的钢铁侠斯金纳，两人外貌上的共同特点是头发都很稀少，因此可称之为"光明顶之战"。

两位大佬各自拿出了自己的看家理论。罗杰斯强调人天生有善良的内部信仰，人类行为背后也有自我实现的趋向。而斯金纳依然强调人是环境塑造的，通过各种偶然性，也就是操作性条件反射，形成一种个性，不存在什么内部固有的趋向。这两个观点一碰撞，就又回到康德时代那个根本的问题了——人类的行为是不是自由的？罗杰斯表明，任何科学研究确实都需要一个固定的前提假设，但是这和人类有自由选择的能力是不冲突的。光都有波粒二象性，人也有主观性和客观性，通过长期的咨询实践可以得出，"人本主义是唯一最佳的研究方法"，否认人类那种主观选择的体验，简直是"目光短浅"。罗杰斯通过长期的咨询告诉大家，人类的自主性不像斯金纳说的那样是错觉，而且斯金纳设计实验的时候，本身就根据自己的主观角度来选择和排除研究目标，没有自由意志，哪有你那么多实验呢？

考虑到自己没啥咨询经验，毕竟实验室里的研究都只是模拟战，不过斯金纳毕竟也是一代宗师，眼看自己就要像钢铁侠和美国队长拼肉搏一样被拉到一个不熟悉的角度纯挨揍，他马上转了个方向，说我们两人都一直认为人类始终企图了解、预测和控制人类的行为，也都希望人类能够更独立，免受他人控制，只是研究方法上有差异，我不是也写了一本《桃源二村》来设计一个理想国嘛。既然是理想，就应当设立一些规矩来管理或控制人类的行为，更有效地满足人类的各种需要。然而罗杰斯却就此问题发问：谁被控制？谁实施控制？实施什么类型的控制？重要的是，要得到什么结果或有什么目的？或在追求什么价值中来施行控制？这就不仅仅是心理问题，而要涉及政治学了。

当然，拉到政治范畴并不是罗杰斯的目的。罗杰斯又使了一招借力打力，表示"科学知识可不能被当成操纵行为的工具"。如果按照行为主义那一套，人类社会拢共就分四步：立目标，找控制手段，找当权者，最后把人放进受控的环境中，就像把大象放冰箱里分三步那么简单，可是现实哪有这么简单呢。罗杰斯此时没抨击行为主义的研究方法，因为这样有可能一下子变成反对科学者。他开始针对行为控制法的前提和可能造成的后果。

既然主观选择是存在的，那么人其实就是一个不断自我完善的有机体，而心理学的任务就是用科学帮助人实现这一目标——这和行为主义的价值观完全相反。斯金纳没有明确的人格定义，但是也认为人格是一种习得的行为模式，还衍生出一种"文化设计论"，社会习俗也是一种设计好的行为控制。如果你想研究这些"皮肤内的事件"，那就是开科学界的倒车，是原始的泛灵论。不过他也没有华生那么死硬，他说内部的感觉、意识不是不存在，只是人类对研究它们无能为力罢了。

而罗杰斯则表示那只是你不知道，把现象学和存在主义放在一起就好解决那些问题了。罗杰斯还搬出一个冷门的人物——丹麦的宗教哲学心理学家兼诗人、现代存在主义哲学创始人索伦·奥贝·克尔凯郭尔（Soren Aabye

Kierkegaard，1813—1855），说此人把"自己一直坚持但是未能系统阐述的观点表达了出来"。这一招至今在辩论中也很管用，想引经据典，就找一个听上去很厉害但是大家都不太熟的人，让他为你提供支持。

罗杰斯还引用了格式塔的整体研究法，人本主义追求的是"开放社会"，而斯金纳的《桃源二村》则追求"封闭社会"，这谁高谁低高下立判嘛！他建议把行为学中的各种原理应用到增强自我实现的内驱力上，由此来引导人类行为，而不是从外部控制人类。引申到教育学上，就是什么样的教育制度更好——我们的教育是希望创造一批唯命是从的、易受影响的、无主见的个体，还是创造一批有开拓精神的、有适应性的、自立的、思维活跃的、自我尊重的个体？显然后一种才能推动人类进步。但他似乎也知道，教育不可能把所有学生都教成精英。最后他说，如何选择教育方式将是"对我们未来的教育及整个文化的挑战"。

其实两个人的理论在一定范围内都是正确的，只是各有各的短板。罗杰斯过于强调自我，忽视了社会的复杂，他认为良好的人际关系是自我实现的唯一决定因素，但把治疗手段当成改造社会的方案，显然也会有劲使不上。而斯金纳靠实验设计出的理想社会结构，他自己都称之为乌托邦。最终这场辩论并没有像大家想象的那样火药味十足，可能是人本主义学派的根基就是强调"善良"，当然不能像第二次心理学战争那样激烈交火。两人甚至在次年共同署名在《科学》杂志上发表了《有关人类行为控制的若干问题——一篇专题讨论文章》。这杂志有多牛就不用我多介绍了吧！罗杰斯在这篇文章中坚信，人有自我实现的潜能，有积极的自主性。这还不是他当年最露脸的事情，鉴于他在临床咨询方面的巨大成就，1956年美国心理学会给他颁发了杰出科学贡献奖。行为主义学派虽然此时还有名义上的最后一位大师托尔曼撑着，但是显然已经势力不如人本派了。如今，罗杰斯提出的倾听、接纳、信任、设身处地等原则，几乎已经成了所有流派的咨询师都必备的职业道德。由于罗杰斯坚持来咨询的人不是精分派口中有病的变态，也不是行为派中的机器，所以现在我们也基本称咨客为"来访者"，原来的医患关系变成了咨访关系。

第59回　老教授人设崩塌　人本派无招取胜

1957年到1963年期间，罗杰斯又回到母校威斯康星大学任教。1959年他出版了《在患者中心框架中发展出来的治疗、人格和人际关系》，继续介绍人本主义疗法。1961年他成为美国艺术与科学研究院的研究员，也是在这一年，他出版了这辈子最畅销的书《论人的成长》，又译《成为一个人》，这本书讲述了如何让来访者找到真正的自我。例如，在《论人的成长》第三章，他记叙了一个46岁的奥克夫人的案例，这是一个全职太太，她认为生活中的各种东西都是强加给自己的，她一直为别人而活，这让她非常痛苦。在罗杰斯的引导下，她去掉了自己的面具，开始喜欢自己，最终发现内心积极的核心。罗杰斯在咨询中用到了"Q技术"，他拿出一堆写着各种人格特点的卡片，如"有魅力""幽默感"等，让她从中选出最符合自己和最不符合自己的卡片，以促进自我探索。在咨询过程中，她还讲述了很多自己过去的故事，并开始探索一些新的感受。20世纪80年代澳大利亚临床心理学家麦克·怀特（Michael White）发明了叙事疗法，该疗法基本坚持了人本主义的观点：人可以解决自己的问题，追求自我认同，寻找内心生命的力量。这简直是人本主义疗法的细化版。

有人说罗杰斯的治疗方法过于简单，就是像捧哏一样重复对方说的最后几个字，但是他在这本书中为自己代了个言：我这不是简单，而是在合适的环境中，激发出人的潜力。在他的观点中，治疗是培养一种哲学观，用自己的三观去影响他人的三观，而不是分析或训练。日后，人本主义疗法不仅在心理学中成为当代的第一主流，还渗透到了教育学、管理学、政治学等各个领域。有人这样评价罗杰斯："如果我们认为弗洛伊德揭示了人类内心中黑暗的层面，那无疑罗杰斯为人类点亮了通往成功的康庄大道。"注意，他开辟的仅仅是道路，用他自己的话说，"好的人生，是一种过程，而不是一种状态；它是一个方向，而不是终点""如果我能够让经验之流带动我朝向未来，朝向我仅仅朦胧意识到的目标前行,我就会处于最佳的状态"。

当时美国出现了很多心理咨询团体,包括人际关系小组、敏感训练小组、个人成长小组、人类潜能小组等,不管叫什么名字,都强调团体咨询的目的不是为了治疗,而是促进个人的成长。罗杰斯将它们统称为会心团体,会心就是指心与心的沟通和交流。1968年罗杰斯开始编写给会心团体指导者的教学计划。罗杰斯假设,如果一个团体彼此尊重、彼此以诚相待,大家会更愿意学习,"自我实现"的动力就会出现。1972年,美国心理学会颁给罗杰斯卓越专业贡献奖,此时罗杰斯已经是个69岁的老同志,但依旧活跃在心理学界,依旧做治疗、演讲、出书,精神矍铄。罗杰斯70岁时,给年轻人撒了一把狗粮,他在《罗杰斯谈自己的婚姻生活》中说:"我们曾分享过如此多的生活、痛苦、挣扎和快乐……因为我们知道双方都在想着同一次经验。当我们的性生活与二三十岁不再完全一样时,我们身体的亲近、'依偎'和性关系,就有几分像一种和弦,它不仅自身很美,而且还有许许多多弦外之音丰富了它,使它不再只是简单的和弦。简而言之,我们真是难以置信的幸运,虽然有时我们不得不非常努力地去维系这份幸运。"

可是谁也想不到,这么一个圣人一样的罗杰斯,竟然还有黑料,他的神仙爱情出现了裂痕。罗杰斯晚年觉得自己在心理学范围内基本上能研究的都研究了,于是将其理论延伸到了社会伦理及哲学领域。1973年他出版了《择偶:婚姻及其选择》,1977年他发表了《卡尔·罗杰斯论个人权力》,开始关注婚姻问题等社会问题了。从现有的资料看,至少从1975年开始,七十多岁的罗杰斯不顾自己已经活到坎儿上,竟然开始对其他女人感兴趣了。罗杰斯说:"女性的形体对我来说依旧是宇宙中最美的作品,我十分欣赏它。我觉得自己对性的兴趣和35岁一样。虽然我不敢保证我还保持着那时的能力。"在此之后,罗杰斯和数位女性有性关系,而且还让老婆知道了。罗杰斯努力想要说服海伦接受自己出轨,但是不出意外的失败了,海伦感到自己被大大伤害了,而罗杰斯自己也后悔没能够说服海伦。他的同事回忆说:"他认为自己可以同时保持几段感情上和肉体上的亲密关系,而不会让这些关系动摇她的地位,伤害她的尊严。"直到1979年海伦去世,他们的矛盾一直存在。有人说是因为罗杰斯已经悟出了更高层的东西,所以超越了世俗道德的边界,可是这种超脱的状态确实不能让人接受。看到罗杰斯也逃不出某些"原罪",此时在天堂的弗洛伊德一阵狂喜。

晚年的罗杰斯已经成为心理学界的泰山北斗,1983年罗杰斯完成了他的最后一部书《自由学习》。像大部分心理学家一样,他依旧在晚年接着工作。我们不知道最后几年他在想什么,或许是感到有些对不起海伦,或许是继续寻找其他女性,也可能是一心闭关修习心理学心法?但是有一点可以肯定,罗杰斯始终没有放弃对"美好生活"的追求。按照他的理念,"美好生活"是人类具有内在自由时自觉选择的一种变化过程的独特取向,而这个取向的一般性质显然有着某种普遍性。"美好生活"涉及生存的勇气,意味着让自己完全投身于生活;而对于全人类来说,"美好生活"也是极其令人振奋的事情。罗杰斯曾经用过一个比喻:"每个人自己都是一个海岛;只有他首先乐意成为自己并得到容许成为他自己,他才能够同其他的海岛搭起桥梁。"最终世界大同,地球变成地球村。

或许你从罗杰斯的理论中看出一些道家思想,没错,当被问及关于咨询的心法问题时,罗杰斯引用了他特别崇拜的老子的一句话总结了他那些"更深刻的信仰":"我无为而民自化,我好静而民自正,我无事而民自富,我无欲而民自朴。"这好像太偏哲学了,不太科学,没法量化,也有浓厚的神秘主义倾向。那些术语如"超个人""知情统一"等,都不太好理解,和精分派出现了同样的毛病,这也是整个人本派被对手攻击的最主要的点。往严重了说,人本派这叫没有科学性,没摆脱西方传统的人性论和本能论——如果按照人本派的观点,满足较低层需要的人才能自我实现,那么那些在非常贫困时期也自我实现的人又怎么解释呢?这就让人本派的在学术方面有漏洞。在咨询中人本派也有漏洞,由于主要是以求助者为中心,那求助者通常就无法从咨询师那里得到什么具体的建议了。于是,想要填补这些漏洞的"新门派"——认知心理学又诞生了。

第八部分　认知记

一位木匠朋友骄傲地对我说："墨斗加班钩,用着最顺手。这是两千多年传下来的东西,一直变化不大,你信不信,再过一百年,木匠还要用这东西。"可是仅仅过了十来年,现在的木匠已经用激光在木材上画直线了,很多人都没见过用来划线的墨斗和墨线前端那个鲁班发明的"班钩"。随着电子和信息科技的进步,第三次工业革命已经势不可挡,在对似乎比人类更聪明的电脑的研究中,有些人似乎发现了人类关于信息加工的奥秘……如果可以完全模拟人脑内的信号,我们是不是就能造出真正的仿真机器人,或者用科学控制人类的思维呢?这个话题让全世界"细思极恐",也让"人类有自由意志"的概念再度动摇。

第60回　计算机模拟心理　司马贺跨界扬威

时间回到1946年,那时候二战刚刚结束,在美国军方的投资下,世界上第一台现代电子数字积分计算机在情人节这天诞生了。这台机器有31吨,造价48万美元,计算速度是每秒5000次加法或400次乘法,放到现在那肯定是没人会用的东西,但在当时绝对是网红的黑科技产品。由于这东西实在太大,退役后零件被拆开保存在7家博物馆和院校等地。当时的人们可能没想到,这么一个笨重且昂贵的东西,将会彻底改变世界,且升级速度超过以往的任何技术。

1955年,美国西部计算机联合大会(Western Joint Computer Conference)在洛杉矶召开,一名叫艾伦·纽厄尔(Allen Newell,1927—1992)的年轻人探讨了计算机下棋的课题,神经网络的鼻祖之一沃尔特·皮茨(Walter Pitts,1923—1969)说:"他企图用计算机模拟心智。"纽厄尔不是痴人说梦,其实他已经和自己的导师开始憋大招了。第二年纽厄尔和自己的博士生导师司马贺参加了新罕布什尔州汉诺威镇达特茅斯学院举行的"人工智能夏季研讨会"。司马贺本名叫希尔伯特·亚历山大·西蒙(Herbert Alexander Simon,1916—2001),可以说是近代心理学界第一奇人,拥有9个博士头衔,研究范围超过20个领域,包括政治学、管理学、运筹学、经济学、社会学、心理学、法学、美国历史、计量学、数学、哲学、语言学和计算机科学等,简直是通才本才。这还不算,关键是他在很多个学科上都很牛,1975年获得计算机图灵奖,1978年获得诺贝尔经济学奖,类似的奖项拿过数十个,至于小学就跳级、大二就学完所有政治学课程、担任企业和官方的多种顾问等历史,都不值得说。你肯定以为,这样一个人就是一个只会思考的书呆子,那你可想错了,司马贺交女朋友的技能满点,而且他用的方法非常有格调。他的父亲是来自德国的犹太电气工程师,本来小西蒙是个打架逃课的富二代,听说哪门选修课点名就不选,并且四处交女朋友,令父母非常头疼。可是他的方法很特别,听说姑娘爱油画,就自己学画画,并且能达到专业水准；另一个妹子喜欢钢琴，他又学成了演奏大师；还有个美女爱下棋，他就去学下象棋，一不小心成为了国际象棋大师，闲暇之余还在1966年开发出了世界上最早的下象棋游戏程序。1972年中美建交，他作为计算机专家代表访华，喜欢上了中国女孩，开始学习汉字和书法，熟练掌握了全世界人民都觉得难的汉语。1983年他还根据名字的谐音，给自己起了个中国名字——司马贺。

说了这么多，好像此君和心理学没啥关系。转折发生在1937年，不到22岁的西蒙遇到了一个让他服气的美女——芝加哥大学社会学系秘书萝西娅·伊莎贝尔·派伊，他发现自己对管理学的研究还有待提高，于是又开始了一贯的靠学习来交女朋友的路子，并在当年圣诞节和她闪婚。凭借老婆的人脉，他进入加州大学伯克利分校，负责一个关于政府工作的项目，并于1939年完成了他的博士论文，后来修订成了他的代表作《管理行为》，这本书成为20世纪管理学和政治学最有影响力的著作之一。由于达特茅斯研讨会，1956年被称为人工智能元年。此后人工智能这个词开始正式进入大众视野，司马贺也说自己学术生涯最重要的两年就是1955年和1956年。

所谓人工智能，就是用计算机模拟人的智能。当时参会的大部分人都是计算机专家，他们提出的都是纯理论，而司马贺这个横跨多个领域的开挂王，却和徒弟纽厄尔给会议带来了唯一一个"当时可以工作的人工智能软件——逻辑理论家"，这个程序可以证明怀特海和罗素的《数学原理》中命题逻辑部分的一个很大子集。所以接下来的剧情就是，司马贺师徒继续研究逻辑程序，然后成为该领域的头号大拿？可惜龙傲天也有吃瘪的时候，司马贺师徒想把介绍自己软件的文章投稿给当时的逻辑学刊物，但是惨遭退稿，因为主编认为"把一本过时的逻辑书里的定理用机器重证一遍没啥意思"。师徒两人还给罗素大师写了封信，罗素回信说："我相信未来逻辑学中的事情，机器都能干。"这似乎在暗示人工智能是个高级版的行为主义。罗大师是充满信心的鼓励呢，还是对此表示不屑呢？只能留给读者们细品了。

更打脸的是，仅仅在不到两年后，也就是1958年夏天，一名来自山东的王浩同学在一台IBM-704机上，只用9分钟就证明了《数学原理》中一整章的定理。于是王浩在 1983 年被国际人工智能联合会授予定理证明里程碑大奖,江湖人称定理证明的开山鼻祖。当被问到对司马贺的软件怎么看的时候,王浩丝毫不掩饰山东人的耿直:"非常不专业这东西。"顺便说一句,王浩本科上的是西南联大,恩师是中国逻辑学之父金岳霖。司马贺对王浩的评价有些不服气,表示自己的初衷可不是证明定理,而是研究人类的行为。司马贺说得也没毛病,1958 年他就获得了美国心理学会的杰出科学贡献奖。

1960 年,司马贺夫妇又发现,人类解决问题的过程是个搜索的过程,可以用函数表示。在这个基础上,司马贺和纽厄尔等人又开发出了 GPS 系统,不是全球定位系统,而是"通用问题求解系统"(General Problem Solver),根据人在解题中的共同思维规律编制而成。可是这样的心理研究课题名称都不太好理解,恰好 1967 年尤里克·奈瑟尔(Ulric Neisser,1928—2012)出版了《认知心理学》一书,总结了前人关于认知的心理研究,从此研究信息处理的都可以称为"认知心理学"。这位奈瑟尔是美籍德国人,3 岁时候就举家迁往美国,长大后还是苛勒的学生。既然奈瑟尔赐名,司马贺等人就顺势成为了认知心理学家。

1969 年美国心理学会又给他颁发了杰出科学贡献奖。1972 年他随着美国专家代表团来到中国,把认知心理学带到了中国,随后又 9 次访华,去了很多地方,包括杭州,当时杭州大学心理系有个叫王坚的年轻人听了他的讲座,后来成了阿里云的创始人。还是在 1972 年,司马贺和纽厄尔出版了《人类问题解决》一书,详细阐释了他们的观点:人脑是类似计算机的信息加工系统。从此狭义的认知心理学就是指司马贺一派的"信息加工心理学"。他们认为人脑的信息加工系统由感受器、反应器、内存和控制系统组成,之前的知识结构对之后的信息处理有很大影响。同时他们也继承了格式塔的核心思想——认知过程拥有整体性。把人比作电脑并不是另一种行为主义,因为电脑有内部的信息加工,还有一定的自主选择权和分析能力。在之后的 1976 年,司马贺师徒又提出了"物理符号系统"假说,这些抽象概念和机械的行为主义划清了界限,即便不搞清楚心理的神经机制,也可以研究其活动规律。

中国方面也注意到了司马贺的信息加工论,1980 年天津大学聘任他当名誉教授的时候，就请他进行短时记忆方面的研究。1985 年，司马贺成为中科院第一位外籍研究员，由于他是把认知心理学带到中国的人，因而就成了心理所的成员。接下来司马贺依旧到处搞科研、拿奖项，1986 年拿了美国全国科学奖章，1993 年拿了美国心理学会终身贡献奖，1995 年在国际人工智能会议上被授予终身荣誉奖。他一直活到 85 岁，人生不亦乐乎。

司马贺

在 1956 年 9 月美国无线电工程师协会召开的信息论年会上，司马贺师徒依旧介绍他们的"逻辑理论家"程序。当时还有两件心理学大新闻。一件是心理学家乔治·米勒(George A. Miller, 1920—2012)在会上发表了《人类记忆和对信息的储存》，后来这篇文章改名叫《神奇的数字 7±2：人类信息加工能力的某些局限》。他提出，我们普通人在 1 到 15 秒内的短时记忆中，一般都能记住 5 到 9 个单元项目，他称之为"组块"，所以短时记忆的容量是 7±2 个组块。组块可以是单个的字母，也可以是一个单词，甚至可以是句子；至于到底能记住多少，就要靠人脑的主动处理了，米勒称之为信息编码。另一件是来自麻省理工的犹太人艾弗拉姆·诺姆·乔姆斯基(Avram Noam Chomsky, 1928—)发表了他的语言学研究，他提出人脑中天生拥有一种"普遍语法"，不管是什么民族的孩子都一样，在早期可以依靠普遍语法启动语言程序。这个理论掀起了认知心理学在语言方面的革命，直到现在还非常有争议。其中有位瑞士的皮亚杰老爷子就是反对派代表。紧接着 1960 年，米勒和另一位心理学家杰罗姆·布鲁纳(Jerome S. Bruner, 1915—2016)一起创立了哈佛大学认知研究中心。巧的是，这位活了一百多岁的布鲁纳的偶像也是那位皮亚杰老爷子。虽然在弗洛伊德之后，世界心理学的重心都转移到了美国，可是皮老先生几乎以自己一人之力，扛起了欧洲的认知心理学世界，顺便还占据了教育学的大半边天。接下来我们就来说说他的故事。

第 61 回　小神童博采众长　皮亚杰艺不压身

随着时代的发展和科技的进步，20 世纪下半叶美国成了心理学界的领头羊，大部分这个时候的心理学家，如果你不知道是哪国的，就猜他是美国人，基本上八九不离十。不过让欧洲人自豪的是，当代心理学三大巨人都是欧洲的，他们是我们之前提到过的巴甫洛夫、弗洛伊德，还有本章主角让·皮亚杰（Jean Piaget，1896—1980）。

让·皮亚杰出生在瑞士西部的城市纳沙特尔，父亲是纳沙特尔大学的一名文史教授，母亲则是一名虔诚的基督徒。父亲和母亲正好代表了两个时代的碰撞：父亲让他要有新的科研精神，母亲则要他遵守传统宗教思想，还给小让同学找了个研究哲学的教父，父母为了他的教育没少吵架。小让并没有在父母的争执中自我混乱，反而得到科学和哲学两方面的加持，从小就展现出天赋异禀。

10 岁的时候，小让在公园里看到一只白化麻雀，就写了一篇相关的文章寄给当地的自然科学杂志，并且成功发表。纳沙特尔自然博物馆的馆长看到此文后对他大加赞赏，并邀请小让和自己一同考察，小让随后又发表了一系列论文，甚至挑战了孟德尔的生物遗传理论。大家当时都认为，假以时日，小让会成为影响全欧的动物学家。就在小让上中学后，他的既定路线又发生了转折。在和教父玩耍的过程中，他对哲学也开始感兴趣，尤其是对哲学中的认识论，也就是关于"知识和获得知识"的观点。

不过小让最开始还是走生物学的路线，1915 年，19 岁的小让就拿到了纳沙特尔大学的生物学学士学位。接下来他开始一步步读取生物学的博士学位，不

皮亚杰

过生物学此时显然已经不能满足他了,他准备再读个哲学博士。哲学和生物学是心理学的父母,而皮亚杰也认为这是研究认知论的捷径,既然想两门抱,那么不如研究一下老二位的孩子——心理学吧。于是,22岁的皮亚杰双博士毕业后,就前往欧洲最富有的城市——苏黎世的一家心理学实验室工作。同时,在一家诊所里,皮亚杰学习了精分派的理论,还听过荣格讲课,读过弗洛伊德。这些知识给他最大的影响是:心理发展是有阶段的,这为他后来的很多理论打下基础。可是这些显然不能满足他的求知欲,一年后,他到巴黎大学系统地学习了病理心理学,同时学习逻辑学和哲学。由于瑞士有4种官方语言,皮亚杰的出生地就在法语区,所以去巴黎后他依旧使用母语。在巴大,他的心理学老师是生理心理学家皮龙(H. Pieron),此位最著名的实验是1910年将被剥夺睡眠150—293小时的狗的脑脊液注入到普通狗脑中,发现普通狗快速睡眠,他证明了困倦时脑内可分泌出"瞌睡因子"。

神童就是神童,1921年他又拿到了法国国家科学博士学位,国家博士(Doctorat d'État)是法国设置的最高学位,不能自己考,而是经评议委员会答辩通过。这时候他仅仅25岁,大部分学生在这个年龄才刚拿到硕士学位,人家已经三个博士学位了。接下来,皮亚杰去了比奈实验室工作。这可是法国第一个心理学实验室,1889年就成立了,创始人叫阿尔弗雷德·比奈(Alfred Binet,1857—1911),曾经跟沙可学过催眠术,算是弗洛伊德的师兄弟,1895年他还创办了法国第一家心理学杂志。由于长期观察自己女儿们的成长,他总结出了"智力"的概念。1908年,为了筛选出智力落后的儿童以对他们进行特殊教育,他和助手西奥多·西蒙(Theodore Simon, 1873—1961)一起设计了世界上第一个智力测验《比奈-西蒙智力量表》。比奈的伟大,借用波林总结的心理测量学的历史,那就是"19世纪80年代是高尔顿的十年,90年代是卡特尔的十年,20世纪头十年则是比奈的十年"。皮亚杰加入实验室的时候,比奈已经作古,此时的老大是西蒙,皮亚杰正好当了他的助手,跟着研究儿童心理,谁知道一研究就是一辈子。

不过皮亚杰注定是瑞士人,他有着一颗爱国心,1921年都没过完,他就回到了日内瓦大学担任卢梭学院的研究主任。听这个学院的名字也知道这里依旧是法语当家作主,皮亚杰在这里成立了自己的小团体,史称"日内瓦学派"。同时,皮亚杰也解决了自己的终身大事。接下来几年,他的妻子先后生下两女一儿,皮亚杰日后的很多儿童心理学理论,都是两口子一起观察仨孩子得出的。早在学生物学的时候,他就听说过一条机能主义的观点:心理是对环境适应的产物。观察孩子的成长,正好能看到心理在形成的过程中,是如何一步步适应环境的,所以说儿童发展心理学不就是生物学和心理学的桥梁吗?

第62回 日内瓦康德再起　多概念重建认知

从 1924 年到 1932 年，皮亚杰将自己的研究成果整理成了 6 本书，分别是《儿童的语言和思想》《儿童的判断和推理》《儿童关于世界的概念》《儿童的物理因果概念》《儿童的世界表象》《儿童的道德判断》，这使他成为儿童心理学方面的泰斗，1932 年他才 36 岁。皮亚杰研究儿童心理的方法都很有趣，比如在 1930 年的故事测验中，他给小朋友们讲两个故事，让小朋友们对比故事的主人公的行为是好是坏，这就是他提出的"对偶故事法"。有个很经典的对偶故事是，约翰帮妈妈干活时不小心打碎了 15 个杯子，亨利偷吃果酱时不小心打碎了 1 个杯子，两人谁更不好？类似的小故事还有很多。通过调查他发现，对于行为的道德价值，四五岁之前的孩子无法判断，这叫前道德阶段；四五岁到八九岁的孩子根据结果判断，这叫他律道德阶段；再大的孩子会根据动机判断，这是自律道德阶段。

做了这么多研究，现有的概念似乎就不够用了。不过这对皮亚杰来说不叫事儿，除了研究心理学，他还研究哲学、物理学、数学、逻辑学、生物学等，到处"引用"概念词。如果拿武术对比的话，皮亚杰的风格像成龙，拿到什么都能当武器。

皮亚杰也不算不务正业，因为从 1929 年到 1954 年，他的主业之一是日内瓦大学的科学思想史教授。科学思想史的研究方法来源于新康德主义，简而言之就是不要看原始文献记录了什么，要研究写文献的人当时怎么想。既然要教康德的思想，皮亚杰自然也研究了很多，最后越来越上瘾，他甚至宣称自己的全部研究都是在用科学验证康德的理论。当然，后来皮亚杰发现了后天的重要性，开始不太同意康德关于先天经验的某些观点了。

皮亚杰引用了康德的"图式"概念，也就是人类的一种心理结构，你可以把它理解为心中的书架，各种书被分门别类地摆放。在 1936 出版的《儿童智慧的起源》中,皮亚杰还引用了生物学中的"同化"一词放入心理学中,"同化"就是把外部的信息放入自己的"图式"的过程。如果原有的书架不能放下新买的书籍,那么就要做出调整,拆掉一部分原来的书架,建立新的书架,这个过程叫作"顺应"。成长就是同化和顺应此消彼长,最后达到"平衡"的过程。在难以理解的新信息进入大脑后,要打破平衡,经历不平衡的"顺应"过程,最后再实现一个更高级的"平衡"。皮亚杰的这种书架理论,被后人称为结构主义,有时候由于翻译问题容易和冯特的搞混。不过皮亚杰肯定是反冯特的,人家比较认同格式塔学派的整体论。格式塔学派的人也不必太高兴,皮老师也指出了格式塔学派不考虑发展因素。书架的结构其实是在后天不断形成的,虽说书架是整体,拆开了就不是书架而是一堆木头板,但是一次次地拆拆装装,这才叫成长。皮亚杰将图式、同化、顺应、平衡列为皮氏认知论的四大核心概念。

既然人脑中有个书架,那么这个书架是先天的还是后天的呢?皮亚杰此时提出了一个新的想法:他把生物学和行为主义的部分理论纳入自己的思想体系,认为心理既不是起源于先天的器官成熟,也不是起源于后天经验,而是起源于动作,也就是人体与外界联系的中介。虽然他完全不同意行为主义的"意识否定论",但是对行为主义研究动作这点皮老师很赞同。最早的动作是无条件反射,就是一种和环境的相互作用,后来形成的条件反射也是;加上生理成熟、实际经验和社会环境这三个因素的影响,最终形成了人的心理。不过那三个因素都是次要的,平衡化才是发展的最基本因素。1937年,皮亚杰在巴黎举办的国际心理学大会上介绍了自己关于儿童运算的论文。这一看好像是关于数学的,实际上这又是皮亚杰"借"来的概念,在皮氏心理学中,运算是思维活动的基本单元,和数学关系不大。在英文版本中,这个词被翻译成操作(Operation),不过这样就更容易让人弄混了。

皮亚杰认为,孩子有四个运算阶段:0—2岁的孩子主要靠条件反射,这叫感知运动阶段。2—7岁的孩子开始掌握某些符号,这叫前运算阶段。这个阶段的孩子有三大特征:掌握不了守恒等概念,思维还是不可逆的,非常以自我为中心。皮亚杰曾经用"三山实验"来证明此阶段的孩子理解不了他人的立场。

他将用沙丘堆成的三座不同的小山摆在小孩子面前，先让小孩子从不同角度观察这三座山，然后让他坐在其中一边，将一个布娃娃放在他对面。结果发现，小孩子可以描述从自己的角度看到了什么，但是描述不出山对面的布娃娃能看到什么。1975年有人重新做了实验，将布娃娃换成美国孩子熟悉的《芝麻街》里的角色葛罗弗，三座山换成有各种动植物的农庄，结果发现3岁的孩子都能描述葛罗弗的视角。这到底是后来的孩子更聪明呢，还是皮老师的实验设计有问题呢？不论如何，皮老师的这次被打脸，丝毫不能动摇他的权威地位。皮神就是皮神，就像《宠物小精灵》出再多新精灵，也动摇不了皮卡丘的地位。

接下来的7—11、12岁基本对应小学阶段，上个阶段的三大特征在本阶段得到了发展，儿童开始关注抽象概念，这叫作具体运算阶段。11、12岁以后的孩子可以进行假设和演绎推理，理解比较难懂的抽象逻辑，这叫形式运算阶段。整体来看，就是思维越来越抽象复杂和不直观的过程。由此可见，《柯南》里6岁少年侦探团中的所有孩子都是神童。别笑话元太、步美等孩子总推不对，一般的6岁孩子别说推理，思维都还处在泛灵论阶段，无法区别生命体和非生命体，所以根本就理解不了案件。

1940年皮亚杰担任了卢梭学院的院长，这一年瑞士心理学会也成立了，他一口气当了三年主席。同时他还担任日内瓦和洛桑两所大学的心理学与社会学教授，以及巴黎大学的心理学教授。他在1950年发表了《发生认识论导论》，这标志着他一生中最重要的理论——"发生认识论"的建立。发生认识论和传统的认识论不太一样，它强调的是人类的认识起源于动作和运算（内心动作），语言有助于将动作内化和符号化，和思维是平行的，而且语言的交际功能，也让孩子越来越关注他人，去除自我中心主义。

第63回 门墙破裂众学科合作　以武会友老中青会战

1954年加拿大举行了第十四届国际心理学会议，皮亚杰被选为国际心理学会主席，正式向世人宣告他的江湖地位。1955年起，他创立了日内瓦"发生认识论国际研究中心"，主要研究心理结构和儿童发展，他还凭借自己国际心理学界扛把子的声望，邀请各国的心理学家及相关的学者进行跨学科、跨国合作研究。

值得一提的是，皮亚杰不但精力充沛，还可能是官运最好的心理学家，他当过日内瓦国际教育署的局长，1967年才卸任。卸任的前一年，他还和大弟子女教授英海尔德（Barbel Elisabeth Inhlder, 1913—1997）合作出版了《儿童心理学》，1967年他出版了《生物学与认知》一书，总结了他一生从事研究工作的成果。之后他也没闲着，1969年得了美国心理学会的杰出科学贡献奖，1972年他从日内瓦大学退休，但又被聘为荣誉教授。此后他在瑞士的山庄中继续写作，还是研究发生认知论。本来老先生可能要安度晚年了，可是1975年10月他遇到了一次踢馆。这是老先生为数不多的一次与人正面交锋。

辩论地点在法国巴黎附近的若约芒，辩论的主题是"从人的语言机制和语言习得角度来探讨儿童发展问题"。简而言之，就是语言是先天还是后天形成的。皮亚杰此时虽然已经白发苍苍，但是依然很乐意学习新知识并修改自己的理论，而对方则是20年前崭露头角的乔姆斯基，此时才46岁，大家应该还记得他那备受争议的先天语言理论。辩论嘉宾除了他们二位主角，还有许多心理学家、生物学家、逻辑学家等，这场辩论几乎算是当时整个学术圈的武林大会。首先德高望重的皮老爷子发话，老爷子毕竟理念很开放，于是先赞同了晚辈乔姆斯基。他先说两人的理论有共同点，即语言是心智的产物，不是行为主义那样对外界刺激的反应，乔同学的某些语法他也是赞同的，唯一的分歧在于：语言的核心到底是先天的还是后天的。皮老师认为人类知识的先后界限很模糊，想要弄清这个问题,要模拟生物学的"表型模拟"论,也就是用他的"同化适应"理论,最后改变原来的结构,形成新结构。皮亚杰手下的人马上支持,说从进化论看,皮乔两人的理论是互补的,皮亚杰认为大脑有初始结构,这就是所谓的智慧的先天部分。

还不等乔同学发言,在场的一些生物学家就不同意了,他们说结构要在基因范围内变化,你本来没有鱼鳃,不可能从小游泳就长出来鱼鳃,皮亚杰的理论简直和斯大林时代的学术骗子特罗菲姆·邓尼索维奇·李森科(Трофи́м Дени́сович Лысе́нко,1898—1976)差不多。此君就是反遗传学的排头兵,传说中他是忽悠中国人都穿上秋裤,认为几代之后中国人会集体失去抗冻能力的人。有人质问李森科为什么女婴天生都是黄花大闺女来吐槽他。

眼看辩论要跑偏,女教授英海尔德出战,将关注点转移到"我们都反对行为主义,也都反对经验主义"。而且乔同学的自动生成论,生成的时候难道没认知系统的参与吗?日内瓦学派发现的一个有力证据就是,儿童学主动句早,学被动句晚,这其中就有认知系统的影响。所以,乔姆斯基的理论其实也没跑出皮氏心理学的框架。没想到本来是交火,现在竟然要被对方吞并,乔姆斯基终于出场:语言习得当然和认知系统有关,可并不是全部离不开它,还是有先天的核心存在的。然而英海尔德还是继续找双方的共同点。

几乎每段传奇故事里都有个爱惹事的胖子,如《说唐》中的程咬金,《明英烈》里的胡大海,《西游记》中的猪八戒等。在这次武林大会中也不例外,乔同学一边就站起一个大胖子,他叫杰瑞·艾伦·福多(Jerry Alan Fodor,1935—2017),是美国的哲学教授,提出过心理模块性与思想语言假说,一贯以蛮横著称。他从逻辑学上说皮亚杰的理论不成立,理论肯定来自假设,如果没有先天概念,最早的假设是哪里来的?

福多这理论不能从逻辑上推翻,皮老师于是从另一个角度来了个借力打力:儿童的数学是一步步学来的,如果按照福胖胖的理论,所有的数学就都是提前在人脑子里存好的。另一个通信专家马上帮腔:语言可并不一定都是逻辑,福多偷换概念。其实大家谁不是在偷换概念呢?福多马上说,我不是要用逻辑解释一切,可是你也不能说我说的情况不存在。那要怎么解释不包含在逻辑中的部分呢?面对皮亚杰的这种质疑,得过诺贝尔奖的生物学家雅各斯·蒙诺德(Jacques Monod,1910—1976)说,虽然复杂的数学不是先天的,可是数学的基本程序肯定是基因中有的。此时法国的神经系统学家让-皮埃尔·尚热(Jean-Pierre Changeux,1936—)出来当和事佬,他说先天和后天其实不冲突,动物在进化中虽然基因不容易变,但是脑神经的连接复杂性却在增加,生物会选择最有用的连接,如果数学是天生的,那么为什么很多孩子在学数学的时候很费劲呢?皮亚杰马上鼓掌赞同。然而尚热当时太年轻,其他的生物学家不太接受他的观点。他们依旧认为,语言能力的核心由基因决定,就像认识形状的能力一样,而环境则能使语言最终成长为具体的语法,乔姆斯基没毛病。反而是皮亚杰的学说和基因进化论不符合。皮亚杰的理论比较受在场的心理学家和人工智能专家赞同。皮老爷子有意调和,而乔同学和福胖胖坚决反对。最终双方并没有分出输赢。要问其中的原因,可能是达尔文的进化论本来就有争议,即便是乔同学本人赞同进化,也不赞同自然选择。

皮亚杰觉得大家对他有些误解,自己由于不同意先天知识的存在,竟然被扣上了"经验主义者"的帽子,枉我多年反对经验主义。经验主义强调对外界的观察,否定主观作用,这和皮亚杰可不一样。乔姆斯基也说,如果经验主义的白板论是真的,那么任何涂抹都是正当的,这可是为法西斯主义正名,太可怕了。

然而皮亚杰依旧是心理学界的领军人物。1977年,他还拿了桑代克奖,这可是心理学界的最高荣誉。正好皮亚杰和桑代克都是海纳百川的老先生。同时,他还一直担任着发生认识论国际研究中心主任,直至1980年才卸任,因为他在这一年去世了。此后,英海尔德、乔姆斯基、福多、尚热等人还依旧进行着各自的探索,不过这个问题的答案,至今依旧没有尘埃落定。

皮亚杰和乔姆斯基的辩论记录

皮亚杰一辈子非常高产,写了60多本专著,500

多篇论文。他的理论吸收了建构主义、机能主义、行为主义、精神分析、格式塔等各派的长处,还引进了生物学、逻辑学、教育学、数学、哲学等学科的很多知识。所以当你看皮亚杰的理论的时候,你会觉得他的观点和每个门派的都有点像,但是又不符合各门派的主旨思想。或许也正是因为这样的开放理念,他成了 20 世纪最有名的儿童心理学家,当然,也大概率会是心理学史上最有影响力的儿童心理学家。就像电脑动画再发展,皮克斯还是皮神;中国童话再出新,皮皮鲁还是皮神,封神之人,注定千秋万代。

可江湖就是江湖,皮亚杰也受过批评,比如忽视儿童的个体差异,阶段划分得有些绝对,以及很多从外部借来的概念非常容易让人误解。皮亚杰的学生们继承了他的理念,并不断修改本门理论,把司马贺的信息加工观点和发生认知论结合了起来,他们被称为"后皮亚杰学派",开始关注个性化教育以及心理咨询。他们大部分都继承了皮亚杰的观点:从精神分析学来的阶段性和内驱力、从行为主义学来的环境作用、从机能主义和格式塔学来的整体性、从建构主义学来的组织性等。后皮亚杰学派的出现好像让一盘散沙的认知心理学有了统一的态势,不过他们的影响力谁也赶不上皮亚杰,甚至赶不上皮亚杰的一部分,查他们的生卒年都要去外网查的那种。

皮亚杰在儿童和教育心理学中的地位,还是没人能撼动的,可是远在神秘的东欧,竟然有人开始批评他了。苏联专家维果茨基说,虽然皮亚杰让传统的儿童心理学跨了一大步,但是不考虑儿童的历史发展,过度强调主观作用,这非常不科学,说严重点,这叫唯心主义,和马克思的思想背道而驰。

乔姆斯基

第 64 回　硝烟未熄　斗争继续

　　书说至此,心理学的大致历史脉络已经梳理完毕。第一次心理学战争,争的是心理学的研究内容和方法,一个反对自由意志,偏生物性;一个相信自由意志,偏哲学性。第二次心理学战争,争论的是人的心理的形成,都不赞同自由意志,而交战双方的观点也变得不那么单一:精分有生物学打底,后来衍生出很多哲学性观点,生物本能的成分越来越少;行为主义一开始走纯生物路线,后来又加入很多意识元素。只有存在感不高的格式塔是支持康德的,即认为人有自由意识。精分派和行为派两败俱伤后,第三次心理学战争就显得平和很多,双方各自的关注点也不一样。人本主义心理学继续支持自由意志,早期有生物实验作支持,后期走高端励志路线,有点像某些精分大师;而认知心理学则更多地让心理学像一门科学,继承了格式塔的自主和整体观点,也继承了行为主义的某些研究方法。之前提到这个"新门派"时,笔者加了个双引号,是因为它根本不算一个门派,只是一个研究范围,既没有掌门人,也没有什么著名的跨门派对战记录。目前这个时代的两大心理学主流已经成为人本和认知,人本主义不用说,肯定都承认人有主观能动性;而认知心理学中的大部分人也承认,只是程度不太一样。虽然现在整体的心理学大趋势是门派越来越模糊,就像综合格斗一样,只要能打人,拳击柔道、摔跤、武术啥都能用,但心理学家之间的观点冲突依旧存在,而且还会一直存在。或许这就是心理学的魅力所在,每个人都有自己的心理观点,大部分都无法证明或证伪。

　　值得注意的是,我们的心理学大师一定是博采众长,甚至是学习了很多看似和自己不相干的东西的,最终形成一套属于自己的、他人不太容易理解的武功。例如,笔者之前提到的乔姆斯基,现在也成长为一代宗师了,他的理论启发了许多计算机和生物专业的同行,同时他还成了一个犹太复国主义者和无政府主义美国人。很多人都觉得他像个疯子,不过他之前的很多心理学家都被贴上过这样的名头。

至于心理学的那个终极的自由意志话题，2015年乔老师暂时给出了答案。他在一次访谈中被问及一个会影响今后心理学研究方法的问题："机器人可以思维吗？"乔老师引用荷兰计算机专家艾兹格·迪科斯彻（Edsger W. Dijkstra, 1930—2002）的话说："潜艇会游泳吗？"接着又引用图灵的话说："这个问题太没意义，不值得讨论。"显然，如果机器人可以完全模拟人，那么大脑能不能完全控制自己，也就是人类到底有没有自由意志这个问题，似乎就有答案了。

现在，如果你要用心理学解决问题，那么大多数咨询师会给你走人本主义路线，不管具体用什么招式，人本的状态还是要有的。其他几个依旧存在的流派也都有了新的生存方法：行为主义由于太过严苛，现在除了在军警宪特队伍中还使用，已经离老百姓越来越远了。大多数已经悄悄并入认知疗法中，变成了"认知行为疗法"，该疗法从心理和外部行为两个方面来矫正心理问题，比较著名的有合理情绪疗法、接纳承诺疗法、动机访谈疗法等，现在还在不断发展中。精神分析师和催眠师也依旧存在，不过由于要价高，疗程长，自我暴露太多，普罗大众依旧把它当成奢侈品。至于格式塔，门派传人已经分散到认知、社会心理学的研究方向了，基本要靠祖师都不承认的"野路子"格式塔疗法，偶尔刷刷存在感了。

由于人们越来越注重临床心理学，现在不同的疗法门派也像雨后春笋一样出现。但大多数疗法不再那么激进，而是体现了融合的趋势。其实早在1932年第88届美国精神治疗联合会上就有人提问：精分派的压抑和行为派的消退是不是一回事？但没有受到重视。直到20世纪六七十年代，才有弗兰克父女开始把关注点放在疗效而不是手法上。当时的三大势力中，精分太悲观且重视分析忽视治疗，行为主义过于浅显治标不治本，人本主义过于乐观掩盖苦难，于是探索出一种取长补短的"整合疗法"似乎很必要。至于整合运动的蓬勃发展，则要到世纪之交了。

20世纪90年代，西方就出现了后现代主义心理学，融合了建构主义、精神分析、人本主义等，还加上了女权主义、伦理学、相对主义等后现代思想，以批判的思想反对唯物、唯心和二元论,简而言之就是以前的主流心理学门派都反对,这也正像后现代艺术对传统的挑战一样。其他的诸如沙盘疗法、艺术疗法、游戏疗法、叙事疗法、心理剧疗法、海灵格家庭系统排列法、森田自然疗法、萨提亚家庭治疗、正念疗法、短期焦点疗法、积极心理学疗法、沟通分析疗法等也都在心理学的江湖上有了一席之地。中国本土也出现了许多特色疗法,如书法疗法、园艺疗法、悟践疗法、诗文疗法、中医心理疗法等,虽然影响范围还比较小,但也是一股不可忽视的势力。只不过和一百年前相比,现在各派之间,似乎相互学习的倾向更大了。心理学的江湖,也从你死我活的状态,逐渐变成点到为止的局面。

其实,比起不同的门派,现代人可能更关注研究的方向是什么,大学中的科目也是按照方向分的,如基础理论、儿童发展、生理、社会、教育、认知、情绪、人格、测量、变态、实验、统计、临床、团体咨询等,甚至可以继续外延,有多少学科,就可以结合出多少心理学的分支,形成无数种应用心理学,如音乐心理学、管理心理学、运动心理学、动物心理学、工业心理学、消费心理学、犯罪心理学、医学心理学、宗教心理学等。当然,如果按照这些研究方向来讲述心理学的历史,那就是另一部故事了。

第九部分　拾遗记

　　按照目前比较接近科学的认知心理学方向的观点，人脑既然有其运行机制，那么彻底通过电脑模拟人脑也是早晚的事情。可不同的是，人脑作为生物体的总司令部，有一个致命的"系统漏洞"，那就是人脑的运行随机性极高，而且并不像计算机存储数据那样泾渭分明：你和恋人争吵可能会影响你对食物的选择，你听到的新闻也可能会让你暂时改变常用出行工具；而在电脑里，一个文件夹里的电影并不会影响另一个文件夹里的无关图片，一个录音程序也不可能影响搜索程序的结果。

　　我们在现实中也经常会做出各种"歧视"，比如"地图炮"——就好像德国人很死板、俄国人很豪放、法国人很浪漫、蒙古人很粗犷、北欧人追求极简生活、日本人心思很多……现实中的个人当然不可能完全符合这些印象，但我们还是会这样想，因为这么猜测"大概也许未必错"。于是，苏联心理学家提出，人类的高级心理机能是社会历史的产物，弱化其生物性，而强调其文化性。这和荣格的集体潜意识有异曲同工之妙，虽然荣格强调的是比潜意识还低层的东西。作为更加关注历史文化的中国，这一观点也大受欢迎。

第65回 苏联人就是这么特立独行——帅哥天团维列鲁

如果讨论日本战国的历史,问你哪两位英雄是最大的一对宿敌(不是两个门派),那么所有的历史爱好者恐怕都会说是"越后之龙"上杉谦信和"甲斐之虎"武田信玄了。在心理学界,也有两位的地位和这种情况类似,那一"龙"就是龙腾四海的皮亚杰,学心理学或者教育学就会发现这位老人家简直无处不在;那一"虎"就是虎踞一方的苏联心理学大师"维列鲁学派"创始人维果茨基了。皮亚杰和维果茨基的理论几乎处处相反,成为心理学史上的一个有趣的巧合。上网一搜皮亚杰,第一个相关词条就是维果茨基,第二个是维果斯基,还是同一人。不过苏联毕竟是个相对封闭的国家,维果茨基没有直接参与欧美的心理学论战,他的故事只能作为外传。

可能是搞心理学研究挺摧残人的,所以心理学大师大部分都满脸沧桑,十个里头六个秃,而维果茨基是唯一一个我一个大男人看了之后都会高呼"这么帅"的心理学家。这哪里是心理学家,简直是好莱坞明星啊!而且是专演酷酷的硬汉的那种。

维果茨基

列夫·谢苗诺维奇·维果茨基(Lev Semenovich Vygotsky, 1896—1934)出生在今白俄罗斯首都明斯克市的一个小镇上,那时候还属于沙皇俄国。上大学之前他主要关注文学、法学、戏剧等,对莎士比亚很感兴趣。即便家境不太好,他还是考到了莫斯科大学,在这里还因为自己是白俄罗斯人而遭到歧视。1917年他以文学学士从莫斯科大学毕业。也就是这一年,十月革命成功,苏联诞生了。这似乎对维果茨基的生活影响不大,他大学毕业后开始到白俄罗斯戈麦尔教授文学和心理学。我们知道很多心理学家都是学文学出身的,这也没啥不对的。美国佐治亚州著名的加里敦大学就是把心理学分到文学院中。维果茨基由于多才多艺,后来也讲授美学、逻辑学、艺术史、俄语等。

既然当了人民教师,那思想上一定不能忽视。苏联作为世界上第一个马克思主义大国,一切都要唯物主义,心理学也不例外。维果茨基此时也积极参加思想运动,反对唯心主义心理学,比如洛克和休谟的经验主义,同时,还要创立属于苏联人自己的心理学。就这样,他在教师培训中心教授心理学的课程,并出了一本文学研究的书,再版时改名《艺术心理学》。万万没想到的是,1919年维果茨基染上了肺结核,不过没有什么生命危险。

1922年至1926年期间,维果茨基写了八篇关于心理学的论文,其中七篇都与教育问题相关。这平均一年两篇论文的速度是不是让人非常羡慕?其实这只是他能力中的冰山一角。1924年,维果茨基写了一本关于缺陷的书,同年他到列宁格勒,也就是现在的圣彼得堡,参加俄罗斯第二届神经心理学会议,并在大会上作了报告,关于"反射和意识的关系"——这可是他的出道之作,抨击了当时风头正盛的行为主义。莫斯科心理研究所的所长科尔尼洛夫(Kornilov)一听,深感小列夫是个人才,便邀请他来莫斯科就职。几周后,维果茨基正式成为国立莫斯科大学心理研究所的研究员。组织还给维果茨基配了两位助手,分别是阿列克谢·尼古拉耶维奇·列昂节夫(Aleksev Nikolaevich Leontev, 1903—1979)和亚历山大·罗曼诺维奇·鲁利亚(Aleksandr Romanovich Luria, 1902—1977)。从此,心理学界第一帅哥天团诞生了。列昂节夫非常标准地诠释了什么叫鼻直口正,甚至眉毛也是非常标准的一条横线,绝对没有一点歪的。鲁利亚虽然不如前面两位,但是浓眉大眼,戴着眼镜看上去也挺斯文。重要的是,此时这三位的发际线都没有后移。

列昂节夫生于莫斯科,最后也死于莫斯科,本人是莫斯科大学毕业的,后来1941年也当了莫斯科大学的教书先生。而鲁利亚则是生于俄罗斯的"第三大历史名城"喀山,市名意为"煮锅",1921年他于喀山大学毕业,后来又在莫斯科第一医学院进修。维果茨基有了这两位从历史名城来的助手,简直是如虎添翼,继续在辩证唯物主义的基础上钻研心理科学,此时他们主攻残障和心理异常的研究。1925 年,维果茨基再次病重住院,他在病床上完成了论文《心理学危机的历史意义》,到现在依然不过时。

列昂节夫(左)和鲁利亚(右)

1930 年至 1931 年,维果茨基撰写了他的代表作《高级心理机能的发展》,提出了"心理发展的文化历史理论"。他主张,心理分为低级心理机能和高级心理机能,进化产生的低级心理机能,如感觉、记忆等,和高级的根本不能混为一谈;人类的高级心理机能是社会历史的产物,是人和动物的区别,因此应当把历史研究作为人类心理学的重点。列昂节夫和鲁利亚马上点赞,从此心理学的文化历史学派诞生,根据三位创始人的名字开头,史称"维列鲁学派"。不过在苏联这个学派的名字很朴实,就被称为"三人组",放到现在,怎么说也要叫三剑客、三羽乌、三叉戟、三巨头什么的。什么东西一旦沾上历史,想不博大精深都难,维果茨基的研究涉及哲学、生物学、文学评论、艺术、电影、心理学、教育学、语言学、缺陷学、医学等多个领域,但和司马贺不同的是,他大部分研究的落脚点都是心理学。1930 年他和鲁利亚合作完成了《行为历史的研究:猿、原始人、儿童》,在研究过程中他对不同文化圈的人类心理非常感兴趣,于是决定次年去乌兹别克斯坦进行调研。可他身体实在是有些虚弱,只好让鲁利亚替他去了。维果茨基在养病期间依旧在努力写作,1934 年完结的《儿童心理发展问题》就是他在这段时间完成的。鲁利亚进行田野调查时发现了一个小彩蛋：很多老村长理解不了现代人看来非常简单的逻辑，似乎现代人的智商比过去几十年集体上涨。

这个学派的黄金期，正好和皮亚杰高产的时期相重合，两方又都注重研究儿童。想到苏联一贯和欧美国家不太对付，不知道是不是真的受文化和历史原因影响，维果茨基三人的"文化历史学派"和当时欧美流行的日内瓦学派几乎处处对着干。皮亚杰强调研究儿童认知本身，维果茨基就研究各阶段的过渡过程。皮亚杰说孩子到了哪个阶段就教他符合其水平的知识，不能超纲；维果茨基就说"教育要走在发展前列"，稍微超纲，走得更快。这个超纲的部分就叫最近发展区，是一种"学习的准备"，跨过这个区，孩子的思维就升级了。

两人在关于儿童认知发展的特征上也有显著分歧。皮老师说：孩子自己会提高，具体文化背景不重要；维老师说：具体的文化造就具体的思考，没啥比这更重要。皮老师说：儿童是受内在动机激发，自己探索观察，主动构建出"书架"；维老师则说：要想学得好，得靠师父教，师徒式教学必须搞。皮老师说：儿童发展靠动作，哑巴也能学得好；维老师说：谁说语言作用小，话多的孩子智商高。皮老师说：孩子们进行同伴交流非常好；维老师说：不如和高段位成人多聊聊。

具体说到言语，皮亚杰将2—7岁儿童的言语分为自我中心言语和社会化言语。前者是自言自语，不考虑交流，对发展几乎没啥影响。后者则是受到认知发展刺激而形成的有用的语言工具。维果茨基则说，自言自语是一种思考，是和自己对话，这叫外部言语，可以引导思维发展，大了以后思考就不说出来了，就变成内部言语了。所以自言自语不是自我中心，而是自我指导，对思维发展非常重要，最终会和思维融为一体。

甚至对于游戏这样偏冷门的研究，两人观点也不一样。皮亚杰认为游戏是思维活动的表现形式，他把游戏分为八个阶段，前几个都是练习性游戏，最后两个阶段是象征性游戏，是游戏的高峰。由游戏可以看出儿童进入了前概念和直觉思维阶段，这两个阶段合称为前运算阶段。根据他的理论，游戏是让自己的经验适合当前的知识结构，实质就是"同化超过了顺应"，游戏本身并不能产生新的认知结构。而维老师则说：当孩子拥有大量不能实现的愿望时，游戏就产生了。所以，游戏创造了"最近发展区"，可以促进思维发展。列昂节夫又补充说：游戏是学前期儿童的主导活动。游戏不是本能，是儿童认识世界的基础，这是为维老师的游戏促进论助威。

当然，两人还是有不少相同点的。如他们都认为高级心理活动本来是外显的，后来才逐渐内化，也就是从自言自语变成内心的独白。皮亚杰提出的促进儿童发展的"隐蔽的挑战"和最近发展区也很像。他们都认为，儿童的能力有限，新知识必须和老知识有重叠的部分，这叫"经验迁移性"。他们都认为，和他人的交流可以促进进步，是形成高等思维的必要条件，这叫"社会性"。从大体上说，两人都认为知识是在现有基础上一步步建构的，发展不能跨阶段。而学生则是教育的主体，想要得到发展，学生必须主动，学生之间也是有差异的。这都为后来的教育心理学提供了标杆。

最后要说的是，我们无法看到维果茨基老年时的样子。不同于老当益壮的皮亚杰，维果茨基英年早逝，仅仅活了不到38岁，被称为心理学界的莫扎特，是天妒英才的典型。因此我们看到的照片大多是停留在他最好的时光，而不是像其他心理学大师那样，一搜图都是老爷爷或老奶奶。由于身体原因，维果茨基废寝忘食地进行研究和写作。1934年春天，他再次遭到肺结核的侵袭，毅然拒绝了医生让他住院治疗的建议，而是更加忘我地投入工作。某一天，他说完一句"我准备好了"之后便撒手人寰。根据他的理论，或许他还要继续准备学习新的"课程"。专注于心理学史研究的俄罗斯心理学家米哈伊尔·格里戈里耶维奇·雅罗斯舍夫斯基（Mikhail Grigorievich Yaroshevsky，1915—2001）评价道："如果弗洛伊德在这个年龄死亡，那么科学界就不知道精神分析；假若巴甫洛夫在这个年龄去世，那么科学界就不知道条件反射。"而我们的维果斯基，却在短暂的一生留下了186种著作，其理论至今还是心理学必修的知识点。

维果茨基没有死于苏联动荡的局势，而是死于当时很常见的肺结核，两年后鲁迅也是被这种病杀死的。但是从某个角度说，他也是幸运的。因为1937

年苏联就开始了大清洗运动,军政科教各界都受到波及,超过68万人被枪毙,李森科更是利用自己学术头子的身份干掉许多他看不顺眼的学者,如果维老师活着,恐怕也没啥好下场。即便当时他已经去世,但他的理论由于带有西方文化的影子,被当成反社会主义的唯心主义而封杀了近二十年,禁止大众讨论。直到1956年斯大林逝世,赫鲁晓夫才为了反对斯大林为其解封。1956年和1960年,苏联先后出版了维果茨基的两本选集:《心理研究选集》和《高级心理机能的发展》。也就是说,维果茨基活着的时候其实并没有什么机会和皮亚杰直接对战,而是在他去世后,用他留在世间的成果来和皮亚杰分庭抗礼。到了20世纪80年代,第二次心理学大战已经走向了尾声,门派之间的紧张度大大降低。到了20世纪末,由于两人都关注知识的建构,有人把他们统称为建构主义。只是皮亚杰强调个人发展,维果茨基强调知识的传播,因此有人说皮亚杰是个人电脑,而维果茨基是互联网。或许他们并不冲突,加在一起,才是最强的存在。

第66回 京剧大师转心理——斜杠老年郝德元的跨界人生

1915年7月,北京年近而立的京剧名家、和金霸王金少山与活张飞候喜瑞并称花脸三杰的"活孟德"郝寿臣先生喜得贵子,但是他却有些高兴不起来。因为深知梨园行辛苦,他不希望出现子承父业的故事。但他还是按照当时曲艺界的起名习惯,给孩子起名叫郝少臣。郝寿臣老先生万万想不到,他这个唯一的儿子后来会成为一名心理学家——他就是后来的中国心理测量与统计学先驱郝德元。不过,现在心理学界知道他故事的人很少,笔者为了知道这些故事,还是以相声票友的身份采访了一些曲艺圈的人,才补完了下面的故事。

不走寻常路的"文科生"

郝德元非常孝顺父亲,他听从安排努力学习,考上了北平辅仁大学教育系。

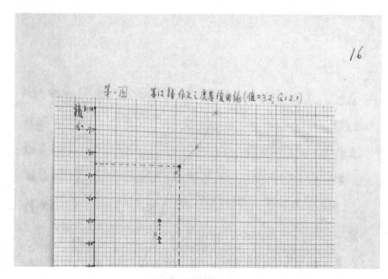

郝德元的测算表格

大学毕业后正赶上1938年,全面抗战刚开始不久,各方面物资都比较紧缺,包括印刷设备,郝德元就编写了一本别致的手抄书——《白话文度基的编制》。这其实是他的毕业论文,虽然是文科内容,但是却用了很多数学方法,将数学中的基值概念引入了白话文的研究中,不知道民国时期那些性格别致的白话文大师们看到了会不会摔书。

郝德元作品

奔跑吧,德元
——跨界小"净"的抗日神剧

不管摔不摔书,当时的环境都是充满高分贝巨响的——那是各种飞机和炮弹的声音。郝德元还没毕业,就赶上抗战,他果断参加了抗日组织华北文化教

前排左起:吴晓玲(古典文学研究家),胡絜青(老舍夫人),郝寿臣,老舍,张正宇(画家、中国青年艺术剧院美术设计总顾问);后排左起:史树青(文物鉴定家),郝德元

育协会,担任委员会总干事。由于父亲和南开大学创始人张伯苓校长是故交(这位张校长可是周恩来总理的老师),郝德元受到这位张大伯的引荐去天津发展,担任小学教务主任,同时继续地下抗日活动。1944年,由于日本人的追捕,郝德元逃亡重庆,再度遇到了张伯苓。此时他还是心系教育事业,担任了重庆南开中学的教师,这次他教的是英文。

郝德元的跨界活动才刚刚开始。抗战结束,又赶上了国共内战。国内打个不停,郝德元也跑个不停。1948年,郝德元取得美国纽约大学入学许可书和助学金。为了支持儿子,郝寿臣变卖家产,送他出国留学。郝德元在纽约大学再次跨界,先是1950年取得文学硕士学位,又在1955年取得教育学博士学位。如果说隔行如隔山,那么郝德元在七年时间内就连续翻了两座山。

当翻山达人遇到钻井专家

频繁地跨学科学习,使得郝德元的眼界更加开阔,他用自己的脑洞证明了一个观点:把不同的学科结合在一起,将能产生更科学严谨、同时应用性最强的学术成果。郝德元之前虽然横跨教育、英文、文学三界,但主要还是在文科领域进行研究,这对于那个在大学时期就表现出"文科服装披在身,心中依然是理科心"的郝德元来说,肯定是不能满足的。

1956年,郝德元学成归国,担任了北京师范学院的副教授,后来北京师范学院更名为首都师范大学,郝德元成为教育科学研究所教授。研究所的所长是心理学家林传鼎,这也是一位传奇人物,他出生于福建闽侯的林氏家族(和林则徐同族),辅仁大学心理学硕士(论起来师爷是心理学创始人冯特的高徒林德渥斯基),并于1949年在比利时的鲁汶大学获得心理学博士学位。20世纪40年代林传鼎与心理测量大师王征葵合著《心理测验增注目录》,成为当时著名的测验工具书。

如果说郝德元是擅长翻越多座山头的酷跑达人,那林传鼎就是在单一领域研究颇深的钻井专家,这两人一碰到,就像马克思碰到恩格斯,超人碰到蝙蝠侠,智慧的火花碰撞得噼里啪啦,一发不可收拾。郝德元此时再次跨界,和林传鼎成为了重点学科"发展与教育心理学"的开山祖师,重点研究智力开发和心理测量统计学。很快,他们的研究所在这两个方向的研究都达到了全国领先水平。

特殊领域的特殊贡献

这时候郝德元终于可以大显身手了,一改之前纯粹将教育归为文科的观点,坚持用科学和数学的观点来研究教育,其著作包括《教育与心理统计》《教育统计学》《教育科学研究法》,甚至还出版了《心理实验设计统计原理》这种足以让文科专业学生挠头掉发的教材。

郝德元还有一个"特殊"的贡献,就是研究了特殊儿童的教育问题。心理学中所谓的特殊儿童,不是指智力超常的儿童,而是指身体和心理发育迟缓或有障碍的儿童。郝德元用特殊一词将这些儿童进行了归类,并在日后和儿子郝天慈一起出版了《特殊教育》一书。

在特殊教育研究领域,郝德元从特殊教育的基本原理和选择分类系统入手,阐述了许多关于特殊教育的观点。他将特殊儿童分为智力落后、学习无能、行为异常、交往异常、听觉损伤、视觉损伤等。郝德元不仅利用他多年研究智力开发的优势,研究了限定智力落后的意义、智力机能的测量、智力落后严重性的等级、智力落后者的起因、缺乏能力去学习的儿童的特征,还依靠自己的教育学优势,研究了儿童行为异常的分类和普遍形势,行为异常的起因、识别和评估,交往(语言)异常的评估与鉴定、处理和矫正的方法。同时,郝德元还是没忘了跨界,在研究听力和视力损伤儿童时,他不仅用到了测量学的知识,还涉及很多生理学的原理,如听觉损伤的起因、音响的扩大与听觉训练和学习、视觉损伤的类型与起因等。最后他甚至研究了特殊教育和文化、家庭与寿命的相关问题。

郝德元成为了心理学教授之后,又在另一个领域搞出大事,充分证明"开挂的人生不需要解释"。他利用自己的外语优势,不仅翻译了心理学、教育学的多部著作，还在 1963 年参与翻译了德国历史哲学家、历史形态学的开创人奥斯瓦尔德·斯宾格勒的《西方的没落：世界历史的透视》，合作者包括新中国世界史学科的奠基者和开拓者之一齐世荣、世界中世纪研究会理事长戚国淦等名家。郝德元当时已经 48 岁，还进入了历史学这个新领域，让人不禁满脸问号：这种操作也可以？

70 岁之后，继续闪耀

郝德元横跨多界，又都有所成就，所以所获荣誉颇多。1989 年，郝德元被国家人事部授予"早期归国有突出贡献专家"称号。1990 年，75 岁的郝德元先生才终于退休，但他退休后并没有真正的休息，而是继续跨界。1994 年，他入编美国《500 名有影响的领袖》一书；1996 年，他又获得英国剑桥国际传记中心"杰出教育业绩奖"。郝德元还是个慈善家和社会活动家，1948 年他召集校友们众筹买下会贤堂捐给母校辅仁大学；2000 年后，年过八旬的郝德元又多次捐款，获得"慈善之星"称号。

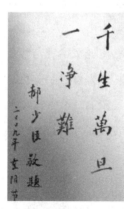

郝德元手迹

值得一提的是，郝德元最著名的身份是"京剧研究家"。虽然他没有成为京剧演员，但是受父亲感染，又天资聪慧，通过偷学习得了父亲的京剧，成为著名票友，甚至在赴美留学期间都没有忘记天天吊嗓子。1951 年他在纽约创立了第一家美国京剧票房"国剧雅集"，至今仍在演出，让许多美籍华人津津乐道。郝德元回国后又成为了著名的戏曲研究家，与梨园行的各位名流交好。甚至笔者在写这篇文的时候，还是通过相声圈的朋友打听到了其子郝天慈先生的联系方式。九十多岁时，郝德元还与同样年过九旬的袁世海主讲《京剧绝版赏析》，虽然此时他还是声如洪钟，但是讲着讲着就突发心脏病入院了。

但是谁也不能阻止郝德元继续出新成果。2010年,此时郝德元已经95岁,但他依旧心系科学事业,笔耕不辍,汇集了他一生心血的《特殊教育》终于出版。要论出版书籍时候的高龄,郝德元恐怕在历史上排头几名。2012年2月1日上午9时,郝先生在北京同仁医院逝世,享年97岁。根据笔者所收集到的资料,他是心理学家中最长寿的一位。这位横跨了心理学、教育学、统计学、戏剧学等多个领域的大师,走完了自己丰富的一生。

郝德元

附录1：世界心理学大事件

1822年：威廉·普莱尔（William T. Preyer，1841—1897）出版《儿童心理》——被公认为一部科学的儿童心理学著作，是科学儿童心理学建立的标志。

1879年：冯特建立第一个心理学实验室。

1882年：高尔顿用测量的方法对心理活动进行个别差异研究，建立"自由联想"的方法。

1883年：霍尔建立第一个美国心理学实验室。

1885年：艾宾浩斯的《记忆》出版。

1888年：第一个心理学教授头衔被授予卡特尔。

1892年：美国心理学会成立。

1896—1900年：机能主义建立，它是关注心理活动和心理机能的心理学流派。代表人物是威廉·詹姆斯和约翰·杜威。

弗洛伊德建立精神分析流派，主张通过对心理的分析探讨干预策略，方法包括自由联想与梦的解析等。

铁钦纳提出结构主义，认为所有的心理过程都可以被看作由简单成分和事件的联合。

1904年：第一位女性美国心理学会主席上任——玛丽·卡尔金斯（Mary W. Calkins）。她是威廉·詹姆斯的学生，尽管因为是女性，哈佛大学没有授予其博士学位，但她仍当选心理学会主席。

1905年：比奈和西蒙开发出第一个一般智力量表。

1909年：弗洛伊德和荣格应霍尔之邀访问美国克拉克大学。

1913年：约翰·华生发表了《行为主义者心目中的心理学》，开启了行为主义。他主张研究可观察和可测量的行为。

1920年：瑞士心理学家皮亚杰发表《孩子的世界观》，开启了对儿童认知发展的研究。

1929年：精神病学家汉斯·贝格尔（Hans Berger）研制出了脑电图，并在他儿子身上尝试应用。它通过在大脑上的电极来记录大脑活动。

1933年：纳粹掌权后，迫害心理学家和精神病学家，包括弗洛伊德的书被禁止出版，迫使大批人移居英国和美国。

1935 年：格式塔心理学由考夫卡创立。该学派反对将心理分割成破碎的小块，主张将心理作为一个整体进行研究。
1937 年：霍妮发表《我们时代的神经质人格》，挑战弗洛伊德的很多理论。
1938 年：斯金纳出版《有机体的行为》，介绍了操作性条件反射。
1951 年：第一款抗抑郁药物丙咪嗪（Imipramine）在临床上被证明有效。8 年后，该药物由美国食品药物管理局审核通过，允许上市。
1953 年：美国心理学会建立实验伦理。
1954 年：社会心理学家奥尔波特出版《嫉妒的本质》，尝试用心理学方法探讨社会问题。生理心理学创立，神经学家彭菲尔德（Wilder G. Penfield）开始探究大脑中的化学反应和心理现象的关系。
1954 年：人本主义心理学创立。罗杰斯和马斯洛在心理分析和行为主义之后，创建了心理学的"第三势力"——人本主义。关注意识、自由意志、人类尊严和自我实现等。
1956 年：认知心理学创立——米勒受数学等其他学科的启发，发表《神奇的数字 7 ± 2：人类信息加工能力的某些局限》，开启了认知心理学的研究。他于 1964 年获得了美国国家科学奖章，是第一个获此殊荣的心理学家。
1957 年：乔姆斯基出版《句法结构》，推动了心理语言学的研究。
1962 年：第一台超导磁体的磁共振波谱测定仪在瓦里安公司诞生。
美国《心理学年鉴》，用"发展心理学"取代"儿童心理学"作为章的名称，是"发展心理学"取代"儿童心理学"的重要标志。
1973 年：同性恋（Homosexuality）不再被当作精神病——同性恋被从《精神障碍诊断与统计手册》（the Diagnostic and Statistical Manual of Mental Disorders, DSM）中移除，不再作为一种精神疾病。
1974 年：正电子断层扫描（Positron Emission Tomography, PET）测试出现，PET 通过追踪大脑中化学物质的变化，描绘大脑功能。
1976 年：演化心理学诞生。道金斯（Richard Dawkins）发表《自私的基因》（The Selfish Gene），用演化生物学的观点理解大脑结构和心理功能。成为演化心理学（Evolutionary Psychology）的开山之作。
1983 年：飞利浦生产出了第一台超导磁共振仪器 Gyroscan S5。
1990 年：布鲁纳创建文化心理学（Cultural Psychology）。聚焦于思维、文化和行为之间的相互影响。
2013 年：奥巴马政府开展为期 10 年的美国"脑计划"（BRAIN Initiative），并带动欧盟、日本、中国等实施类似的脑计划。

附录2：中国心理学大事件

（由于篇幅原因，很多内容并没有在本书中阐述，这些故事将在新作品中呈现）

1889年：颜永京的《心灵学》出版。这是中国最早的哲学心理学译著。

1907年：蔡元培留学德国，师从冯特。

1917年：陈大齐在北京大学创建中国第一个心理学实验室。

1921年：中华心理学会创立。在南京的一批心理学工作者发起倡议成立"中华心理学会"，这是中国心理学家最早的群众性学术团体组织。它是中国心理学会的前身，首任会长是张耀翔。

廖世承、陈鹤琴合著《智力测验法》。

郭任远在美国《哲学杂志》第18期上发表论文《取消心理学的本能说》。

1922年：中国第一本心理学专业杂志《心理》创刊，张耀翔担任主编。

1923年：梁启超受中华心理学会邀请作讲演——《佛教心理学浅测》。

1924年：陆志韦发表了他修订的《中国比奈-西蒙智力测验》。

1926年：北京大学建立心理学系。清华大学建立教育心理学系，后改为心理学系。

学科心理学家艾伟写成《国文教学心理学》一书。

1936年：中国心理卫生协会4月19日在南京举行成立大会。

1937年：重组"中国心理学会"。1月在南京召开了中国心理学会成立大会。

1950年：曹日昌携夫人（吴秀明，荷兰人）从香港回北京，参与中科院心理所筹备工作。次年12月，心理研究所正式成立，由曹日昌任所长。

北京师范大学党委和教育系党总支发动了批判该校心理学教研室两条道路斗争运动，教研室主任彭飞教授、副主任朱智贤教授以及张厚粲等年轻的教师都受到了学生的围攻。

1953年：曾任中科院党组副书记、中科院的重要创办人之一、心理学家丁瓒受到处分。

1956年：教育部新组建心理研究所，由原南京大学校长、心理学家潘菽任所长，曹日昌、丁瓒、尚山羽三位心理学家任副所长。

1968年：丁瓒被迫害致死。

1979年：陈立（1902—2004）再度发声，彻底批驳姚文元抹黑心理学之文。

1982年：吴天敏完成《中国比内测验》的修订。

1983年：潘菽、高觉敷主编的《中国古代心理学思想研究》出版,揭开了中国心理学史学科创建的序幕。
1986年：张厚粲主持完成瑞文标准型测验的修订,并出版《瑞文标准型测验：中国城市修订版》。
2004年：第28届国际心理学大会在北京举行。国际心理学界的奥林匹克第一次走进中国。

后记　历史是一张大网

美国心理学家詹姆斯·卓别林(James P. Chaplin, 1919—不详)与泰奥菲尔·克拉威克(Theophile S. Krawiec, 1913—1995)曾在《心理学的体系和理论》一书中说:"科学的历史是男女科学家及其思想、贡献的故事和留给后世的记录。"以心理学史为主题的本书也不例外。

心理学作为研究人类思想的科学,其中的大师们也都是时代的产物,所以当讲述心理学家的故事时,笔者一直坚持把他们放到一个"大历史"背景中来讲述,因此你会在书中多次看到各种战争、改革、民族运动等时间点。这些都会影响我们的心理学家,再由他们创建出影响我们的心理理论。历史就像一张大网,每个重要人物都是其中的一个小绳结,只有他们相互联系的时候,才有网的存在。用马哲的话来说,事物是普遍联系的,所以读者们在书中会看到国王、文学家、科学家、哲学家、艺术家客串登场。因为再伟大的人物,也很难超越自己所处时代的限制,即便是"万能巨人"达·芬奇,他设计的大多数奇妙发明现在也被证明是能看不能用。

这本书笔者前后构思了十二年,从上第一节心理课开始,写这本书的念头就出现在了脑海中。写这本书的时候,笔者把整个心理学历史又理了一遍,有了新的感悟。在写每个人物的时候,就好像又和他们的灵魂进行了深入交谈,对他们看似奇怪的观点也有了新的理解。当然,有些老先生可能住得比较偏僻,想要查到他们的生卒年都要去外网查询,上文的卓别林老先生甚至由于同姓的另一位名人,可查到的资料少得可怜。另外,欧美国家的人起名字用来用去就那些词儿,笔者几乎给每个出场人物都标注了全名和生卒年,实在查不到的部分只能暂时不写。本来预计半年能码字完毕,但实际上花了近十个月时间。由于篇幅原因,很多心理学史的支线剧情笔者还没有细说,许多新的门派和心法也尚未介绍,笔者将在有机会的时候,继续给大家呈现。